홈스쿨링

The How & Why of Home Schooling

Copyright ⓒ 1995 by Ray Ballmann
Originally published by Crossway Books
A division of Good News Publishers
Wheaton, Illinois 60187, U.S.A.
All rights reserved.

홈스쿨링 The How & Why of Home Schooling

초판 1쇄 발행	2016년 01월 05일
개정 1쇄 발행	2021년 03월 25일

지은이	레이 볼만
옮긴이	배응준
펴낸이	박진하
교 정	목윤희
디자인	신형기
펴낸곳	홈앤에듀
등 록	제 379-251002011000011호
주 소	경기도 성남시 수정구 복정동 639-3 정주빌딩 B1
전 화	050-5504-5404
홈페이지	홈앤에듀 http://www.homenedu.com
패밀리	홈스쿨지원센터 http://homeschoolcenter.co.kr
	아임홈스쿨러 http://www.imh.kr
	아임홈스쿨러몰 http://www.imhmall.com

판권소유	홈앤에듀

ISBN 979-11-962840-7-7 03230
값 15,000원

THE HOW & WHY OF HOME SCHOOLING

기독교 홈스쿨링의 필독서!

레이 볼만 **지음** | 배응준 **옮김**

홈앤에듀
Home & Edu

원래 홈스쿨이었다

이 책은 지난 150년을 통틀어 가장 중요한 교육운동에 관한 매우 귀중한 자료이다. 미국 역사 초창기 약 250년 동안, 그러니까 플리머스 록 Plymouth Rock(보스턴 남쪽, 대서양 연안에 위치한 도시로 1620년 12월 12일, 메이플라워호를 탄 청교도 102명이 최초로 상륙한 곳 – 역자 주)에서 1850년대에 이르기까지 사실상 모든 미국인들은 학교 교육을 받지 않고, 가정에서 교육받았다. 미국인들이 아메리카 대륙에서 4세기 역사를 지나는 동안, 사실 정부의 학교 교육은 표준적 역할이 아닌 예외적 역할을 수행해왔다.

그러나 정부 주도의 학교 교육은 교육의 집중화와 관료적 통제라는, 언뜻 보기에 거부할 수 없는 듯한 일련의 움직임을 수반했다. 그리고 수년 전, 홈스쿨링 home schooling을 실시하고 있는 부모를 포함한 모든 교사가 연방정부의 인증(이것이 바로 홈스쿨링을 통제하기 위한 비책인데)을 획득해야 한다는 경악할 만한 법안이 의회에 제출되면서 이런 경향은 절정에 이르렀다. 다행히 그 법안은 통과되지 못했다. 나는 그 법률안이 통과되지 못하도록 투쟁하는 과정에서, 의회로 항의 전화를 해온 전국 일백만 이상의 지각 있는 부모들을 대변하는 '투사'로 활약하는 명예와 특권을 누렸으며, 덕분에 요즘 길거리를 다니다가 나를 알아보는 사람들로부터 먼저 감사의 인사를 받곤 한다. 그러나 실상, 나는 부모의 관심사를 정부에 전한 통로에 불과하다. 가장 소중한 자유를 수호하기 위해 누구보다 발 빠르게 움직인 것은 내가 아니다. 바로 부모들이다. 따라서 모든 칭송과 감사 역시 이들이 받아야 마땅하다.

그렇다면 홈스쿨을 시행하는 가족들이 그토록 열렬히 자유를 바라는 까닭은 무엇일까? 물론 이 책이 거기에 대한 답을 내려줄 것을 믿어 의심치 않지만, 캘빈 쿨리지Calvin Coolidge(미국 제30대 대통령. 1923~1929 재임 - 역자 주)의 연설문에도 그 대답이 잘 요약되어 있다. 그는 독립선언 150주년 기념 연설에서 이렇게 말했다.

만일 우리가 조상들에게 물려받은 위대한 유산을 지키고자 한다면, 그 유산을 심고 일구었던 조상들과 같은 마음을 가져야 할 것입니다. … 조상들이 신성한 것들을 존경했듯이, 우리도 그에 대한 존경심을 배양해야 합니다. 조상들이 보여주었던 영적, 도덕적 지도력을 따라야 합니다. 우리는 조상들이 예배했던 제단의 불을 꺼뜨리지 말아야 합니다. 그 제단에 계속해서 기름을 부어, 더욱더 강렬한 불꽃을 내며 타오르도록 해야 할 것입니다.

현재 많은 가정에서 홈스쿨을 실시하기로 함으로써 그들의 가정을 따스하게 데워주는 화로 옆, '자유'라는 제단 불꽃에 계속 연료를 공급하는 중이다. 민주주의의 장래를 위해 '자유'를 수호하고자 하는 이런 활동보다 더욱 희망적인 일은 없다고 단언하는 바이다.

- 미국 연방 하원의원 딕 아메이Dick Armey

홈스쿨을 고려하는 사람들에게 최적격인 책

현재 홈스쿨링은 전 세계 모든 문화권에서 지속적으로 성장하고 있다. 학교 교육을 받지 않고, 집에서 제 부모에게 배우는 학생의 수가 증가하고 있다.

이처럼 홈스쿨링이 급속하게 성장한 데는 외적인 이유가 있다. 학교의 학문성 쇠락, 도덕과 훈육의 몰락은 물론, 개인 신변상의 위험(미국과 유럽의 여러 나라, 일본 등 후기산업자본주의 사회에 들어선 선진국의 젊은 이들이 '마약 중독, 알코올 중독, 십 대 임신, 자살, 강간, 폭행'이라는 심각한 문제에 직면해 있다. 일례로 미국의 경우를 살펴보면, 고등학생 다섯 명중 한 명은 무기를 소지하고 등교한다. 고등학생 가운데 25퍼센트가 늘 지속적인 위험을 느끼며 생활한다고 말했고 십 대 소녀의 30퍼센트가 성폭행당하고 있다. 또한 1992년 이래 12~17세 청소년의 마약 사용 비율은 무려 78퍼센트나 증가했다. 10대 소녀의 출산율은 한층 더 심각하다. 지난 해 십 대 소녀가 낳은 아기가 백만 명이 넘었다고 하니 이는 십 대 소녀의 12퍼센트가 미혼모가 되었다는 말이 된다. 아직까지 우리나라는 상황이 양호하다고 자위할 수만은 없다. 총기에 관한 부분은 예외이더라도 다른 부분은 정도의 차이일 뿐, 이러한 풍조가 입시의 압박감으로부터 탈출구를 찾고 있는 우리의 청소년 사회를 서서히 잠식하고 있다는 사실을 우려하지 않을 수 없다 - 역자 주)도 중요 요인이다. 교육기관으로서 학교가 거둔 형편없는 성적 때문에 최근 부모들은, 학교가 과연 자신의 자녀에게 적절한 곳인지 의구심을 품게 되었다.

그러나 학교가 이런 문제점을 드러냈더라도 그것은 단지 교육적 대안代案에 대한 의문만 불러일으켰을 뿐, 그 어떤 해답도 주지 못했다. 학교 교육에 문제가 있다는 점을 모르는 사람은 없지만, 부모가 그 자녀를 위해 최선의 방도를 선택할 수 있도록 바람직한 지침을 주는 이도 없다.

요즘 들어서, 소위 '대단한 아이, 평범한 부모 신드롬'이라고 칭한 내 말을 듣고 홈스쿨링을 고려하는 부모들이 늘고 있다. 그들은 학교에 가지 않고 집에서 교육받는 아이들을 보면 이렇게 말한다.

"참 대단한 아이들이다! 우리 애들도 저 애들처럼 자랐으면 좋겠는데!"

그런 다음, 홈스쿨링을 시행하는 부모들을 보고 말한다.

"그들 역시 평범한 부모에 지나지 않아. 그들이 잘할 수 있다면 나도 잘할 수 있어!"

나는 한 가정의 가장이자 아버지로서 지난 13년간 홈스쿨을 시행해오고 있으며, 홈스쿨을 시행하는 사람들을 대변하여 지난 12년간 법적인 문제를 처리해왔다(미국은 다년간의 법적 공방 끝에 1993년, 50개 주 전역에서 홈스쿨링의 적법성을 인정하기에 이르렀다. 현재 미국의 공립, 사립 학교 학생 수가 5천만 명에 달하는데 그중 홈스쿨러(home schooler)들이 일백만 명을 넘는 것으로 알려져 있다. 우리나라는 초중등교육법 제13조에서 초등학교와 중학교 교육을 의무교육으로 정하고 있어, 원칙적으로 홈스쿨링의 적법성을 부정하고 있는 상태이다. 현행법에는 학부모가 자녀의 초등학교 취학을 이유 없이 거부하면 일백만 원 이하의 과태료, 홈스쿨링을 학교 형태로 운영하면 2천만 원 이하의 과태료 처분을 받도록 명시하고 있다(초중등교육법 세68조). 그러나 초중등교육법 세14조, "질병 등 부득이한 사유로 인해 취학이 불가능한 의무교육 대상자에 대해서는 대통령령이 정하는 바에 의하여 제13조의 규정에 의한 취학 의무를 면제하거나 유예할 수 있다"라는 취학의무 유예, 혹은 면제 조항을 적절히 이용, 홈스쿨을 시행하는 부모가 예상외로 많다. 부모가 해당 초등학교 교장에게 사유서를 제출하고, 교장이 주소지 읍면 동장에게 이를 고지하면 읍면 동장은 해당 교육청의 교육장이나 교육감에게 통보한다. 그러면 교육장(감)은 취학의무를 면제하거나 유예하는 조치를 내릴 수 있다. 우리나라에서 홈스쿨링으로 과태료 처분을 받은 사례는 아직까지 없다 – 역자 주). 그간의 경험으로 단언하건대, 기꺼이 노력하는 부모라면 누구나 홈스쿨링을 성공적으로 수행할 수 있다고 확신한다. 그들은 분명히 자녀들과 함께 학문성, 영적 발전, 가족 관계, 사회성 발달 등 모든 면에서 큰 성취를 이룰 수 있다.

그러나 성공이 자동적으로 찾아오는 것은 아니다. 비록 모든 이들이 전부 동의하지 않더라도 여기에는 반드시 훌륭한 전략과 방법론이 필요하다.

홈스쿨링을 진지하게 고려하고 있는 부모, 혹은 홈스쿨을 시행하며 초기 단계에서 시행착오를 거듭하는 부모에게, 노련하고 현명한 홈스쿨링 선구자가 친히 조언해준다면, 그보다 더 특별하고 귀한 일은 없을 것이다.

이 책의 저자, 레이 볼만Ray Ballmann이 바로 그런 선구자이다. 이 책은 실제적인 정보와 함께 여러 가지 현실 문제를 두루 다루고 있어서 이 분야에서만큼은 타의 추종을 불허하는 작품이다. 이 책을 통해 당신은 통찰력을 얻을 수 있을뿐더러 그 통찰력으로 올바른 진로를 정할 수 있을 것이다. 더불어 그 길을 가는 데 필요한 힘과 용기도 얻게 될 것이다.

우리가 우리 자녀들을 단 30분만 키우고 그만둘 게 아니듯이 홈스쿨링이 단 한 달 만에 당신 삶을 바꾸어놓는 것도 아니다. 단 한 달 만에 투자한 대로 거둘 수 있다고 생각해서는 안 된다. 물론 당신이 홈스쿨링을 시행한다면, 즉각적으로 나타나는 긍정적인 결과를 목격할 수 있겠지만, 진짜 보배는 그게 아니라 우리가 가려는 길 끝에 있다. 장차 당신의 자녀가 영적으로 성숙한 사람, 학문적으로 옹골찬 사람, 만반의 준비를 갖추고 하나님의 은혜와 사람들의 사랑을 한 몸에 받을 수 있는 재목林木이 되었을 때, 홈스쿨링의 진가를 확인하게 될 것이다.

자녀들을 위해 홈스쿨링을 고려한다면, 이 책이 적격이다. 이 책은 홈스쿨링이라는 놀라운 진로를 택한 이들에게 그 길로 나아가는 방법과 이유를 잘 설명해준다.

- 홈스쿨의 법적 옹호를 위한 연대 의장
마이클 패리스Michael Farris

내게 홈스쿨의 소명을 갖게 한 책

2004년, 봉사자로 섬기던 젊은부부학교 모임에서 한 시간의 홈스쿨 강의를 듣게 되었다. 평소 한국의 교육상황을 보며 우려가 있던 터였고 이듬해 초등학교 입학을 앞둔 자녀가 있었던 터라 당시 듣게 된 그 강의는 무언가 희망을 제시해주는 듯한 강의였다. 홈스쿨에 관심을 갖게 된 후 홈스쿨링 도서를 검색하게 되었는데 당시에는 서너 권뿐이었던 홈스쿨링 도서 중 규장에서 나온 레이 볼만의 〈홈스쿨링〉이 가장 돋보이는 책이었다.

당시 홈스쿨 강의를 해주셨던 목사님께서는 홈스쿨은 부부가 동의하에 하되 소명이 없으면 하지 말라는 말씀을 하셨는데 레이 볼만의 〈홈스쿨링〉을 읽는 중에 목사님께서 말씀하셨던, 바로 그 '소명'을 깨닫게 되었다. 책을 읽기 전에는 부모님의 반대를 비롯, 여러 염려가 있었으나 〈홈스쿨링〉을 읽으면서 '그리스도인이라면 마땅히 해야 할 교육'이란 생각을 하게 되었고 모든 염려가 더 이상 염려가 아니게 되었다. 이듬해 우리 가정은 홈스쿨 컨퍼런스를 참가한 것을 계기로 부부가 한마음으로 홈스쿨을 시작하게 되었고 이후 홈스쿨 사역자로서 커다란 삶의 변화까지 있게 되었다.

규장에서 2003년 출간했던 〈홈스쿨링〉은 안타깝게도 절판되면서 규장의 일반 독자들을 위한 브랜드인 해피니언이란 출판사에서 기독교적 가치를 걸러내고 다시 태어났으나 이 역시도 안타깝게 절판되었다. 오랜 기간 레이 볼만의 〈홈스쿨링〉 책을 사람들에게 권할 수 없게 된 것을 안타까워하던 차에, 규장에 연락해 책을 재출간하기 어렵다면 이 도서를 홈앤에듀 출판사에서 출간하고 싶다는 제안을 하였고 규장에서는 계속 출간하지 못해 미안하다며 저렴한 비용에 원고를 내주었다. 그리하여 〈홈스쿨링〉은 다시 부활하게 되었고 필요한 분들에게 공급할 수 있게 되었다. 이 자리를 빌려 규장 출판사에 감사의 인사를 전해 드린다.

누군가 내게 홈스쿨 도서 중 딱 한 권만 추천하라고 한다면 이제는 예전과 달리 많은 도서들이 출간되었음에도 불구하고 고민할 여지없이 레이 볼만의 〈홈스쿨링〉을 추천할 것이다. 홈스쿨 도서의 필독서라 할만한 책이다. 교육 문제로 아이들을 미국에 보내거나 혹은 기러기 아빠가 되면서까지 미국에 가족들을 보내는 한국에 살다 보니 막연히 미국의 교육적 환경을 동경했던 나에게 미국 교육의 환상을 깨뜨려 준 책이기도 하다. 안타깝게도 1995년 발행된 이 책에서 언급된 미국 공교육의 상황은 지금 우리나라에서도 그대로 재현되고 있는 중이다.

왜 홈스쿨을 해야 하는지, 어떻게 홈스쿨을 해야 하는지에 대해 이모저모로 다양하게 언급된 〈홈스쿨링〉은 홈스쿨에 입문하는 분들이 가장 먼저, 그리고 꼭 읽어 보아야 할 책이다. 또한 홈스쿨에 관심이 없는 독자라 할지라도 크리스천 부모라면 누구에게라도 일독을 권하고 싶은 책이다.

맞벌이를 해야만 살 수 있다고 생각하는 이 치열한 시대에 맞벌이가 아닌 외벌이를 선택할 용기를 주고, OECD 가입국 중 가장 낮은 출산율을 기록하고 있는 대한민국 땅에서 더 많은 자녀 낳기를 소망하게 만들며, 아버지와 어머니들이 하나님께서 맡겨 주신 본연의 책임을 다하기 위해 그 마음을 하나님과 자녀에게 돌리도록 이끌어 주는 홈스쿨링은 '새로운 교육적 대안'이 아닌 '원래의 교육으로의 회귀'이며 가정과 다음세대를 그리스도에게로 인도하는 하나님 중심의 신본주의 교육이다.

이 책을 읽는 독자들께도 하나님께서 내게 주셨던 소명을 깨닫게 해 주시기를 간절히 소망하며, 나를 지으시고 나를 위해 예수 그리스도를 십자가에 달려 죽이시기까지 사랑하시며, 구원에 이르게 하신 하나님께 모든 감사와 찬양과 영광을 돌린다.

- 홈스쿨지원센터 소장, 홈앤에듀 발행인
박진하

하나님을 두려워하는 백성으로 키우는 홈스쿨

홈스쿨링은 오늘날 가장 급속하게 성장하고 있는 교육 현상이다. 거기에는 그만한 이유가 있다. 극소수 예외가 없지는 않지만 공교육의 질은 급속도로 악화되었고, 그래서 학교는 더 이상 자녀들에게 안전하기만 한 곳이 아니기 때문이다. 사실 학교에 다니는 자녀들은 네 가지 측면에서 심각한 위기에 처해 있다.

그들은 학문적으로, 영적으로, 도덕적으로, 신체적으로 위기에 처해 있는데, '학문적' 위기란 방만한 교과과정이 불러온 폐단으로 지극히 정상적인 아이들을 학습 장애아로 만들어버리는 과오를 가리킨다. '영적' 위기란 학교가 아이들의 경건한 신앙을 파괴하는 데 앞장서고 있기 때문이다. '도덕적' 위기란 가치명료화 이론(1960년대 말, 교육계에서 제기된 교수철학. 교사가 아이들에게 일련의 가치나 덕목을 가르쳐서는 안 되며, 대신에 아이들이 자유롭게 가치를 발견하도록 도와야 한다는 것이 그 골자이다. 도덕적 상대주의라는 비판을 받았다 – 역자 주), 자유분방한 성교육 등의 학교 프로그램이 도덕적 절대가치를 주창하는 성경의 사상을 훼손하기 때문이다. '신체적' 위기란 학교에서 난무하는 범죄와 폭력을 이르는 말이다.

그렇다면 대안은 무엇인가? 사립 기숙학교 아니면 홈스쿨링이다. 나는 홈스쿨링을 더 선호한다. 왜냐하면 홈스쿨링이야말로 가장 우수한 교육 형태이기 때문이다.

이 책의 저자 레이 볼만 역시 홈스쿨에 관한 완벽한 셰몽서인 이 책을 통해 그것을 입증하고 있다. 그는 이 책에 홈스쿨링 운동에 관한 방대한 분량의 유용하고 눈부신 정보를 모아놓았다. 이것은 모두 그가 지난 8년 동안의 연구를 통해 얻은 홈스쿨링에 관한 상세하고도 철저한 지식의 결과물이다. 만일 당신이 지금 홈스쿨링을 진지하게 고려하고 있다면, 이 책을 다 읽고 난 뒤, 홈스쿨링이 올바른 대안임을 확신하게 될 것이다.

나는 홈스쿨링 운동을 직접 체험함으로써 이 사실을 알게 되었다. 나는 많은 홈스쿨링 운동 집회 강연을 인도했고, 홈스쿨링을 시행하는 가정을 수없이 방문했으며, 홈스쿨링 관련 기관의 간행물들도 많이 읽어보았다. 그 결과, 홈스쿨링이야말로 기독교 가정의 유일하고도 합당한 선택이라는 사실을 깨달았다. 왜냐하면 홈스쿨링은 비단 자녀교육뿐만 아니라 가족을 위해서도 유익하기 때문이다. 홈스쿨링의 결과, 자녀교육만큼이나 기독교 가정의 유대 또한 강화된다. 왜냐하면 부모가 홈스쿨링을 통해 자녀에 대해 좀 더 많이 알 수 있기 때문이다.

그 결과는 무엇인가? 홈스쿨링으로 성장한 우리의 자녀들은 좀 더 훌륭한 부모, 좀 더 훌륭한 시민이 된다. 나는 홈스쿨링이 우리 자녀들을 하나님을 두려워하는 의로운 백성으로 회복시키는 데 현재 여타의 다른 어떤 사회 현상보다 훨씬 더 큰 역할을 하리라 믿어 의심치 않는다. 그리고 그것이 급속히 확산될수록, 더욱더 많은 사람들이 하나님의 법에 맞추어 살게 되며, 하나님의 은혜와 복을 풍성히 받게 될 것이다.

- 사무엘 블루멘펠드 Samuel Blumenfeld

가정은
인류 최초의 학교이자
가장 기초적인 학습 장소이다.

The Why of Home Schooling
The How of Home Schooling

제1부 왜 홈스쿨링을 해야 하는가?

가정은 인류 최초의 학교이자 가장 기초적인 학습 장소이다. 학교가 세
워지기 전, 혹 학교라는 것을 생각하기도 전에 시작된 가정 중심의 교
육은 유사 이래 쭉 있어왔다.

성경은 자녀가 어떻게 배우고, 무엇을 배우는지 그 부모가 교육적 책임
을 져야 한다고 분명히 말하고 있다. 성경은 부모가 자녀들의 교육을
총 감독하는 교육 감독자가 되어야 한다고 못 박는다.

학교는 우리 아이들을 무식한, 규율 없는, 하나님에 반대하는, 도덕에
반대하는, 가족에 반대하는, 폭력 지향적인, 자유보다 방종을 선호하는
사람으로 훈련시키고 있다.

홈스쿨링은 학문성, 도덕적 발달, 영적 성장, 사회성, 체력증진 등 모든
면에서 우수하다. 홈스쿨의 일대일 학습 방법론은 최고의 교수 방법론
으로 공인되어왔다.

제2부 어떻게 홈스쿨링을 해야 하는가?

학교는
우리 아이들을

무식한, 규율 없는,
하나님에 반대하는,
도덕에 반대하는,
가족에 반대하는,
폭력 지향적인,

자유보다 방종을 선호하는
사람으로 훈련시키고 있다.

The Why of Home Schooling
The How of Home Schooling

1부

왜

홈스쿨링을 해야 하는가?

The Why of Home Schooling

성경은 "자녀교육의 책임이 부모 손에 달려 있다"라고 명백히 밝혔다. 홈스쿨링은 성경적인 교육 모델이다. 홈스쿨링을 시행하는 크리스천 부모는 하나님께서 그들에게 자녀들을 교육할 의무와 권위를 주셨다고 믿고 있다. 홈스쿨링 운동은 기본적으로 기독교적 성격을 지닌다.

홈스쿨링은
성경적인
교육 모델

1장 홈스쿨링이 성경적, 역사적 모델이다

가정은 인류 최초의 학교이자 가장 기초적인 학습 장소이다. 학교가 세워지기 전, 혹 학교라는 것을 생각하기도 전에 시작된 가정 중심의 교육은 유사 이래 쭉 있어왔다. 가정은 교육의 기초적인 중심지이며, 부모가 자녀를 훈육하는 유일한 교사였던 셈이다.

홈스쿨링은 금세기, 가장 흥미롭고 가장 폭발적인 운동의 하나이다. 그것은 일반 대중 차원에서 심각한 사회적, 교육적 변화가 일고 있음을 보여주는 표시이기도 하다. 공교육은 벌써부터 그 빛을 잃었고, 군데군데 금이 간 토대마저 지금은 산산이 무너져 내리고 있다. 청소년들의 무지와 문란한 품행, 부모의 권위에 대해 어느 정도 반항하는지 이미 그 수위를 파악한 지각 있는 부모들이 지금 자신의 자녀를 집에서 가르칠 수 있는 권리를 행사하고 있다. 현재 사회 각계각층에서 더욱 활발해지고 있는 홈스쿨링 운동은 오늘날 가장 유망하고 희망적인 대중운동의 하나가 되었다.

아마 당신은 대부분의 사람이 그렇듯, 이렇게 질문할 것이다.

도대체 홈스쿨링이란 게 무엇인가? 종교적 광신주의자(홈스쿨링 운동이 크리스천들 사이에서 시작되었기 때문에 이런 의혹을 받게 되었다 – 역자 주)들의 편향된 지식이 아닐까? 홈스쿨링은 급진, 과격, 현실도피주의의 산물이 아닐까? 집에서 아이를 가르친다는 게 과연 가능할까? 홈스쿨을 시행하는 사람들의 수가 급격히 불어나는 이유는 무엇일까? 당연한 질문이다. 당신들이 이 책을 통해 이런 질문과 기타 다른 질문들에 대한 대답을 찾게 되기 바라는 것이 저자로서 나의 작은 바람이다. 만일 당신이 홈스쿨링 운동의 발생, 성장, 목적 등에 대해 궁금증을 갖고 있다면, 이 책이야말로 그런 당신을 염두에 두고 씌어진 책이라고 말하고 싶다. 더불어 당신이 직접 홈스쿨링을 고려해야만 하는 이유를 실증하며 홈스쿨링을 시작하는 방법까지 제시하려 한다.

홈스쿨링 인명록

역사의 위인 가운데 집에서 교육을 받은 사람들이 적지 않다. 홈스쿨링은 정서적 안정과 지적인 천재성, 훌륭한 인성을 겸비한 비범한 사람들을 길러냈다. 학교에 다니지 않고, 집에서 교육받았던 위인 몇 사람을 명예의 전당에 올려보겠다.

존 아담스(John Adams : 1735~1826, 미국 2대 대통령)

아비가일 아담스(Abigail Adams : 1744~1818, 존 아담스 대통령 영부인)

한스 크리스티안 안데르센(Hans Christian Andersen : 1805~1875, 덴마크의 동화작가)

알렉산더 그래함 벨(Alexander Graham Bell : 1847~1922, 전화 발명자)

펄 벅(Pearl Buck : 1892~1973, 「대지」라는 작품으로 유명한 여류문호)

앤드류 카네기(Andrew Carnegie : 1835~1919, 미국의 강철왕)

조지 워싱턴 카버(George Washington Carver : 1865~1943, 흑인 농학자로, 일명 '땅콩박사')

찰리 채플린(Charlie Chaplin : 1889~1977, 영국의 유명한 코미디언)

아가사 크리스티(Agatha Christie : 1890~1976, 영국의 여류 추리작가)

윈스턴 처칠(Winston Churchill : 1874~1965, 영국의 정치가)

조지 로저스 클락(George Rogers Clark : 1752~1818, 미국 독립전쟁의 영웅)

노엘 카워드(Noel Coward : 1899~1973, 영국의 극작가, 작곡가, 배우)

피에르 퀴리(Pierre Curie : 1859~1906, 프랑스의 물리학자)

찰스 디킨스(Charles Dickens : 1812~1870, 소설가)

피에르 듀퐁(Pierre DuPont : 1870~1954, 미국의 화학자)

토머스 에디슨(Thomas Edison : 1847~1931, 미국의 발명가)

알베르트 아인슈타인(Albert Einstein : 1879~1955, 물리학자)

벤자민 프랭클린(Benjamin Franklin : 1706~1790, 미국의 정치가)

알렉산더 해밀턴(Alexander Hamilton : 1755~1804, 워싱턴 대통령의 재무장관)

브렛 하트(Bret Harte : 1836~1902, 소설가)

패트릭 헨리(Patrick Henry : 1736~1799, 미국 독립혁명 지도자)

스톤월 잭슨(Stonewall Jackson : 1824~1863, 남북전쟁 당시의 장군)

로버트 리(Robert E. Lee : 1807~1870, 남북전쟁 당시의 남군 사령관)

에이브러햄 링컨(Abraham Lincoln : 1809~1865, 미국 16대 대통령)

C. S. 루이스(C.S. Lewis : 1898~1963, 기독교 작가, 변증가)

더글러스 맥아더(Douglas MacArthur : 1880~1964, 미국의 장군)

제임스 메디슨(James Madison : 1751~1836, 미국 4대 대통령)

사이러스 맥코믹(Cyrus McCormick : 1809~1884, 농업기계 발명가)

존 스튜어트 밀(John Stuart Mill : 1806~1873, 영국의 사상가)

끌로드 모네(Claude Monet : 1840~1926, 프랑스 인상파 화가)

제임스 먼로(James Monroe : 1758~1831, 미국 5대 대통령)

볼프강 모차르트(Wolfgang Mozart : 1756~1791, 천재 음악가)

플로렌스 나이팅게일(Florence Nightingale : 1820~1910, 간호사)

블래즈 파스칼(Blaise Pascal : 1623~1662, 프랑스의 사상가)

조지 패튼(George Patton : 1885~1945, 2차대전 당시 미국 전차군단장)

윌리엄 펜(William Penn : 1644~1718, 서부 개척시대의 개척자)

조지 워싱턴(George Washington : 1732~1799, 미국의 초대 대통령)

마사 워싱턴(Martha Washington : 1731~1802, 워싱턴 대통령 영부인)

데오도어 루스벨트(Theodore Roosevelt : 1858~1919, 미국 26대 대통령)

우드로우 윌슨(Woodrow Wilson : 1856~19 24, 미국 28대 대통령)

프랭클린 루스벨트(Franklin Roosevelt : 1882~1945, 미국 32대 대통령)

조지 버나드 쇼(George Bernard Shaw : 1856~1950, 영국 극작가)

알베르트 슈바이처(Albert Schweitzer : 1875~1965, 의사, 철학자)

레오 톨스토이(Leo Tolstoy : 1817~1875, 러시아의 문호)

마크 트웨인(Mark Twain : 1835~1910, 미국의 작가)

다니엘 웹스터[Daniel Webster : 1758~1843, 미국의 사서(辭書) 및 교과
서 편찬가]

존 웨슬리(John Wesley : 1703~1791, 감리교 창시자)

필리스 위틀리(Phillis Wheatley : 1753~1784, 흑인 여류작가, 시인)

오빌 라이트(Orville Wright : 1871~1948)와 윌버 라이트(Wilbur Wright
: 1867~1912, 비행기를 발명한 라이트 형제)

앤드류 와이어스(Andrew Wyeth : 1917~2009, 화가)[1]

당신도 확인했다시피, 대통령(최소한 9명이 넘는다), 애국자, 자유의 수호자, 장군, 성직자, 법률가, 과학자, 사업가, 작가, 작곡가, 교육자, 경제학자, 발명가, 그 외 다수의 인사들이 집에서 학습했다.

가정은 인류 최초의 학교이자 가장 기초적인 학습 장소이다. 학교가 세워지기 전, 혹 학교라는 것을 생각하기도 전에 시작된 가정 중심의 교육은 유사 이래 쭉 있어왔다. 가정은 교육의 기초적인 중심지이며, 부모가 자녀를 훈육하는 유일한 교사였던 셈이다.

그러나 오늘날, 교육 관료와 교육학자들을 비롯하여 크고 작은 기관에서는 홈스쿨을 하고 있는 부모에게 자녀들을 가르칠 만한 자격이 없으며, 그들이 자녀들의 사회화 과정을 박탈한다고 거세게 비난하고 있다. 그러나 역사는 그 정반대임을 입증하고 있다. 가정에서 교육받은 이들이 인간의 잠재력과 지도력과 능력의 정수를 꽃피웠기 때문이다. 앞서 언급한 인물들은 대부분 타인에 대한 애정과 배려, 지성과 능력과 탁월함이 돋보일 뿐만 아니라 자수성가한 사람들이다. 이렇게 비할 바 없이 훌륭한 품성을 배양한 공통의 뿌리가 바로 홈스쿨링이었다.

1차 세계대전 직후까지도, 홈스쿨링은 미국 교육(홈스쿨링 운동은 미국을 중심으로 활발하게 전개되고 있다. 역사가 길고 스케일 또한 커서 미국의 사례와 교육사를 고찰하는 일이 불가피하다 - 역자 주)의 원칙적인 형태였다. 가정은 부모와 자녀가 서로 영향을 주고받는 사회생활의 중심지이자 도덕적 지침과 영적 인도의 뿌리이며, 학문을 가르치는 으뜸가는 교사의 기능을 수행했다. 이런 일반적인 규칙에 유일한 예외가 있다면, 몇 차례의 전쟁 이후 사회가 붕괴되기 직전, 노예 혹은 공공 대리 기관에 자녀교육이 맡겨졌을 때가 있었다는 것이다. 이 시기의 자녀들은 도덕과 가치라는 견고한 토대를 상실한 채 성장할 수밖에 없는 결과를 낳았다. 그러므로 1812년(독립전쟁 발발), 1861년(남북전쟁 발발), 1918년(1차 세계대전 종전), 1945년(2차 세계대전 종전) 이후, 미국 사회는 전염병과 같이 번지며 기승하는 범죄와 도덕의 붕괴에 시달리게 되었다.[2] 그런데 오늘날 또다시 공공기관(공교육)이 가정의 자리를 비집고 들어와 젊은이들의 가치형성과 전달의 독보적 근원이 되어 가고 있는 것이다. 이제 다시 과거와 같은 황폐화가 빚어지고 있다.

미국 교육사 일람

홈스쿨링이 미국에서 시작되고 활발하게 전개되고 있음을 고려할 때에 미국의 교육사教育史를 간략히 개관하는 것이 유익하리라 판단된다. 이하 간결한 개요에서도 알 수 있듯이 미국 교육계에서 반反기독교적 철학사상이 암세포처럼 서서히 퍼졌고 아울러 전국의 지각 있는 기독교 가정들이 이에 적절히 대응했다는 것도 알 수 있다.

• 1620년 – 기독교 교육

학교에서 성경을 가르쳤다. 복음을 선포할 젊은이들을 훈련시키기 위해 하버드, 프린스턴, 예일 등의 대학이 설립되었다.

• 1837년 – 공교육의 시작

최초의 공립학교가 설립되었다. 호레이스 만Horace Mann이 정부가 통제하는 교육제도를 입안했다. 이때까지도 학교에서 성경을 가르쳤다.

• 1905년 – 진보주의 교육

진보주의 교육의 아버지라고 하는 존 듀이^{John Dewey}(미국 현대교육의
아버지. 상대주의 철학을 교육이념에 도입했다. 학생들에게 일방적으로 지
식을 주입하는 것에 반대, 여러 가지 경험에 참여시켜 창의력을 개발해나가
야 한다고 주장하여 소위 '열린 학교', '체험적 실습 학교'의 토대를 마련했
으나, 절대적이고 객관적인 사실의 가치를 부정, 오직 학생들의 개성 표현
에 중점을 두었다. 상대주의 교육철학의 영향으로 학생들은 자신의 감정에
충실하여, 윤리적 가치를 마치 피자 가게에서 피자를 고르듯 선택하게 되었
고, 이것이 도덕교육에 치명타를 입히는 한편, 학문성의 몰락을 가져왔다 –
역자 주)가 학교에 사회주의적, 반기독교적 철학을 도입했다. 이제 성경
은 학문연구와 완전히 분리되었다.

● 1925년 – 대법원의 홈스쿨링 인정 판결

의무교육을 법제화한 '오레곤주^州 주지사 대^對 가톨릭 수녀회 소송사
건'에서 대법원은 "어린이는 정부의 피조물이 아니다"라는 점을 지적,
주지사가 부모들의 홈스쿨링을 금지할 수 없다고 판결했다.

● 1933년 – 인본주의 교육

존 듀이가 작성, 33인의 학자들이 서명한 인본주의 선언문에서 세속
인본주의를 천명했다. 인간의 이성^{理性}과 과학이 하나님과 초월적인 것
들을 대체했다.

● 1963년 – 반기독교적 교육

학교에서 성경을 가르치는 것이 위헌^{違憲}이라고 선언되었다. 학생들의
비행을 조장하며 부모와 초자연적인 세계에 대한 반항심을 부추기는 커
리큘럼, 기타 성경에 반하는 가르침들이 성경이 빠져나간 공백을 메웠
다.

● 1960년대 – 기독교 교육의 재기

약 일만여 개 기독교학교가 인본주의의 파괴적인 교육철학에 맞서 싸
웠다. 당시, 일곱 시간에 하나 꼴로 기독교학교가 설립되었다.

● 1980년대 – 가정교육의 재기

미국 전역에서 지각 있는 부모들이 성경의 모범으로 돌아가기를 요
망하며, 자녀교육에 대한 그들의 책임과 권리를 다시 주장하고 나섰다.

1983년, 홈스쿨링을 시행하는 가정의 수는 6만 가정, 1988년에는 24만4천 가정으로 증가했다.

• 1983년 - 위기에 처한 국가

미국 교육부에서 현행 교육제도를 비판하는 보고서 '위기에 처한 국가'를 발표했다. '홈스쿨의 법적 옹호를 위한 연대'도 이때 조직되었다.

• 1990년대 이후 - 홈스쿨링의 번영

현재 미국에서 홈스쿨링을 통해 교육받고 있는 학생의 수는 일백만 명을 넘어서고 있다. 홈스쿨링은 미국 전역 50개 주에서 활발히 이루어지고 있다. 따라서 가정에서 교육받은 아이들이 일종의 정치 세력을 형성하게 되었다.

한편 공교육은 이른바 반기독교적, 반가정적 가치를 주창하는 자들이 접수했다. 이유는 명백하다. 교육이 다음 세대의 세계관을 형성해 주는 수단이 되기 때문이다. 젊은이들의 마음과 가슴은 특히 연약하다. 그들에게는 편견이나 선입견이 없다. 판단력이 부족할 뿐 아니라, 방대한 양의 가르침을 순수하게 있는 그대로 받아들이는 놀라운 능력을 지니고 있다. 기독교와 전통적 가치에 반대하는 자들이 교육의 고삐를 잡고 흔들어 자신의 모습을 본뜬 다음 세대를 형성하기 위해 노심초사한 지도 꽤 많은 시간이 지났다.

그러나 이제는 그들의 노력도 허사가 되어버렸다! 점점 더 많은 부모들이 전통적이고 도덕적인 교육 목표를 보호하고 전수해야 한다는 사실을 자각하여, 자녀들을 학교에서 빼내 가고 있기 때문이다. 홈스쿨링 운동은 우리의 교육과정을 물들인 세속적 세계관과 아울러 교실과 교과서를 '탈脫기독교화'시킨 직접적인 결과이다. 지각 있는 부모들은 오늘의 끔찍한 교육 환경에 분노한다. 그들은 공교육에 대해 대대적으로 저항하고 있다. "이제 그만두자"라고 말하며 그들의 자녀들을 학교에서 빼낸다. 동시에 그들은 자신들의 교육적 소명을 재발견하고 있다. 전국 각지의 각성한 크리스천 부모들은 지금, 자녀양육과 훈계는 궁극적으로 부모가 책임져야 한다고 지적한 성경의 명령에 응하고 있는 것이다.

점점 더 많은 수의 크리스천 부모들이 공교육 제도에 순응하기를 거부한다. 그들은 이제 정부가 위협하고 겁을 주어도 움찔하거나 꽁무니를 빼지 않는다. 어찌해야 할 바를 몰라 모호한 태도를 취하거나 주춤거리지도 않는다. 대신 정면을 주시하고 맞서 싸운다. 그들은 신령한 전신 갑주를 입고, 깃발을 흔들며 "정사와 권세와 이 어두움의 세상 주관자들과 하늘에 있는 악의 영들"(엡 6:12)에 대항하여 싸우고 있다. 그들은 교육적 의무를 다시금 인식하고 그들의 자녀와 가족을 위한 승리의 길로 서서히 전진하고 있다.

홈스쿨링 운동의 폭발적인 성장과 원인

홈스쿨링 운동은 매우 급속도로 성장하고 있다. 패트리샤 라인즈 Patricia Lines의 연구와 홈스쿨 지도자들이 보고한 연례 성장 보고서를 기준으로, 미국의 경우 전국적으로 홈스쿨링을 시행하는 가정이 일백만을 넘는다고 추정해도 무리가 아니다. 학교에 다니는 학생 45명당 한

명이 홈스쿨러인 셈이다. 미국 50개 주(州) 가운데 총 재학생 수가 일백만 명이 넘는 곳이 11개뿐임을 감안할 때, 홈스쿨링을 시행하는 가정으로 한 개 주를 만들고도 남는 규모이다. 더 나아가, '전국 가정교육 연구소' National Home Education Research Institute의 브라이언 레이Brian Ray 박사의 말에 따르면, 홈스쿨은 해마다 15퍼센트에서 50퍼센트의 성장률을 보이고 있다. 하지만 그렇다고 홈스쿨링의 지속적인 성장을 제한하는 요소가 전혀 없는 것은 아니다. 부모가 맞벌이를 포기하고 기꺼이 집에서 자녀들을 교육하기로 결단하는 일이 그리 수월하지 않기 때문이다.

그러나 '홈스쿨의 법적 옹호를 위한 연대'Home School Legal Defense Association의 창립자이자 회장인 마이클 패리스Michael Farris는 가정에서도 쉽게 활용할 수 있는 뛰어난 통신기술(라디오, 인터넷, 위성방송 등) 덕택에 홈스쿨 운동이 전국 총 학생 가운데 5퍼센트에서 7퍼센트에 육박할 수 있으리라고 전망한다.[3]

홈스쿨링이 미주와 유럽을 비롯하여 전 세계에서 고루 성장 발전하는 데는 네 가지 이유가 있다.

첫째, 하나님께서 복 주셨기 때문이다.

하나님의 손이 홈스쿨링 위에 얹어져 있다는 것은 의심할 여지가 없다. 국가 단위, 부모, 가족 차원의 운동으로 홈스쿨링만큼 급속하게, 그것도 성공적으로, 그 앞을 가로막는 온갖 법률적 장애를 돌파하고 성장한 전례를 찾아볼 수 없다. 이것은 전적으로 하나님께서 섭리하신 까닭이다.

둘째, 부모가 성경의 진리를 깨닫고, 그것을 삶 속에서 실천했기 때문이다.

성경은 "자녀교육의 책임이 부모 손에 달려 있다"라고 명백히 밝혔다. 홈스쿨링은 성경적인 교육 모델이다. 홈스쿨링을 시행하는 크리스천 부모는 하나님께서 그들에게 자녀들을 교육할 의무와 권위를 주셨다고 믿고 있다. 홈스쿨링 운동은 기본적으로 기독교적 성격을 지닌다. 하나님께서는, 부모가 자녀들의 정신적, 영적 발달을 최우선순위로 삼아야 한다는 것을 말씀으로 확증하셨다. "마땅히 행할 길을 아이에게 가르치라 그리하면 늙어도 그것을 떠나지 아니하리라"(잠 22:6)라는 잠언의 명령은 학교 교사에게 주신 것이 아니라 부모에게 주신 것이다. 이것은 부모 된 자들에게 실로 두렵고 막중한 책임이 아닐 수 없다. 하나님은 부모에게 자녀를 가르칠 의무를 부과하셨고 이를 책임지도록 하셨다. 성경에는 자녀교육에 관한 부모의 책임과 관련하여, 신명기 4장, 6장, 잠언 22장과 같은 교훈의 말씀이 가득하다. 부모가 학교 교사에게 자녀교육을 위임하는 것은 가능할지 모른다. 그러나 자녀에 대한 최종적인 책임마저 위임할 수 있는 것은 아니다. 학교 교사는 궁극적 책임자인 부모의 대리인이며 후보에 지나지 않는다.

셋째, 홈스쿨링이 성장하는 까닭은 부모가 기독교적 가치를 자녀들에게 가르치는 일이 얼마나 소중한지 깨닫고 있기 때문이다.

참된 교육은 예수 그리스도를 믿는 믿음과 학습내용, 학습과정을 하나로 통합한다. 참된 교육은 인간의 정신뿐 아니라 심령과 영혼을 훈련시키는 데 주력한다. 이것이 소위 '인성 훈련'이라는 것이다. 영적인 진공 상태에서 균형 잡힌 교육이란 불가능하다. 공교육이 철저하게 실패하는 여러 영역 중 하나가 바로 여기이다. 학교에서 말하는 것과 달리, '학문적 중립성' 따위는 존재하지 않는다.

어린이들이 적절하게 성장하고 성숙하는 데 인성발달만큼 중요한 것은 없다. 그러므로 홈스쿨을 시행하는 부모들이 자녀들의 성품을 개발하고, 거기에 필요한 자양분을 공급하는 원초적인 책임을 다하려고 애쓰는 것이다. 교육자의 가장 중요한 사명은 학습자에게 인생을 준비시키는 것이다. 학습자가 인생을 준비하도록 만드는 최선의 방도는 경건한 인성을 배양하고, 그것을 모범으로 삼도록 후원하는 일이다. 인성발달은 학생과 교사 양자가 응당 몰두해야 할 가장 중요하고 훌륭한 활동영역이다. 설령 어떤 학생이 인성발달만 배우고 다른 것은 하나도 배우지 못했다 하더라도, 그는 온전한 성품을 갖추지 못하고 머리만 커진 인텔리보다 인생을 살아가기 위한 준비를 더 잘 마친 셈이다. 아동발달 전문가 우리에 브론펜브레너 Urie Bronfenbrenner 박사는 학교의 인성 훈련 부재에 대해 다음과 같이 논평했다.

교육의 내용과 관련하여, 비교 문화적 관점에서 보았을 때, 우리의 교육은 유난히 한쪽으로 편향되어 있는 듯한 느낌을 준다. 오늘의 교육은 어린이의 인성발달이라는 또 하나의 기본적인 영역을 배제한 채 학과목만을 강조한다. 오죽하면 어린이의 인성발달과 관련하여, 교육계에 일반적으로 통용되는 마땅한 교육용어조차 없을까? 아마 우리에게는 부적절한 구닥다리 용어처럼 들릴지 모르지만, '훈육', '성품 훈련' 등의 용어로 이를 지칭해야 할 것 같다.[4]

크리스천 부모는 브론펜브레너 박사가 무엇을 말하려고 하는지 정확히 이해한다. 인성발달이 교육의 알맹이가 되어야 한다는 것이다. 그것이 교육의 본질적인 구성 요소인데도 오늘의 젊은이들에게는 그 점이 대단히 부족하다. 실로 개탄을 금치 못할 일이다. 인성발달이란 사랑, 친절, 용서, 정직, 봉사, 하나님을 의지하는 마음, 하나님 말씀을 향한 열정과 배고픔, 열정적인 기도 등 그리스도를 닮은 품성들을 가르치고 개발하는 것이다. 또한 청렴결백함, 신뢰성, 단정함, 성실과 근면 등 숭고한 가치를 지닌 미덕을 가르치고 훈련하는 것이다. 이러한 품성을 배운 학생들은 분명 미래에 모범적인 시민이 되며, 우리 사회의 지도자가 될 것이다. 그들은 나태와 방종 대신 성실함과 독창력을 보일 것이요, 통제와 조종 대신 자립성과 솔선수범을 보일 것이요, 취하기보다 베풀며, 사리사욕을 채우기보다 봉사할 것이다. 이러한 품성들은 아이들에게 장기적으로 자아 존중감과 삶의 의미와 목적을 일깨워준다. 부모치고 자녀들에게서 이런 품성이 나타나기를 바라지 않는 사람이 있을까? 홈스쿨링만이 가질 수 있는 독특한 교육 환경과 한결같이 귀감이 되어주시는 그리스도 덕분에 부모는 자녀들에게 경건한 성품을 형성시킬 수 있는 귀중한 기회를 성공리에 포착할 수 있다.

넷째, 홈스쿨링 운동이 성장하는 까닭은 홈스쿨링의 역사적이며 효율적인 발자취를 깨닫는 부모의 수가 날로 증가하고 있기 때문이다.

홈스쿨링은 초기 미국 교육에 대단히 중요한 도구였다. 영국 식민지로 있던 시기나 미국 헌법이 제정된 이후 몇 십 년간, 미국에는 공교육 제도라는 것이 존재하지 않았다. 자녀교육은 순전히 부모들의 몫이었다. 당시 부모들은 가정이나 소규모 사립학교 혹은 교구^{教區}학교에서 자녀들에게 필요한 것을 가르쳤다.[5] 이처럼 홈스쿨링은 근래 들어 새롭게 태동한 움직임이 아니며 전국 2만1천여 개에 달하는 기독교학교(우리나라의 미션스쿨과는 개념이 다르다. 기독교 사립학교들의 교육이념, 교육철학, 교육방법론은 철저히 성경에 근거하고 있으며 창조론, 기독교적 인간관, 기독교적 세계관 교육을 목표로 삼고 있다. 우리나라에도 대안학교의 형태로 기독교 대안학교가 몇 군데 설립되어 있다 – 역자 주)와 더불어 역사에 깊이 뿌리 내리고 있는 유서 깊은 교육제도이다.

홈스쿨링을 시행하는 가정은 실천적이고 자립적인 측면이 강하다. 이런 부모들은 자립적이면서도 사회로부터 고립되지 않는 강한 가정을 꾸리기 소망한다. 그런 자립적인 태도가 불굴의 정신과 조화를 이루어 오늘의 현실을 낳은 것이다.

역사적 관점에서 보면, 학교야말로 교육의 길에 발을 들여놓은 신출내기이다. 가정이 아닌 다른 곳에서 자녀들을 가르치는 것은 우리에게 새로운 전통이다. 도시화와 획일화의 일환으로 규격화된 교육제도와 무료 공교육 시대가 도래했다. 1837년, 매사추세츠주 의회가 미국에서 최초로 주^州 차원의 공교육 제도를 공표했으며, 1870년대 중반에 이르러 교사가 제대로 된 직업의 모양새를 갖추게 된다. 그러나 공교육 제도는 대체물에 지나지 않는다는 점을 망각하지 말기 바란다. 우리 교육의 본바탕은 홈스쿨링이었다.

그렇다면 홈스쿨링이 주도했던 그 시절, 미국의 문맹률은 어땠을까? 역사적인 기록에서는 공교육과 의무교육이 도입되기 전, 미국인의 문맹률이 전 세계에서 가장 낮았다는 사실을 암시한다. 패트릭 헨리, 다니엘 웹스터, 토머스 에디슨, 마크 트웨인, 조지 패튼, 더글러스 맥아더, 미국 역대 대통령 가운데 최소한 아홉 명의 위대한 지도자들이 가정에서 교육받았다는 것을 기억하기 바란다.

이런 이유로 홈스쿨링은 미국과 캐나다에서 급속히 성장하고 있다(미국에서는 해마다 20퍼센트의 비율로 성장하고 있다. 영국의 경우 홈스쿨러의 수가 1만 명, 호주는 2만 명에 달하고 있으며 일본에서도 '등교 거부를 생각하는 전국 네트워크'라는 단체를 통해 홈스쿨링 운동이 활발히 전개되고 있다 - 역자 주). 홈스쿨링 운동의 시작이 크리스천 부모들에게서 비롯된 것이 사실이나, 그들은 결코 열광적인 광신자도, 현실도피자도, 급진주의자도 아니다. 그들도 우리처럼, 자녀들을 위해 최선을 다하기 원하는 부모일 뿐이다.

이상 폭넓게 살펴본 바와 같이 홈스쿨링은 기본적으로 기독교적 회복운동이다. 대부분의 부모가 종교적인 이유로 홈스쿨을 시행하고 있기 때문이다. 모든 회복운동은 어디선가 시작되게 마련이다. 지난 2, 30년 간, 학교는 '탈 기독교화'를 위해 총력을 기울였다. 학교에서 기독교와 학문을 분리시켰기 때문에 학생들은 주말과 주일, 목회자와 부모에게서 기독교적 가치를 배우고, 학교에 가서는 다시 교사들에게 세속적 가치를 배워야 했다. 그 결과, 많은 부모들이 비효율적이다 못해 도덕적으로 악취까지 풍기는 교육 환경에서 그들의 자녀를 구출하기로 결단했다. 또 학교라는 유해한 교육 환경을 그리스도 중심의 건전한 교육 환경으로 대체하기로 결단했다.

이러한 일련의 움직임이 뜻하지 않게 교회에 회복의 기운을 불어넣는데 기여했다. 홈스쿨로 교육받는 학생들을 주축으로 한 하부문화를 통해 일련의 회복운동이 태동한 것이다. 이러한 회복운동의 소산으로 성경의 교육 모델로 회귀하려는 부모가 여기저기서 나타났다.

결론

성경에서 "청년이 무엇으로 그의 행실을 깨끗하게 하리이까"(시 119:9)라고 물을 때, 지각 있는 부모와 기독교 교육자들은 하나님께서 주시는 답에 의지하여, "주의 말씀만 지킬 따름이니이다"라고 응답한다. 그러나 하나님 말씀의 정결케 하는 빛과 숭고한 영향력이 학교 교실에서 사라지자 지금까지 그래 왔던 것처럼, 하나님을 부정하고 무시하는 인본주의 세력이 득세했다. 현명한 크리스천 부모는 이토록 자명한 사실을 결코 좌시하지 않았고, 더욱이 땅에 머리를 박고 현실을 도피하지도 않는다. 우리의 자녀들은 일주일에 40시간, 1년으로 따지면 10개월 동안이나 인본주의 교육의 파괴적 영향력 아래 있다. 지각 있는 크리스천 부모라면 일주일에 두 시간, 주일학교나 교회에서 지내는 시간만으로 이에 효율적으로 맞설 수 있다고 감히 억측하지 않을 것이다. 따라서 그들은 다른 교육적 대안代案을 진지하게 고려하게 된다. 그런 고민을 통해 도달한 해결책이 바로 홈스쿨링이다. 홈스쿨링이란 성경적, 역사적 교육 모델로 회귀한 경우이다.

2장 자녀교육은 학교가 아니라 부모의 책임이다

> 성경은 자녀가 어떻게 배우고, 무엇을 배우는지 그 부모가 교육적 책임을 져야 한다고 분명히 말하고 있다. 성경은 부모가 자녀들의 교육을 총 감독하는 교육 감독자가 되어야 한다고 못 박는다. 이것은 특권 이상의 무엇이다. 다른 무엇보다 중요한 것은 성경의 명령이라는 점이다.

다음 질문을 진지하게 생각해보라.

당신은 자녀가 하나님의 선물이요, 값으로 따질 수 없는 귀한 축복이라고 믿는가? 자녀들에게 인생 최고의 행복을 베풀기 원하는가? 자녀들의 사랑과 관심과 존경을 받는 게 중요하다고 생각하는가? 현재 공교육 과정에 대해 조금은 걱정하고 있는가? 자녀의 인성발달, 학문적 능력 배양, 책임감 증대, 사교적 기품 등을 정말로 중요하게 생각하는가? 당신은 자녀의 영적 성장에 대해 관심을 갖고 있는가? 자녀가 성공적인 삶을 살기 바라는가? 대안교육이라는 차원에서, 매우 유서 깊고 동시에 기운을 북돋아주는, 새로운 개념을 탐사할 마음의 준비가 되어 있는가? 이 모든 질문에 '그렇다'고 답했다면, 당신이야말로 홈스쿨링을 시작할 만한 유력한 후보이다.

교육 관료들과 그 집단은 벌써 오래 전부터 부모의 가치와 진가를 깎아내려왔다. 그들은 부모를 기만하여 애초에 부모란 자기 자녀를 가르칠 자격이 없으며, 자녀들에게 건전한 가치를 심어줄 만한 능력이 없다는 관념을 유포해왔다. 그 탓에 부모는 자녀교육 이야기만 나오면 자신들은 모든 면에서 자녀교육에 부적합한 존재라고 느끼게 되었다. 교육당국, 대중매체, 반가정적 가치를 주창하는 자들이 쏟아낸 거짓말에 흡사 융단폭격이라도 맞은 듯, 부모는 잘못된 가치관에 세뇌되었고 그 결과, 부모는 서서히 자신들보다 학교가 자녀를 더 잘 가르칠 수 있다고 믿게 되었다.

그러나 절대 그렇지 않다. 만일 당신이 읽고 쓸 줄 안다면, 책임감이 투철하고, 자녀를 사랑하며, 자녀와 상호 의사소통이 가능한 부모라면, 자녀를 키울 자격이 있을 뿐만 아니라, 자녀를 가르칠 자격도 갖추고 있다. 아이들이 배우는 게 당연하듯이, 부모가 가르치는 것도 당연하다. 교육이란 언제나 가정에서 시작되게 마련이다. 아이들은 가정에서 말을 배운다. 그런데 아이가 여덟 살이 되면 어느 날 갑자기 부모가 가르칠 능력을 상실하기라도 한다는 말인가? 정부가 가정을 향해 용감하게 진격하여, 어린 자녀들을 가정에서 탈취하여 그 가련한 인생을 냉혹한 제도의 틀에 수용해야 한다는 것인가? 아이들은 부모에게 속해 있지, 정부에 속한 것이 아니다. 아이들은 제 부모에게서 성품을 물려받지, 정부로부터 물려받는 게 아니다.

홈스쿨링은 당신에게 적합한가? 만일 당신이 다음 여섯 가지 기초적인 믿음에 동의한다면, 그 질문에 대한 대답은 "그렇다"가 될 것이다.

첫째 믿음 / 당신은 하나님이 부모에게 자녀들을 훈육할 책임을 주셨다고 믿는가?

성경은 자녀가 어떻게 배우고, 무엇을 배우는지 그 부모가 교육적 책임을 져야 한다고 분명히 말하고 있다. 성경은 부모가 자녀들의 교육을 총 감독하는 교육 감독자가 되어야 한다고 못 박는다. 이것은 특권 이상의 무엇이다. 다른 무엇보다 중요한 것은 성경의 명령이라는 점이다. 자녀는 부모의 책임 아래 주신 하나님의 선물이다. 하나님이 부모에게 자녀교육의 고삐를 쥐어주신 것이다. 이와 관련된 성경구절들을 개관해보겠다.

- "오직 너는 스스로 삼가며 네 마음을 힘써 지키라 그리하여 네가 눈으로 본 그 일을 잊어버리지 말라 네가 생존하는 날 동안에 그 일들이 네 마음에서 떠나지 않도록 조심하라 너는 그 일들을 네 아들들과 네 손자들에게 알게 하라"(신 4:9).
- "이는 곧 너희의 하나님 여호와께서 너희에게 가르치라고 명하신 명령과 규례와 법도라 너희가 건너가서 차지할 땅에서 행할 것이니 곧 너와 네 아들과 네 손자들이 평생에 네 하나님 여호와를 경외하며 내가 너희에게 명한 그 모든 규례와 명령을 지키게 하기 위한 것이며 또 네 날을 장구하게 하기 위한 것이라 … 오늘 내가 네게 명하는 이 말씀을 너는 마음에 새기고 네 자녀에게 부지런히 가르치며 집에 앉았을 때에든지 길을 갈 때에든지 누워 있을 때에든지 일어날 때에든지 이 말씀을 강론할 것이며"(신 6:1-2, 6-7).
- "이러므로 너희는 나의 이 말을 너희의 마음과 뜻에 두고 또 그것을 너희의 손목에 매어 기호를 삼고 너희 미간에 붙여 표를 삼으며 또 그것을 너희의 자녀에게 가르치며 집에 앉아 있을 때에든지, 길을 갈 때에든지, 누워 있을 때에든지, 일어날 때에든지 이 말씀을 강론하고"(신 11:18-19).

- "그러므로 나도 그를 여호와께 드리되 그의 평생을 여호와께 드리나이다 하고 그가 거기서 여호와께 경배하니라 … 아이 사무엘이 점점 자라매 여호와와 사람들에게 은총을 더욱 받더라"(삼상 1:28 ; 2:26).
- "내 백성이여, 내 율법을 들으며 내 입의 말에 귀를 기울일지어다 내가 입을 열어 비유로 말하며 예로부터 감추어졌던 것을 드러내려 하니 이는 우리가 들어서 아는 바요 우리의 조상들이 우리에게 전한 바라 우리가 이를 그들의 자손에게 숨기지 아니하고 여호와의 영예와 그의 능력과 그가 행하신 기이한 사적을 후대에 전하리로다 여호와께서 증거를 야곱에게 세우시며 법도를 이스라엘에게 정하시고 우리 조상들에게 명령하사 그들의 자손에게 알리라 하셨으니 이는 그들로 후대 곧 태어날 자손에게 이를 알게 하고 그들은 일어나 그들의 자손에게 일러서 그들로 그들의 소망을 하나님께 두며 하나님께서 행하신 일을 잊지 아니하고 오직 그의 계명을 지켜서"(시 78:1-7).
- "나도 내 아버지에게 아들이었으며 내 어머니 보기에 유약한 외아들이었 노라 아버지가 내게 가르쳐 이르기를 내 말을 네 마음에 두라 내 명령을 지키라 그리하면 살리라 지혜를 얻으며 명철을 얻으라 내 입의 말을 잊지 말며 어기지 말라"(잠 4:3-5).
- "마땅히 행할 길을 아이에게 가르치라 그리하면 늙어도 그것을 떠나지 아니하리라"(잠 22:6).
- "그 아버지가 정한 때까지 후견인과 청지기 아래에 있나니"(갈 4:2).
- "자녀들아 주 안에서 너희 부모에게 순종하라 이것이 옳으니라 네 아버지와 어머니를 공경하라 이것은 약속이 있는 첫 계명이니 이로써 네가 잘되고 땅에서 장수하리라 또 아비들아 너희 자녀를 노엽게 하지 말고 오직 주의 교훈과 훈계로 양육하라"(엡 6:1-4).

• "너희도 아는 바와 같이 우리가 너희 각 사람에게 아버지가 자기 자녀에게 하듯 권면하고 위로하고 경계하노니 이는 너희를 부르사 자기 나라와 영광에 이르게 하시는 하나님께 합당히 행하게 하려 함이라"(살전 2:11-12).

그 외에 많은 성경구절들이 이와 똑같은 것을 가르치고 있다. 사도 바울은 '어릴 때부터' 디모데에게 '성경'을 가르쳤던 디모데의 어머니와 할머니를 칭찬했다(딤후 3:15). 초대교회 목회자(감독)는 교인들의 가정에 본이 될 만한 특정 자격 요건을 갖추어야 했다. 이 자격 요건으로 두 가지 조항이 명시되어 있다. 감독은 "가르치기를 잘하며", "자기 집을 잘 다스려 자녀들로 모든 단정함으로 복종케 하는 자라야 한다"(딤전 3:2,4)라고 했고, 젊은 여자들은 "자녀를 사랑하며", "집안일을 하며"(딛 2:4,5)라고 교훈했다. 성경은 "누구든지 자기 친족 특히 자기 가족을 돌아보지 아니하면 믿음을 배반한 자요 불신자보다 더 악한 자니라"(딤전 5:8)라고 경고함으로써 자녀들의 영적, 교육적, 정서적, 신체적 필요를 충족시켜주기 위해 세심한 주의를 기울이는 일이 얼마나 두렵고 떨리는 사명인지 다시 한번 부모에게 상기시켜준다. 그렇다. 우리가 자녀교육의 고삐를 쥐고 무엇을 하느냐에 따라 하나님께서는 우리의 영성靈性을 판단하신다. 참으로 두렵고 떨리는 책임이다. 교육 당국자들은 '의무교육'이라는 말을 사용하지만, 우리는 그것을 '의무교육'이 아닌 '의무취학'이라고 부른다. '의무교육'이란 바로 이것이다. 부모가 하나님 앞에서 자녀교육을 책임지고 의무적으로 가르쳐야 한다는 것이다.

일주일에 한두 번 교회에 나가는 것만으로는 하나님의 방식대로 자녀를 가르치고 훈련하는 이 중대한 사명을 제대로 감당할 수 없다. 주일학교 교사에게 또는 여름, 겨울 수련회에 이 사명을 떠넘길 수만은 없다. 자녀들을 하나님 말씀에 흠뻑 젖게 하려면, 부모 된 우리가 매일매일, 지속적으로 이 사명에 헌신해야 한다. 신명기 6장 7절은 부모가 삶의 전 영역을 통해 총괄적으로 자녀를 훈련시켜야 한다고 분명히 밝히고 있다. 자기 자녀를 하루 일곱 시간, 일주일의 엿새를 인본주의 교육제도에 방치해두는 부모가 어찌 이 사명을 감당할 수 있을까?

하나님은 모든 좋은 선물을 주시는 분이다. 그리스도로 말미암은 구원의 선물을 제외한다면, 자녀야말로 하나님이 현세에서 부모에게 주시는 가장 소중한 선물이리라(시 127:3-5). 우리는 그 선물을 정성껏 돌보는 청지기로 부름 받았다. 원칙적으로 자녀는 하나님의 소유이다. 하지만 하나님께서 하나님의 뜻에 따라 그들을 양육하도록 그들을 우리에게 잠시 맡기셨다. 따라서 우리 마음대로 자녀를 키울 수는 없다. 우리 눈에 적당하다고 생각되는 방식으로 자녀들을 키워서도 안 된다. 그것은 우리 의무에 충실하지 못한 행위이다. 그 대신, 우리는 자녀들이 하나님을 사랑하고, 순종하고, 경외하도록 키워야 한다. 그러나 하나님을 반대하는 교육제도 아래서, 하나님을 반대하는 교과서를 가지고, 인본주의 사상에 푹 젖어 있는 자녀들을 어떻게 하나님을 섬기도록 키울 수 있을까? 선한 양심을 지니고 있는 크리스천 부모가 과연 '하나님께서 맡겨주신' 자녀들을 인본주의의 제단에 바쳐도 된다는 말인가?

우리는 그리스도인다운 견고한 믿음과 확신 아래 홈스쿨링을 시작해야 한다. 그렇다면 기독교적 확신이란 무엇인가? 확신이란 쉽게 변하는 '기호'嗜好와는 다르다. 하나님께서 제정하신, 흔들리지 않는 진리에 근거한다. 확신이란 당신의 생각과 당신의 의사 결정과정 등, 삶의 모든 영역을 지배하는 기독교적 가치와 성경의 원칙에 기초한 강력한 인격적 신념이다. 기독교적 확신은 당신에게 독특한 삶의 스타일을 부여한다. 따라서 당신은 확신을 따라야 한다. 당신이 확신하는 대로 살아야 한다. 일례로, 교육 당국이 자녀교육을 책임질 게 아니라 부모가 책임지도록 하나님께서 제정하셨다고 믿는다면, 그 믿음대로 따라야 한다. 이처럼 확신은 한 사람의 신앙체계와 밀접하게 얽혀 있다. 기독교의 확신은 당신이 확고히 믿는 바와 같이, 하나님께로부터 기원한 불변의 성경 진리이다.

최근 일련의 연구에서는, 단순히 홈스쿨링이 더 좋아서, '기호'에 따라 시작한 사람들이 중도에 포기할 확률이 대단히 높다는 결과가 나왔다. 그들은 기대에 차서 홈스쿨을 시작하지만, 이내 좌절과 무관심 속에서 이를 중단한다. 그 이유는 간단하다. 그들에게 진정한 기독교적 확신이 결여되어 있기 때문이다.

둘째 믿음 / 당신은 헌법이 보장하는 권리를 기꺼이 행사하겠는가?

대부분 민주국가의 헌법은 모든 국민에게 그 누구도 빼앗을 수 없는 고유한 권리를 보장하고 있다. 그 권리 가운데 하나가 누구든지 "종교적 확신을 이유로 자기 자녀를 가르칠 자유가 있다"라는 것이다. 이것은 기본적인 헌법적 권리이다. 홈스쿨링 선진국인 미국의 경우에 부모의 자유와 관련하여 대법원이 1971년 '요더 Yoder 가족 대 위스콘신 주지사' 소송 사건(요더 가족이 자녀들을 중학교 2학년 때 자퇴시키고 홈스쿨링을 시작하자 고등학교까지 의무교육을 명시한 위스콘신주 정부에서 그들 부모를 기소했다. 이에 부모가 대법원에 항소, 대법원은 부모들의 손을 들어주었다. 우리나라의 경우, 초중등학교를 의무교육으로 정하고, 이를 위반할 시 백만원의 과태료를 물게 했으나 홈스쿨링을 이유로 과태료를 지불하거나 소송이 제기된 전례는 아직까지 없다. 하지만 홈스쿨링 운동이 점차 활발하게 전개됨에 따라 이러한 법률적 문제가 표면화될 우려가 있어, 외국의 사례에 주목할 필요가 있다 - 역자 주)에서 다음과 같이 판결한 전례가 있다.

본 사건은 자녀들의 종교적 미래와 교육을 올바로 이끌고자 하는 부모의 기본적인 관심사와 주州 정부의 관심사가 서로 배치된 데서 발생했다. 인류문명의 역사는 자녀양육과 훈육에 대한 부모의 관심을 뿌리 깊은 전통으로 반영하고 있다. 자녀양육에 관한 부모의 기본적인 역할은 인류의 지속적인 전통으로 정착되었다고 보는 데 논쟁의 여지가 없다.

이 나라 모든 주 정부에 근거하는 자유의 이념은, 반드시 학교 교사에게만 배워야 한다고 강요하여, 어린이들을 획일화하고 있는 위스콘신주 정부의 일반적인 법적 권한을 반대한다. 어린이는 주 정부의 피조물이 아니다. 어린이를 양육하고 그들의 운명을 이끌어가는 이들에게는 시민으로서 부가적인 의무를 수행하도록 어린이를 가르치고 준비시켜야 하는 숭고한 의무와 함께 그럴 권리까지 있다고 보아야 한다.[6]

미美 대법원은 '오레곤주州 주지사 대 수녀회' 소송 사건에서도 "어린이는 주 정부의 피조물이 아니다"라고 선언한 바 있다. 따라서 지금이야말로 집에서 자녀를 직접 가르치고자 하는 부모들에게 힘을 실어주어야 할 최적의 때이다. 그러기 위해서는 부모에게 일련의 교육적 대안을 제시하고, 그들이 현명한 선택을 내리도록 이끌어주는 과정이 필요하다.

정부의 권한이 날로 강화되고, 그 힘과 영향력이 가정생활에까지 파고드는 요즘, 시민들은 세심한 관심을 기울여서 자신의 헌법적 권리를 수호해야 한다. 헌법이 보장하는 우리의 소중한 권리가 흔들리고 있다. 역사가 생생히 입증하듯, 권리란 잃기는 쉬워도 다시 되찾기는 매우 어렵다. 당신은 부모로서, 헌법이 보장하는 권리를 기꺼이 행사하겠는가?

셋째 믿음 / 당신은 하나님이 교실에서 중심적인 위치를 차지해야 한다고 믿는가?

자녀의 영적 발달과 영적 성숙 외에, 자녀에게 더 중요한 어떤 것이 있다고 생각하는가? 성경은 "너희는 먼저 그의 나라와 그의 의義를 구하라 그리하면 이 모든 것을 너희에게 더하시리라"(마 6:33)라고 했다. 자녀들이 매일 가는 학교보다 자녀에게 더 큰 영향을 끼치는 것이 있을까? 학교는 종교적 중립을 지킨다는 핑계를 대며 우리 자녀들에게 세속적, 자기 중심적, 반성경적, 반가정적인 가치를 가르치고 있다. 학교는 한편으로 비행을 묵과했고 다른 한편으로는 전통적인 도덕을 차단했다. 오늘날 학교에 만연한 암세포와도 같은 반기독교적 편견이 우리 어린 자녀들의 가녀린 영혼을 비도덕적으로 만들어간다. 하나님과 전통적인 도덕 가치는 모두 학교 정문에서부터 제지당하고 있다. 옛날에는 상식으로 통하던 것들이 지금은 금기시된다. 당신은 정말로 학교가 우리 자녀들을 위하고 있다고 생각하는가?

하나님과 애국정신이 각급 학교의 교실에서 제자리를 찾아야 한다는 게 나의 굳은 소신이다. 내가 알고 있는 홈스쿨 가정에서는 국민적, 종교적 유산을 소중히 여기며, 그와 같은 유산을 자녀들에게 물려주기 위해 노력한다. 당신은, 하나님과 애국정신이 교실에서 중요한 자리를 다시 찾는 것이 중요하다고 믿는가?

넷째 믿음 / 당신의 자녀가 하나님의 형상을 따라 지음 받았다는 고결한 자아 존중감을 발달시키는 일, 당신은 이것을 정말로 중요하게 생각하는가?

오늘날, 대부분의 부모는 건강한 자아 존중감을 수호하는 싸움에서 학교에 패색이 짙다. 감수성이 예민한 수많은 어린이들이 해마다 제도적 오만과 무관심이라는 야수에 잔인하게 희생되고 있기 때문이다. 강력한 학교 교육 제도가 부도덕하고, 폭력 지향적이며, 반가정적이고, 진화론을 숭배하는 교과서를 동원하고, 행동수정, 가치명료화 기술이라는 반찬까지 곁들여 이 야수에게 매일 먹이를 대주고 있기 때문이다. 더욱이 세속적인 친구들의 압력이나 꾐에 넘어가 야수의 음식에 적절히 양념까지 쳐주고 있는 꼴이라니. 그 결과, 당신이 얻게 된 것은 무엇인가? 자아 존중감이 심각하게 왜곡된 혼란스러운 자녀이다! 설상가상으로, 왜곡된 문제가 표면화될 즈음이면 도저히 복구 불가능한 지경이 된다(우리나라의 경우에도 청소년들의 자아 존중감 부재 현상이 심각하다. 이와 관련해, 연세대 조한혜정 교수가 지적한 내용을 일부 발췌 요약해보겠다. "단 한 번의 시험으로 인생의 승부가 결정되는 입시제도, 콩나물 교실, 성적 비관 자살, 비인간적인 경쟁 등으로 우리 사회의 청소년들 역시 중심을 잃고 흔들리고 있다. 학교에서도 소위 '날라리' 문화가 '범생' 문화를 확실하게 제압하고 있다. 과거에는 학생들이 입시지옥에 갇혀 강요에 따라서나마 목표를 갖고 공부했지만, 부모와 학교의 권위로부터 상대적으로 자유로워진 요즘 청소년들은 무엇을 믿는지 학교에 매이기를 거부하고 나름대로 유흥 공간을 서성이고 있다. 이제 교육 문제의 핵심은 경쟁에서 이기는 아이를 기르는 것이 아니라 자포자기하지 않고 세상을 버티며 살아가는 아이를 길러내는 데 있다. 자생력 있는 아이, 탈 근대적 흐트러짐 속에서 자기를 존중하며 살아갈 수 있는 사람을 기르는 데 있다. 우리 아이들이 폭력, 약물, 성 중독증, 무력증 등 후기 산업자본주의 사회의 전형적인 징후를 보이고 있기 때문이다" - 역자 주).

학교 교과서를 비판적으로 연구하는 교육 전문가, 멜 가블러Mel Gabler, 노마 가블러Norma Gabler 부부는 교과서에 인용된 작품들이 '우울하고 부정적 주제' 유형을 따르고 있다는 것을 발견했다. 그들은 전국에서 사용되는 모든 교과서에서 발견한 부정적인 주제들을 12가지 범주로 정리했다.

- 소외
- 죽음과 자살
- 퇴폐와 굴욕
- 우울
- 불만족
- 공포와 두려움
- 증오
- 경멸
- 저속한 목적
- 의욕 부재
- 괴로운 문제들
- 삶에 대한 회의[7]

이것이 과연 모든 것을 사랑하시는 하나님으로부터 나온 주제일까? 이런 주제로 과연 경건한 성품을 형성하고 함양할 수 있을까? 아니면 파괴할까? 왜 이런 지독한 주제가 교과서의 심장부를 관통하고 있는 것인가? 학교가 이런 작품들을 우리 아이들의 목구멍 속으로 쑤셔 넣고 있는데, 어떤 부모가 자녀에게 기독교적인 성품의 기반을 마련해줄 수 있을까? 뉴욕 대학의 폴 비츠Paul Vitz 교수는 일련의 광범위한 연구를 통해, 학교에서 사용하는 교과서가 기독교와 전통적 가치를 배제하고 있다는 것을 입증한 바 있다.

학교 교과서에 편견이 있을까? 학교 교과서를 검열하는가? 이 두 가지 질문에 대한 대답은 '그렇다'이다. 그렇다면 교과서에 어떤 편견이 있을까? 어린이들의 교과서에는 종교, 전통적 가족 가치, 보수적 정치관, 보수적 경제관이 완전히 배제되어 있다. 이런 현상이 특히 불온하게 여겨지는 것은 국민의 세금으로 꾸려지는 공교육 제도, 자칭 편견 없는 지식과 정확한 지식을 전달한다고 자부하는 학교에서 그런 일이 발생한다는 데 있다.[8]

자아 존중감을 갖는다는 것은 당사자가 인생에서 성공하는 데 매우 중요하다. 자녀가 적절한 자아 존중감을 갖고 있느냐 그렇지 않느냐에 따라 그의 장래에, 인격과 능력이 형성되기도 하고 좌절되기도 한다. 자녀가 세상을 도전적이고 모험적인 시각으로 보느냐, 냉소적이고 무정한 시각으로 보느냐는 바로 자아 존중감에 달려 있다. 부모는 자녀가 건강한 자아 존중감을 기르도록 도울 수 있다. 그것이야말로 부모가 자녀에게 베풀 수 있는 가장 값비싼 선물 가운데 하나이다.

스탠리 쿠퍼스미스Stanley Coopersmith 박사도 이 문제에 대한 포괄적인 연구 결과, 부모가 자녀의 자아상 확립에 지대한 영향력을 끼칠 수 있다는 점을 확인했다. 부모는 자녀의 자신감을 키워주어, 자녀가 사회적 압력에 저항할 수 있는 능력을 길러줄 수 있고, 반대로 무방비 상태로 방치할 수도 있다. 부모가 나날이 성장하는 자녀에게 어떻게 반응하느냐, 자녀들과 어떤 식으로 상호작용하느냐에 따라 자녀의 장래가 결정된다. 부모의 따스함, 사랑, 관심, 존중을 받는 아이는 고매한 자아 존중감을 갖게 된다. 쿠퍼스미스 박사는 이렇게 말했다.

> 아이들, 특히 어린아이들은 부모에게 의지하는 정도가 큰 만큼 부모에게 상처받기도 쉽다. … 그들은 부모라는 기준에 자신을 맞추어 생존한다. … 부모의 사랑과 관심은, 특수한 사회 심리학적 발달 단계에 있는 자녀의 자아상 확립에 지대한 영향을 끼친다. 역으로 부모의 무관심과 냉대는 자녀가 자아의 가치를 전혀 인식하지 못하는 불모의 환경을 낳는다.[9]

학교가 당신 자녀의 자아상 확립에 당신만큼 관심을 갖고 있을까? 결코 아니다! 학교가 자녀들에게, 그들이 하나님의 형상대로 창조되었음을 더욱 확실히 깨닫게 해줄 거라고 생각하는가? 절대로 그렇지 않다! 물론, 당신 자녀에게 특별한 관심을 보이는 교사가 하나도 없다는 말은 아니다. 하지만 교사가 아무리 헌신적이라고 해도 엄마 아빠보다 더 나을 수는 없을 것이다. 자녀의 정서 발달에 결정적인 요소는 바로 지각 있는 부모이다. 오직 당신만이 아들딸에게 '하나님의 자녀로서' 그들의 가치에 대해 지속적으로 설명할 수 있다. 당신이 아니면 그 누구도 당신 자녀의 자아 존중감을 형성해줄 수 없으며, 당신 자녀의 인생을 준비해줄 수 없다!

다섯째 믿음 / 당신은 자녀와 특별한 결속관계를 계속 유지하기 원하는가?

이 질문에 '아니다'라고 대답할 부모는 아마 없을 것이다. 그러나 자녀가 초등학교에 입학하면서부터 부모와 자녀 사이는 점점 소원해지며 그 거리는 자녀가 학교에 남아 있는 한, 해가 갈수록 멀어질 것이다. 물론 처음에는 점점 멀어지는 그 거리가 잘 보이지 않는다. 그러나 시간이 흐르면서 반항적이고 부모를 거역하는 철학적 가르침은 그 뚜렷한 족적을 남길 것이다.

학교에 간 어린이들은 엄마 아빠의 인정을 받기보다 교사의 인정을 받기 위해 경쟁해야 한다는 것을 알아차린다. 아이들은 초등학교 1, 2학년 때 벌써 정서적으로 '나눔'이라는 것을 배우지도 못한 채, 장난감을 놓고 경쟁한다. 특히 아이들은 또래집단의 주목을 받기 위해 경쟁하고 또래집단의 언어, 행동방식, 습관, 규칙 등을 여과 없이 그대로 받아들인다. 친구들의 인정을 받는 데 모든 주의를 집중한다.[10]

부모가 "아이들이 그런 말을 하면 못쓴다"라고 나무라며 이유를 설명해도 자녀들은 무슨 말인지 이해하지 못한다. 부모의 설명을 이해할 만한 인식능력이 없기 때문이다. 애들은 엄마 아빠가 설명하는 '이유'를 충분히 이해하지 못한 채, 단지 '모든 애들이 다 그렇게 말하기 때문에' 부모가 소중히 간직하고 권하는 귀한 가치를 단번에 거절한다. 친구에게 빠져, 그들의 가치체계를 학습하는 것이다. 이런 식으로 부모는 점차 자녀에 대한 통제력을 잃어간다. 자녀교육의 책임을 위탁받은 학교의

권위가 오히려 위탁자인 부모의 권위를 빼앗는 기현상이 발생한다.[11]

교육 당국은 아이들을 '사회화'시키기 위해서 학교에 보내야 한다고 대대적으로 선전한다. 그렇지만 나는 '사회화'라는 미명 아래 우리의 어린 자녀들을 가정이란 단란한 둥지 밖으로 내몰 필요가 전혀 없다고 주장하는 바이다.

집에서 교육받는 자녀들의 경우 부모와의 독특한 결속 관계를 형성할 기회가 있다. 그들은 엄마 아빠와 신체적, 정서적, 영적 친밀함을 유지하며 양육 받을 수 있다. 이러한 유대관계는 형제자매 관계에까지 확대된다. 홈스쿨러들의 형제자매 관계가 남달리 친밀하고 깊은 까닭이 바로 여기에 있다. 그들은 학교 또래집단의 압력에서 벗어나 유년 시절의 경험을 공유할 수 있기 때문에 가족애가 더욱 두터워진다. 홈스쿨링은 비인간화된 집단교육에 대한 건전한 대응책이자 지역사회와 가족을 회복시킬 수 있는 최적의 방책이다.

부모는 자녀가 겪는 또래집단의 압력에 대해 진지한 관심을 기울여야 한다. 특히 초등학교 1, 2학년 자녀들은 가치를 주체적으로 적용할 만큼 성숙하지 않다. 초등학교 저학년 자녀들의 경우에는 '본보기'를 찾는다. 꼭 필요한 안내와 지침을 줄 사람을 찾으려 애쓴다. 그러나 그들은 가장 가까운 곳, 즉 학교 환경에서 모델을 찾을 수밖에 없다. 불행히도 그들은 옳고 그름의 차이를 잘 식별하지 못한다. 더욱이 그들은 또래집단의 독특한 버릇, 언어, 태도, 가치에 극도로 민감하게 반응한다. 성경은 자녀들이 어리석은 친구들과 짝하지 않게 하라고 부모에게 경고하고 있다. 하지만 그들은 함께 공부하고 함께 노는 친구들의 비웃음을 견딜 만큼 강하지 못하기 때문에 그들도 모르는 사이에, 또래집단 속에 함몰

된다. 그러면 결국, 부모와 자녀의 유대는 물론, 소중히 간직해온 가치들이 약화된다.

여섯째 믿음 / 당신은 부모로서 자녀의 최대 관심사에 대해 어느 누구보다 지대한 관심을 갖고 있는가?

이에 대한 당신의 대답이 가장 중요하다. 자녀의 최대 관심사에 대해 가장 큰 관심을 갖고 있는 사람이 누구일까? 당신일까 아니면 학교 교사일까? 모든 부모는 자신 있게 대답할 수 있을 것이다. 학생에 대한 교사의 관심은 교사의 기분, 학생 수, 교실 환경에 따라 시시각각 변하고 감퇴한다. 교사의 기분은 날마다, 주마다, 해마다 변한다. 교사는 일 년마다 새 학급을 맡아야 할 뿐 아니라 학급 구성원 하나하나에 개인적인 관심을 기울여야 한다. 이것은 교사는 물론, 전문적인 청소년 심리학 교수들조차 감당하기 힘든 과업이다. 교사는 해마다 다른 학급을 맡는다. 이동도 잦다. 이처럼 잠시 머물다 다른 학급, 다른 학교로 가는 교사들이 각 학생의 최대 관심사를 모두 충족시켜줄 수 있을까?

비록 교사가 학생들과 그럭저럭 원만한 관계를 형성한다 할지라도, 문제가 또 있다. 교사가 학생 하나하나에게 얼마나 많은 시간을 들여 개인적인 관심을 표명할 수 있을까? 학생 개개인의 필요를 채워주기 위해 기꺼이 시간을 투자하는 교사가 과연 얼마나 될까? UCLA의 교육대학원 원장 존 구드래드John Goodlad 박사는 학교 교사가 학생 개인과 일대일로 접촉하는 시간이 하루에 7분도 되지 않는다는 사실을 발견했다.[12] 당신의 자녀가 건강한 인격체로 성장하는 데 하루 7분은 너무 인색한 시간이 아닐까? 그런 환경에서 자녀들이 자기 존재를 분명히 인식하고 포부를 키워나갈 수 있을까? 그렇다면 정서적으로 예민한 어린 학생들에게 부모가 베풀어줄 수 있는 인격적 관심을 대체할 만한 것이 학교에는 전무하다고 말하는 것이 옳지 않을까? 발달심리학자 레이몬드 무어^{Raymond} Moore 박사는 교실의 결점과 관련, 다음과 같은 소견을 발표했다.

학교는 전형적으로, 학생을 개인적으로든 인격적으로든 특수하게 취급하지 않는다. 학교는 그들을 학급의 구성단위로써 대한다. 같은 나이 또래의 아이들이라고 해도 개개인의 능력이나 성취도, 배경, 개성은 매우 상이하다. 그러나 이러한 명백한 사실에도 불구하고, 명실공히 학생이라면 모두 다른 아이들과 똑같은 일을 수행해야 하며, 다른 아이들과 똑같은 틀에 스스로 대충 끼워 맞추어야 하며, 획일화된 조립 라인을 통과해야 한다. 그러나 어린 학생들에게는 개별성이 절대적으로 필요하다. 왜냐하면 그래야만 부모에게 사랑받는, 소중하고 독특한 개인이자 특별한 존재라는 느낌을 갖게 되기 때문이다. 학교의 터무니없는 태만, 학생들을 오직 지시 대상으로만 여기는 일방적인 태도, 이런 것들이 어린이가 독특한 인격체로 성장하는 것을 방해하고 있다.

틀에 박힌 학교 일과 속에서 배우는 아이들과 규칙이 분명하게 서 있는 사랑의 가정에서 배우는 어린이들이 갖게 되는 여러 가지 기회를 서로 대조해보라. 가정에서 교육받는 자녀는 상대적으로 평온하고 담백한 일상을 체험한다. 자녀의 질문, 필요, 관심사에 대해 부모는 24시간 대기 상태에 있다가 일대일로 자상하게 대답해준다. 그는 언제든 원하기만 하면 혼자 사색할 수도 있다. 학업, 놀이, 휴식, 대화 등 일상의 활동을 통해 부모와 친밀하게 교제할 수 있어서 가족에 대한 책임을 분담하게 되고, 가족의 일원으로서 서로가 서로를 필요로 하고, 원하고, 의지하고 있다고 느낀다. 이런 과정을 통해 자기 가치를 발전시키고, 바람직한 사회성의 기초를 발달시켜나간다.[13] 다시 무어 박사의 말을 들어보자.

아이들의 가치가 형성되는 시기인 8세에서 10세 사이, 그들에게 가장 중요한 사람은 부모이다. 설령 그렇지 못한 부모가 있다 하더라도 그렇게 될 수 있으며 또 마땅히 그렇게 되어야 한다. … 유치원이나 어린이집 교사보다는 이 시기의 엄마 아빠가 좀 더 깊은 안정감과 확실한 친밀함을 줄 수 있고, 좀 더 예리한 직관력을 발휘하여 좀 더 따스한 반응, 좀 더 합리적인 통제, 더욱더 자연스러운 본보기를 제공할 수 있기 때문이다.[14]

오늘날 교실에서 실제로 학생들을 교육하는 데 할애되는 시간은 매우 적다. 행정사무, 잡무, 기다리는 시간, 수업 시작하기 전과 끝나기 전의 어수선한 시간, 기타 수업 분위기를 방해하는 여러 요인을 뺀다면, 실제로 교사가 학생을 교육하는 데 드는 시간을 모두 더해봐야 하루 총 90분에 불과하다고 한다. 데이비드 엘킨드David Elkind 박사는 교사가 한 학생에게 개인적으로 주목할 수 있는 시간이 일 년에 평균 6시간에 불과하다고 말했다.[15]

학과 진도를 나가야 하는 교사에게는 수업 시간의 질문에 대답할 수 있고, 또 기꺼이 대답하는 학생들이 필요하다. 따라서 교사는 학급 인원 가운데 소수에게 주목하게 되며, 진정으로 교육이 필요한 다수의 학생에게 소홀할 수밖에 없다. 그 가운데 몇 명은 학기가 시작될 무렵부터 학습 지진아로 낙인이 찍혀버리기도 한다. 학교 교육에서 학습 지진아 발생률이 높게 나타나는 것은 이미 충분히 예견되었던 일이다.

자녀가 부모만이 알 수 있는 어떤 문제를 가지는 경우도 있다. 예를 들어서, 어젯밤 귀여워하던 강아지가 갑자기 죽었다면, 그 학생은 오늘 학습 의욕을 거의 느끼지 못할 것이다. 그러나 당신은 그 아이의 부모로서 이런 사정을 잘 알기 때문에 자녀에게 지금 정서적으로 무엇이 필요한지 누구보다 잘 이해할 수 있다. 갑자기 식욕이 떨어졌거나 신체적으로 어딘지 불편해하거나, 주변 사람들의 놀림에 너무나 민감하게 반응한다는 것은 오직 부모만이 알 수 있다. 자녀의 마음을 헤아리고 거기에 맞게 적절한 조치를 취해줄 수 있는 사람은 오직 부모밖에 없다.

부모의 자녀 사랑을 세상 어느 교사가 따라갈 수 있을까. 홈스쿨링은 다른 무엇보다 부모의 자녀 사랑에서 나온 행위이다. 부모가 자녀에 대해 관심을 갖는 것은 부모로서 자녀를 아끼고 사랑하기 때문이다. 자녀에 대한 부모의 관심은 특정 영역에 국한되지 않는다. 삶의 전 영역에까지 범위가 확대된다. 학생의 학습 능력 발달에만 관심 있는 학교 교사와 달리, 부모는 자녀의 신체적, 심리적, 정서적, 영적 발달에 온 신경을 집중한다. 당신은 자녀의 일에 제도권의 교사보다 더 많은 관심을 기울이고 있다고 자부하는가?

결론

홈스쿨을 시행하는 부모는 결코 유별난 사람들이 아니다. 다른 점이 있다면, 다만 그들이 신앙적인 관점에서 자녀를 키우기 원한다는 것이다. 그들은 부패, 무지, 또래집단의 압력이란 세속적 인본주의 틀 대신에 도덕, 학문적 우수성, 가족에 대한 헌신을 택했을 뿐이다. 그들은 자녀들이 한 해 한 해 성장하는 동안, 계속해서 그들과 친해지고 싶어 한다. 그들은 어느 날 아침, 자녀들이 그들을 낯선 이방인으로 여기게 되는 일을 바라지 않을 뿐이다. 실로 유감스럽게도 자녀를 학교에 보내는 부모들은 대체로 이런 곤궁에 처한다. 이런 사태가 과연 당신에게도 발생할까? 아니라고 장담하지는 못한다.

그렇다면 도대체 왜 이런 일이 발생한 것일까? 인본주의 신봉자들이 매우 천천히 그러나 깊이 스며드는 '거역하는 영靈'의 씨앗을 자녀들의 영혼에 뿌리고 있는데도 부모가 이를 수수방관하기 때문이다. 믿는 부모들이 인본주의 교실에서 자녀가 자라도록 방치하기 때문에 이런 사태를 모면하기 어려운 것이다. 다른 아이들이라면 몰라도, 자기 자녀는 결코 그렇지 않으리라고 생각하는 부모가 있다면, 그 사람에게 세상 물정을 좀 더 알라고 충고하고 싶다.

믿는 부모는 자신의 자녀들이 경건한 인성, 도덕, 전통적 가치, 삶에 대한 존중감을 배우기 원한다. 그러나 이것은 자동으로 되는 것이 아니다. 성경에서 제정한 부모의 권리와 모든 민주국가의 헌법이 보장하는 국민의 기본권을 인정하고 그것을 기꺼이 행사하는 부모만이 그런 자녀를 얻을 수 있다. 생애 최고의 선물인 자녀를 잘 양육하기 위해 기꺼이 값을 지불하고, 기꺼이 시간을 투자하는 부모만이 그런 자녀를 얻게 된다.

당신은 어떤가? 당신은 자녀를 어떤 식으로 양육하기 원하는가? 앞으로 5년, 10년, 15년 후, 자녀가 어떻게 되기를 소망하는가? 여기에 씨 뿌리는 자의 비유가 적용된다. 뿌린 대로 거둘 것이다! 만일 당신이 세상의 성신을 따라 자녀에게 양분을 공급하고, 물을 대고, 경작한다면, 그에 따른 결과를 얻게 되는 것이 마땅하다. 자녀를 정부의 학교 제도에 위탁하여 하루에 일곱 시간, 일주일에 엿새 동안이나 교육받게 한다면, 당신의 자녀는 그 환경에 동화되고 마침내 그것을 모방하게 될 것이다.

더욱이 자녀의 가녀린 영혼과 인격을 돌볼 수 있는 기회가 항상 있는 것은 아니라는 점을 명심하기 바란다. 때가 되면, 그런 기회마저 사라지고 없다. 나는 자녀와 돈독한 애정 관계를 지속 발전시켜나가는 데 홈스쿨링보다 더 좋은 방법은 없다고 단언한다. 당신은 자녀를 어떤 식으로 양육하기 원하는가?

만일 당신이 다음 여섯 가지 믿음에 기꺼이 동의한다면, 당신에게 홈스쿨링이 적격이라고 확신해도 좋다.

- 나는 하나님께서 부모에게 자녀 훈육 책임을 맡겨주셨다고 믿는다.
- 나는 내 자녀를 내 손으로 교육시키는 일과 관련하여, 헌법이 보장하는 기본권을 기꺼이 행사할 것이다.
- 나는 하나님이 교실에서 중심적인 위치를 차지해야 한다고 믿는다.
- 내 자녀가 하나님의 형상대로 창조되었음을 자각하고, 세심한 자아 존중감을 발달시키는 것이 내게 정말 중요하다.
- 나는 자녀와 특별한 유대관계를 계속 유지하고 싶다.
- 나는 부모로서, 자녀의 중요한 관심사에 그 누구보다 더 관심을 갖고 있다고 자신한다.

3장 공교육은 학생들의 잠재력을 속박한다

> 학교는 지금 우리 아이들 마음속에 깊은 웅덩이를 파고 있다. 학교는 우리 아이들을 무식한, 규율 없는, 하나님에 반대하는, 도덕에 반대하는, 가족에 반대하는, 폭력 지향적인, 자유보다 방종을 선호하는 사람으로 훈련시키고 있다.

조니라는 꼬마가 학교에 간다. 조니는 아직 읽을 줄도, 쓸 줄도 모른다. 덧셈도 뺄셈도 못 한다. 하지만 섹스, 피임기구, 에이즈에 대해서 잘 알고 있다. 주머니칼 쓰는 법이나 약한 애들을 못살게 구는 법을 익힌 건 오래전이다. 조니는 제 부모가 믿는 신앙이란 어리석은 것이라고 생각한다. 이런 조니야말로 현대 학교 제도의 산물이다.

요즘 부모들은 학교가 옛날 그들이 다닐 때와 비교해서 변해도 한참 많이 변했다는 것을 실감하고 있다. 사람들이 지금과 같은 과거를 떠올리며 추억에 잠기는 것은 당연한 일이다. 물론 과거에는 동전으로 알사탕을 사 먹을 수도 있고, 대문을 걸어 잠그지 않고 나다닐 수도 있었다. 그러나 요즘 환경은 과거와 매우 달라졌다. 무엇보다 학교 교육과정은 정말 변화무쌍하다.

● 3장 내용은 홈스쿨링이 미국 크리스천 부모에게 대안 교육으로 떠오르게 된 배경을 자세히 설명하고 있다. 물론 이 내용이 한국의 현실과 다소 거리가 있는 측면도 있다. 그러나 신앙대로 살려는 미국 크리스천 부모들이 자녀교육 문제를 놓고 얼마나 치열하게 고민하였는지, 공교육의 폭압으로부터 자녀들을 하나님의 표준으로 지키기 위해 얼마나 치열하게 대안을 모색했는지 배울 수 있다. 3장의 내용을 통해 한국의 크리스천 부모들은 오늘의 흉포한 교육 현실에서 우리의 자녀들을 구출하기 위해 어떤 고민을 하고 어떤 행동을 해야 할지 배울 수 있을 것이다 – 한국어판 편집자 주.

다음과 같은 일을 상상해보자. 어느 날, 지방자치단체에서 모든 어린이들은 자치단체에서 지원하는 수영 수업을 받아야 한다는 법규를 제정한다. 수영을 배워서 손해 볼 것은 없으니, 당신도 굳이 반대하지 않는다. 당국에서는 수영 수업이 12년간 여름철마다 계속될 것이기 때문에 놀라운 결과를 기대해도 좋으리라고 호언장담한다. 그러나 실제로 수영 수업을 후원하는 장본인은 지방자치단체가 아니라 엄청난 세율에 근거하여 세금을 내고 있는 납세자들이다. 그래도 당신은 참는다. 왜냐하면 당신이 내는 세금으로 자녀들이 수영이라는 멋진 운동을 체계적으로 배울 수 있기 때문이다. 부모들은 그들이 낸 세금으로 세계 최고 수준의 수영 시설을 완비하기에 충분한 액수의 재원財源을 조달한다.

드디어 몇 개월 후, 수영 수업이 시작되었다. 당신은 자녀에게 수업 시간에 배운 것을 실제로 해보라고 한다. 그러자 당신은 당신의 자녀가 물을 무서워하고 수영 수업 자체를 싫어한다는 것을 알게 된다. 수영 강사는 지극히 당연한 현상이며 시간이 지나면 괜찮아질 거라고 말한다. 그다음 해에도 당신은 자녀에게 수업 시간에 배운 것을 실제로 해보라고 말한다. 아이는 마지못해 물에 몸을 담그더니 이내 공포에 질려버린다. 아이는 개헤엄을 시도하지만 그것도 잠시, 금방 포기하고 만다. 기본 중에 기본인 개헤엄도 아직 터득하지 못한 모양이다. 수영 강사가 말하기를, 당신의 자녀는 배우는 속도가 매우 느리니, 각별히 주의를 기울여 최선을 다해 가르치겠다고 한다.

그렇게 몇 년이 지나갔다. 다른 부모들 역시 자신의 아이들이 수영 배우는 걸 어려워하는 것 같다고 말한다. 당신이 다시 아이를 불러놓고 수영을 얼마나 잘하는지 보여달라고 말한다. 그랬더니 당신의 자녀가 이렇게 말한다.

"다른 애들만큼은 해요. 선생님은 내가 잘한대!"

당신은 다시 한번 부드럽게 청한다.

"그럼, 한번 솜씨를 보여주겠니?"

그러자 아이가 불쑥 대답한다.

"엄마가 그걸 봐서 뭐 하게요?"

아이의 통명스러운 대꾸에 당신은 심기가 매우 불편해진다. 그러던 어느 날, 당신이 수영장을 불시에 방문한다. 그런데 거기서 실로 기괴한 광경을 목격한다. 수영강사 자격증도 없는 사람이 아이들에게 피임 기구 사용법을 가르치고 있는가 하면 텅 빈 풀 안에는 본드에 취해 널브러져 있는 청소년들도 한 무리나 있다. 음담패설을 주고받는 아이들, 탈의실 주변에서 서로 유혹하듯 지분거리는 남녀도 있고 심지어 다이빙 보드 옆에서 환각제를 사고파는 아이들까지 눈에 띈다. 당신은 책임자에게 어떻게 된 거냐고 따진다. 그가 당신을 위아래로 훑어보더니 말한다.

"누군데 여기 들어왔어요? 빨리 나가요."

그러나 집요하게 따지자 마침내 예산이 턱없이 부족해 전문 수영강사를 초빙할 수 없었다느니, 부모님의 무관심이 야속하다는 등 궁색한 변명을 쏟아낸다.

정말 악몽 같은 일이다. 그러나 많은 사람들은 이 이야기를 읽고 현대 학교 교육의 실상을 그대로 반영했다고 느낄 것이다. 우리는 이번 장에서 결코 반갑지 않은, 그렇다고 그냥 간과할 수 없는 학교 교육의 실태를 살펴볼 것이다. 객관성을 유지하기 위해, 방어하는 자세나 민감하게 반응하는 태도는 지양할 것이다. 드러난 교육제도의 실패상에 대해 해명하거나 그것을 합리화하려고 애쓰지도 않을 것이다. 바야흐로, 이제 안개를 걷어낼 때가 되었다. 우리는 정직한 자세를 유지하면서 공교육 제도의 실상을 있는 그대로 직시하려 한다. 과거 학교에 대해 품었던 향수어린 기억을 되살리지는 않겠다. 과거에 대한 고정된 인식을 현재에 투사하지 않는다면, 과거를 회상하며 추억에 잠기는 것도 나쁘지는 않다. 그러나 과거 진실로 통하던 것이 이제는 진실로 통하지 않는다는 점 하나만큼은 반드시 기억해야 할 것이다.

공교육에 대해 걱정하지 않을 수 없는 이유

혹자는 "공교육과 그 방향에 대해 우리가 걱정해야 할 이유가 있나요? 교육 문제는 교육자들 손에 맡기는 게 현명하지 않을까요?"라고 반문할지 모른다. 그러나 공교육에 대해 걱정하지 않을 수 없는 이유가 최소한 네 가지 있다.

첫째, 비대해진 공교육 제도를 유지하는 데 드는 비용이 막대하다.

공교육 제도는 성실하게 일하는 납세자들의 호주머니 속 돈을 긁어모은다. 납세자들은 힘들게 번 돈을 정부가 규모 없이 탕진하는 것을 바라지 않는다. 우리에게는 투자한 만큼 이익을 기대할 권리가 있다. 공교육이 미국에서 두 번째로 규모가 큰 국책 사업이자 200만 교사를 보유한 세계 최대 단일조직이며, 정부 예산 집행의 두 번째 우선순위(우리나라의 경우에는 정부 예산 가운데 교육비 비율이 약 16퍼센트에 달한다 - 역자 주)를 차지한다는 점을 감안해볼 때, 정부가 일을 잘해주기 바라는 마음은 당연한 게 아닐까?

둘째, 최근 공교육 제도가 배출한 젊은이들 대다수가 정말 무지하다.

그들은 가장 기본적인 삶의 요구사항을 처리할 수 있을 만한 채비도 갖추고 있지 않다. 다음과 같은 오싹한 사실에 대해 생각해보자.

살충제 깡통에 적혀 있는 '복용 금지' 문구, 담임교사가 보낸 가정통신문, 신문의 헤드라인을 읽지 못하는 사람이 전국에 걸쳐 2천5백만 명에 달한다. 그 외, 3천5백만 명은 사회생활에 필요한 기본적인 수준의 내용들만 겨우 읽을 수 있는 정도다. 합계 6천만 명이라는 숫자는 미국 전체 인구의 30퍼센트에 달하는 수이다.

급료 명세서의 세금 공제 항목이 제대로 되었는지 확인할 수 있는 사람이 전체 인구의 26퍼센트에 불과하다는 것을 어떻게 생각하는가? 36퍼센트는 세금 공제 양식의 해당란에 공제 액수를 정확히 기입하지 못한다. 44퍼센트는 구인광고를 보고도, 그 자리에 자신이 적격인지 아닌지 알지 못한다. 22퍼센트는 편지 겉봉의 주소를 제대로 쓰지 못하고 20퍼센트는 '평등한 기회 보장Equal Opportunity'이라는 말을 읽지 못한다. '20퍼센트 할인 판매'란 광고 문구를 보고, 이전의 가격과 할인된 가격의 차이를 계산하지 못하는 사람도 60퍼센트에 달한다. 20퍼센트는 은행에서 출금의뢰서를 작성하지 못한다. 상점 점원이 건네준 영수증과 잔돈이 일치하는지 확인하지 못하는 사람도 40퍼센트에 이른다.[16]

이런 글을 보고도 공교육에 대해 걱정하지 않을 수 있을까? 이런 추세라면 향후 몇 년 안에, 이 나라는 어떻게 될까? 고등학교를 졸업했으나 여전히 무지하며, 살아가는 데 필요한 기초적인 소양을 갖추지 못한 사람들은 그들 자신만 해치는 것이 아니라, 주변에 있는 사람들에게도 불필요한 영향과 피해를 주게 된다.

아무래도 이 사회가 허튼 데 돈을 쓰고 있는 것 같다. 공교육에 쏟아붓는 엄청난 돈뿐이랴. 눈에는 잘 보이지 않아도 매우 본질적인 일에 정부가 투입하는 비용의 규모만 해도 만만치 않다. 일례로, 문맹文盲은 일반 시민들이 세상의 흐름을 이해하고, 그것을 분석하는 능력을 앗아간다.

"미국 시민 가운데 44퍼센트가 신문을 읽지 않는다. 그중에서 신문을 읽기 싫어서 읽지 않는 사람은 고작 10퍼센트에 불과하다. 나머지 34퍼센트는 읽을 수 없어서 읽지 않는 것이다."[17]

보통 신문 기사는 중학교 2, 3학년 정도의 학력 수준이면, 누구나 읽을 수 있도록 씌어진다. 그렇다면 정부가 필요한 목발을 제공하는데도 그것을 사용하지 못하는 사람들이 부지기수라는 이야기이다.

문맹과 학문적 열등은 국제 시장의 경쟁력에 영향을 끼친다. 직종을 막론하고 전국 사업장에서는 이제 막 발을 들여놓은 젊은이들의 가치, 직업윤리, 지적 능력에 대해 불만이 많다. 문맹은 생산성에도 악영향을 끼친다. 재계에서는 고등학교 졸업생들이 회사의 인사표준에 미치지 못한다고 비판의 소리를 높여가고 있다. 미국의 산업은 철강, 전자, 섬유, 광학의 분야에서 해외 경쟁력을 잃어가고 있다. 집에 있는 카메라와 전자제품 가운데 국산품이 몇 개나 되는가? 지갑 속에 든 푸른색 지폐를 인쇄하는 화폐 인쇄기조차 국산 제품이 아니라는 것을 알고나 있는가?

셋째, 교육적 결함은 곧 개인의 자아 존중감과 미래에 대한 포부에 영향을 끼친다.

미국 사회는 공교육에 비싼 돈을 들이고 있지만, 미래의 지도자, 과학자, 수학자, 근로자를 제대로 양성하지 못하고 있다. 장래 건강하고 부강한 나라 미국을 위해서 건전한 교육이 필수적이라는 사실은 널리 알려져 있다. 그래서 최근 갤럽 여론조사 연구소에서 "다수의 미국인은 군사력이나 경제력보다 교육이 국가의 부강에 훨씬 더 크게 공헌한다고 생각한다"[18]라는 조사 결과를 발표한 적도 있다.

넷째, 불완전한 학교 교육 제도가 우리 사회를 영적, 도덕적으로 타락시키는 데 일조하고 있다.

우리 자녀들이 가치 부재하고, 하나님을 반대하는 사상을 가르치는 교실에서 교육받는 한, 지역사회의 도덕적 몰락은 피할 수 없는 결과이다. 이것은 또다시 사회 모든 구성원에게 영향을 끼칠 것이다. 이제 더이상 숨을 곳이 없다. 학교가 자기중심주의, 도덕 폐기론, 하나님 적대주의, 향락주의의 충실한 시종으로 남아 있는 한, 어떤 사회라도 파멸로 치달을 것이 분명하다.

지금 점점 더 많은 부모가 또래집단의 압력, 바닥에 처박힌 교육규범 등 학교가 만들어내는 해일 같은 문제로부터 그들의 자녀를 보호하기 위해 방어 태세를 갖추어가고 있다. 그러나 그들이 내는 세금으로 공교육이 지탱되고 있는데, 왜 그들은 한결같이 수비 자세만 취하는 걸까? 참으로 알 수 없는 일이다. 이것은 현대 학교 교육의 통탄할 만한 아이러니가 아닐 수 없다.

아이들을 학교에 보내는 사람들의 공통된 변명

어떤 부모들은 오류투성이, 억측과 변명으로 자녀를 학교에 위탁할 수밖에 없는 이유를 댄다. 학교 말고 다른 교육적 대안을 찾아보지도 않은 부모들의 공통된 변명을 여기 나열해보겠다.

- 학교가 생각처럼 그렇게 나쁘지 않다.
- 우리가 사는 동네에는 다행히 좋은 학교가 있다.
- 우리 아이의 담임교사는 예외이다. 그는 정말 훌륭하다.
- 우리 아이한테는 학교가 제공하는 과외활동이 필요하다.
- 교육이란, 자격증 있는 교사가 해야 한다고 믿는다.
- 아이의 학습 의욕을 증진하기 위해서는 선의의 경쟁자가 필요하다.
- 우리 아이는 다른 아이들과 달리 매우 모범적이다.
- 우리 애한테는 학교가 제공하는 사회성이 절실히 필요하다.
- 대안 교육을 고려할 만한 시간적 경제적 여유가 없다.
- 나는 낮에 혼자 있을 시간이 필요하다.
- 홈스쿨링을 하자고 하면, 우리 아이가 반항할 것 같다.
- 나 자신이 홈스쿨링을 감당할 만한 준비가 되어 있지 않다.
- 나는 누구를 가르칠 만한 자격이 없다.

더 이상 변명만 늘어놓을 게 아니라 몇 가지 사실을 생각해보자. 학교 교사들이 알고 있는 것을 당신도 분명히 알아야 한다.

조심스레 숨겨왔던 비밀 폭로

교실 환경이 교육에 얼마나 비효율적인지 가장 잘 알고 있는 사람은 누구일까? 정답은 '학교 교사'이다. 당신도 이제, 교사들 가운데 자녀를 사립 기숙학교에 보내는 사람이 많은 이유를 알아야 한다. 미국 경제연구소에서 교육부의 위탁을 받아 실시한 한 연구 결과, 자녀를 사립 기숙학교에 보내기 원하는 비율이 다른 어떤 직업군보다 높게 나타난 것이 교사라고 한다. 특히나 이 연구에서는 전국의 사립 기숙학교 학생 부모의 직업을 조사한 결과, 교사를 부모로 둔 학생의 비율이 가장 높았다는 사실에 주목했다.[19] 그렇다면, 그들은 당신이 모르는 무엇인가를 알고 있는 게 아닐까?

결과 기준형 교육 - 공교육은 어디로 가고 있는가?

클린턴Clinton 대통령이 교육 개혁법 '2000년대의 교육 목표'(Goals 2000) 법안(1980년대, 냉전시대가 종식되자 미국은 경제적 경쟁을 의식, 자국의 국제 경쟁력이 모든 분야에서 약화되었음을 의식한다. 이것이 학생들의 학력 저하와 맞물려 있다고 판단하고, 주 정부가 관할하던 교육제도를 전면 개편, 연방 정부가 통제하는 것을 골자로 하는 교육 개혁을 단행했다 - 역자 주)에 서명했을 때부터, 이미 미국 교육의 실패는 예정되어 있었다. 이것은 지난 수십 년간 연방 정부에서 내놓은 법안 가운데 가장 포괄적인 법령이었다. 지금도 '2000년대의 교육 목표'(Goals 2000)를 근간으로 미국 교육제도의 대대적인 재편성이 이루어지고 있는 중이다. 만일 당신이 과거의 학교와 비교해 오늘의 교육 현실을 잘 모른다면, 지금부터 하는 말을 좀처럼 믿기 어려울 것이다. 이 법령의 실제 목적은 모든 학교에 '결과 기준형 교육'(Outcome-Based Education)을 강제하여 지방자치제 단위로 시행되었던 교육 제도를 국가 중심 제도로 결집시키는 데 있다(결과 기준형 교육은 과거, '결과 기준형 학습', '숙달 학습', '성취 기준형 교육', '핵심 교육과정', '가치 부가형 교육과정' 등의 명칭을 거쳐 오늘에 이르렀다).

그렇다면, '결과 기준형 교육'이란 무엇일까? 그 허울 속에는 소위 새로운 세계 질서에 걸맞은 아주 바보 같은 교육 방법론이 들어 있다. 배우고, 진급하고, 졸업하는 방법이 철저히 변해야 한다고 주장한다. 과거 '숙달 학습'이라 명명되기도 했던 결과 기준형 교육은 스키너Skinner(강화 학습 이론의 주창자. 동물 실험을 통해, 유쾌한 자극을 주면 반응이 증가하고, 불쾌한 자극을 주면 반응이 감소한다는 결과를 발견하여 이를 인간의 행동 발달에 그대로 적용하려 했다 - 역자 주)의 추종자들이 먹이를 쪼아먹는 비둘기를 보고 고안해낸 교육 모델이다.

아이들은 학교에서 요구하는 '결과'를 산출할 때까지 한 가지 과업을 반복 수행해야 한다. 만일 정부에서 원하는 '답'을 내놓지 못하면, 아이들은 답을 내놓을 때까지 반복해서 교정 교육을 받아야 한다. 결과 기준형 교육은 학교의 관심을 학생들이 "얼마나 많이 알고 있나"에서 학생들이 "얼마나 사회화되고 있나"로 전환시킨다. 그런데 그것은 총명한 아이들의 걸음은 제지시키고, 학습 속도가 느린 학생들에게 보조를 맞추게 하는 행태이다. 또한 부모의 가치관에서 아이들을 격리시켜, 그들에게 전략적으로 온당하고 세속적인 가치관을 주입한다.[20] 학문적, 현실적인 문제는 세계 시민권, 미국의 패권, 인구통제, 다문화주의, 사회순응, 다양한 가치용인, 환경보호, 순응적 태도, 총기 통제, 동성애, 정부 시책에 대한 적응성 등 정치적으로 합당하다는 사고방식, 또는 심히 모호하고, 주관적인 학습 결과물로 대체시킨다. 이런 것이 결과 기준형 교육의 알맹이다. 이는 가치 부재하고, 방향을 상실한 교실이라는 결과를 낳았다.

누군가 말했듯이, "아이들을 학교에 보내는 부모들이 다른 대안을 찾기 시작했다. 왜냐하면 원하든 원하지 않든, 그들에게는 오직 결과 기준형 교육밖에 존재하지 않기 때문이다." 결과 기준형 교육으로는 읽기 능력이 저하될 수밖에 없다. 왜냐하면 그것이 음성학적 읽기 방법론에 의지하기보다 '문맥의 의미에 따라 읽기', 혹은 '보고 말하기' 방법론에 주력하기 때문이다. 결과 기준형 교육 방법론에서는 교사가 학생들의 철자나 구문 오류를 교정해주지 말도록 엄히 경고한다. 학생의 자존심과 창의성에 해로운 영향을 줄 수 있기 때문이라는 것이 그 이유이다. 학생들의 읽기, 쓰기, 셈하기 능력을 희생해가며 정략적 정당성을 강조하고 있는 것이다.

결과 기준형 교육은 학생, 교사, 부모, 납세자들에게 책임성 있는 방법론을 내놓지 못한다. 거기에는 성취도 평가를 위한 객관적인 기준이 없다. 각 주(州)에서 실시하던 학력 평가 시험은 온데간데없고, 학생들의 태도, 가치, 종교적 신념을 교정하고 평가하는 보편적인 테스트만 존재한다. 학력 향상을 위해 도입한 개혁안이 오히려 학력 저하의 주범이 되고 있는 것이다. 학생들의 성적을 확인해온 전통적인 시험을 실시한다면, 결과 기준형 교육의 실패가 낱낱이 드러나고 말 것이다.

결과 기준형 교육은 학생 개개인의 학습 결과를 관찰, 기록하여 컴퓨터 파일로 저장, 전자식 서류철이 전통적인 평가 방식을 대체하도록 하고 있고, 학교는 새로운 종류의 테스트 결과를 온당치 못한 태도와 행동을 보인 학생들을 교정하는 기준으로 삼고 있다. 학교생활이며 심리 상태, 건강 상태 등이 모두 컴퓨터 파일에 보관되어 있어서 학생들이 졸업한 다음 취업하게 될 때, 학교에서는 이런 정보를 고용주에게 제공할 수 있도록 하고 있다. 이런 사실을 부모들이 알게 되면 아마 기절초풍할 것이다.[21]

정부는 모든 학생에게 고유번호를 배당할 계획이다. 그러면 바코드가 찍힌 고유번호가 평생 그 학생을 추적할 수 있다. 정부의 데이터 은행에서는 이를 근거로 다른 도시, 다른 학교, 대학, 미래의 직장 등에 필요한 정보를 건네줄 수 있다. 이런 점을 생각해볼 때, 결과 기준형 교육이란 게 흡사 현대판 프랑켄슈타인을 만들어내는 것이 아니고 무엇이겠는가?

더욱이 교육 당국은 결과 기준형 교육 개혁안을 대중들이 수용하도록 만들기 위해 '교육 혁신을 위한 자가 장비'를 마련해두었다. 교육 당국자들은 일반 시민들이 결과 기준형 교육 개혁안을 반기지 않을 것을 예측하고, 그들을 재교육(물론 그 비용은 납세자인 당신이 부담하겠지만)하여 그 가치를 재인식하도록 하고 있다. 이 장비는 시민들의 태도와 행동을 변화시켜, 결과 기준형 교육을 통해 국가적인 교육 목표를 정착시키는 법에 관한 구체적인 지침을 제공한다.

공교육의 성적표

조심스럽지만 오늘의 교육이 문제에 처했다고 말하지 않을 수 없다. 도대체 학교 교실에서 무슨 일이 일어나고 있기에 이처럼 끔찍한 결과가 나온 것일까? 오늘의 공교육과 관련한 가장 결정적인 질문은 바로 이 것이다. 먼저 객관적인 사실을 검토하기 전에, 우리가 일종의 공교육 반 대 운동에 착수하는 것이 아니라는 점을 분명히 해야 할 것 같다. 우리 의 목표는 공교육 내에서 실제로 발생하고 있는 일들을 사람들에게 알 리는 일이다. 현실 분석을 마치고 나면, "과연 우리는 자녀들을 학교에 보내고 싶은가?", "우리의 교육적 대안은 무엇인가?", "홈스쿨링이란 실 행 가능한 선택인가?"라고 우리 자신에게 자문해보게 될 것이다. 오늘 의 공교육 제도를 정직하게 평가하여, 성적을 매긴다면 아마 다음과 같 지 않을까?

- 학문성 : F
- 도덕성 : F
- 사회화 : F
- 규율과 폭력 통제 : F
- 예의범절 : F
- 민주주의 이상 장려 : F

　사회적으로 보편화된 '합격' 또는 '낙제'라는 방법을 사용하면, F학점 은 전부 낙제다. 이제 각각의 영역을 개별 검토할 텐데, 글을 읽는 중간 중간에 '내 자녀를 계속해서 이런 환경 속에 두기 원하는가?'라고 자문 해보기 바란다.

학문성 : 낙제

　학교는 학문성 영역에서 낙제 점수를 받았다. 이는 유감스럽기도 하거니와 매우 부적절한 결과이다. 부강한 나라에서, 편안한 생활을 누리는 이 나라 어린이들의 학문성이 바닥을 면치 못하는 이유는 무엇일까? 미국의 문학적 수준이 국제연합 소속 158개국 중 49위를 차지한 것을 보면 변명의 여지가 없다.[22] 최근, 미국 모 인간공학 연구소 소장이 "요즘 젊은이들은 그들의 부모보다 무식하다"라고 말한 적이 있다. 그는 또 미국인들이 사용하는 어휘가 매년 1퍼센트씩 감소하고 있다고 지적했다. 이것이 가져올 파괴적인 효과를 생각해보기 바란다. 해마다 지식이 1퍼센트씩 감소한다면, 과연 30년 후, 이 나라는 어떻게 되겠는가?[23]

　미국 공교육의 학문적 쇠퇴는 어제오늘 제기된 문제가 아니다. 1983년, '교육의 수월성에 관한 국가위원회'가 미국 학교의 실태를 분석해서 의회에 보고서를 제출한 적이 있었는데, 그 보고서는 미국의 교육 환경과 관련하여 다음과 같은 충격적인 사실을 밝혔다.

　우리 사회의 교육제도는 학교 교육의 기본적인 목적뿐만 아니라, 그 목적을 달성하는 데 요구되는 지속적인 노력과 높은 기대마저 상실한 것 같다. 미국은 10년 전부터 지속해온 국제 학력 경시대회에 19차에 걸쳐 응시했지만 단 한 차례도 1,2등을 하지 못했다. 다른 산업화된 국가와 달리, 미국은 일곱 차례 연속 꼴찌를 기록했다.
　일상적인 수준의 간단한 읽기, 쓰기, 이해하기 테스트를 시행한 결과, 미국 성인 인구 가운데 2천3백만 명가량이 '기능성 문맹'(읽을 줄은 알지만 쓸 줄 모르는 문맹 – 역자 주)인 것으로 나타났다. 19세 미국인 총 인구

가운데 13퍼센트가 '기능성 문맹'인 것으로 간주되고 있다. 미성년자의 경우, 기능성 문맹의 비율은 더욱 높아, 약 40퍼센트에 육박하고 있다.

고등학교 학생들의 평균 학업성취도를 평가한 결과, 평균 성적이 26년 전, 스푸트니크Sputnik를 성공적으로 발사했을 때보다(1957년, 구舊 소련이 최초의 인공위성 '스푸트니크'를 성공적으로 발사하자, 자존심에 상처를 입은 미국이 대대적인 교육개혁을 단행한 적이 있었다 - 역자 주) 훨씬 낮게 나왔다. 학습능력 적성 시험(Scholastic Aptitude Test : 우리나라의 수능시험에 해당된다. 이하 SAT - 역자 주) 성적은 1963년(이때가 학교에서 성경이 자취를 감춘 때라는 것에 특히 주목하고 싶다) 이후 꾸준히 하향세를 보이고 있다. 언어영역 성적은 50점가량 하락했고, 수리 영역 성적은 40점가량 하락했다.[24)]

이 보고서는 미국 의회와 국민들에게 미국의 교육이 쇠퇴하고 있음을 공식적으로 고지했다.

각 대학의 저명한 교육학 교수들 또한 지난 몇 년간, 이 점에 대해 경고해왔다. UCLA 교육대학원 원장을 역임한 구드래드John I. Goodlad 교수는 8년간의 진지한 연구 끝에 이렇게 결론지었다.

"학교는 문제에 처해 있다. 사실, 대부분의 학교가 심각한 문제로 절뚝거리고 있어서 학교의 생존까지 위협받을 지경이다. 조만간, 모든 공교육 제도가 붕괴될 것으로 전망된다."[25]

폴 허드Paul Hurd 연구원은 "우리는 과학적, 기술적으로 문맹 세대이다"라고 고발했다.[26] 전국과학협회의 전임 회장 존 슬라우터John Slaughter는 "과학이란 주제와 관련하여, 소수의 과학, 전문적 엘리트 집단과 그릇된 지식을 갖고 있는, 아니 그런 지식이 전무한 일반 시민들 간의 격차는 날로 심화되고 있다"라고 경고했다.[27]

교육 당국자들은 학교 교육의 실패를 은폐하기 위해 SAT의 난이도 기준을 재조정하고 있다. 앞에서도 언급했듯이, SAT 성적은 최근 적게는 25점에서 많게는 78점까지 하락했다. 이에 대학입학 자격시험 주관 부처에서는 SAT의 난이도를 하향 조정해서, 최근 낮아진 성적을 평균으로 조정하고 있다. SAT의 최하 점수는 200점, 만점은 800점인데, 1960년대 학생들의 평균 점수가 500점이던 것에 비해 최근의 평균 점수는 422점에서 475점으로 나타나고 있다. 이는 요즘 학생들이 과거 그들의 선배보다 공부를 못한다는 사실을 여실히 드러내는 증거이다.[28] 그런데 대학입학 자격시험 주관 부처에서 이 문제를 해결하기 위해 고안해낸 방법이 순진하게도 SAT의 난이도 기준을 하향 조정하는 것이다. 이것은 무엇을 의미하는가? 시험 결과가 왜곡되었다는 것이다.

어째서 미국이란 나라가 수학, 과학 등 기초적이고도 필수적인 과목에서 다른 산업국가들의 꽁무니를 따르고 있는 것일까? 일본 학생들은 벌써 초등학교 6학년 때부터 수학, 물리, 생물 등의 과목을 전공하기 시작한다고 한다. 러시아 학생들은 초등학교 때, 기초 대수학과 기하학을 배운다. 미국 인구에 훨씬 못 미치는 일본이 어째서 미국보다 더 많은 공학자들을 배출하는 것일까? 러시아가 미국보다 다섯 배나 더 많은 공학자들을 배출하는데 그 까닭이 무엇일까? 분명 무언가 잘못된 게 틀림없다!

이처럼 공교육 제도 아래서 공부하는 학생들이 참담한 성적을 내는 현상에는 최소한 다음 네 가지 이유가 있다.

- 교실에서의 하나님 추방
- 교사의 무능력과 잘못된 교수법
- 비효율적인 교과서
- 평점 부풀리기와 자동 진급

첫째 / 세속적인 교육 현실

최근 많은 학교가 부활절 무렵 봄방학을 편성하던 관례를 없애고 있다. 특정 종교의 편익을 봐준다는 비난을 모면하기 위해서다. 웨스트버지니아 카나화 카운티 교육 관리들은 학교 구내에 성경을 가지고 들어올 수 없으며, 발각될 시 소각해버리겠다고 공시했다.[29] 미국에서 이런 일이 발생하고 있다니, 이 사실은 교육 이념의 변질 정도가 매우 심각하다는 사실을 증명한다.

대법원에서 "공립학교에서 성경과 기도를 추방한다"라고 판결한 이후, SAT 성적이 지속적으로 하락했다는 것은 주지의 사실이다. 성경은 "스스로 속이지 말라 하나님은 만홀히 여김을 받지 아니하시나니 사람이 무엇으로 심든지 그대로 거두리라"(갈 6:7)라고 말한다. 공교육은 하나님을 학교 밖으로 내쳤지만 하나님은 인간에게 만홀히 여김을 받지 않으신다. 학생들의 학업 성취도가 이를 반영하고 있다.

'공교육으로부터 하나님 추방'을 솜씨 좋게 일구어낸 대법원 판결에 대해 생각해보자. 대법원은 1954년, '국제 기드온Gideons 성경협회 대對 뉴저지 주지사 소송사건'에서, 공립학교에서 성경을 배포하는 행위는 위헌이라고 선언한 뉴저지주州 편을 들었다. 기드온은 학생, 노동자, 죄수, 간호사 등에게 무료로 성경을 배포하는 오랜 역사를 지닌 전도 단체이다. 1962년, 대법원은 '엥겔 대 비탈리 소송사건'에서 종파를 막론하고 학교에서 기도하는 행위는 위헌이라고 선언했다. 그 이듬해, 대법원은 '쉠프 대 머레이 소송사건'에서 기독교계를 몇 단계 퇴행시킨, 재난과도 같은 판결을 내렸다. 대법관 9명 가운데 8명이 수업 시작 전에 경건을 목적으로 성경을 읽는 것과 주기도문을 낭독하는 것이 위헌이라고 판시한 것이다. 전국의 무신론자를 대표하는 매들린 머레이 오 헤어Madalyn Murray O'Hair와 그녀가 이끄는 군단이 승리하면서 드디어 학교의 인본주의화가 도래했다. 1971년, '네트콕 사건'만 보더라도, 대법원이 학교에서 기독교의 영향력을 근절하기 위해 얼마나 집요하게 노력했는지 알 수 있다. 이 사건에서 대법원은 설령 참석자들의 자발적인 행위로 의회 의사록에서 인용한 기도문을 낭독하더라도, 수업을 시작하기 전에 기도문을 낭독하는 것은 미국 헌법 수정조항에 위배된다고 판결했다. 좀처럼 믿기 어려운 일이다. 물론 헌법 개정이라는 방법을 통해, 공립학교에서 성경을 읽거나 기도문을 낭독하는 것을 합법화할 수도 있다. 그러나 그렇다고 반성경적 이념이나 가치 부재라는 더욱 심각한 문제를 해결할 수는 없는 노릇이다.

이처럼 대법원은 수차례에 걸쳐 미국 사회의 성경적 기반을 훼손하고 부인하는 판결을 내리기에 이른다. 대법원은 다원화된 사회에서 학문적 중립성을 고수해야 한다는 미명 아래 초기 미국 교육의 근간을 이루었던 기독교의 포괄적인 가르침을 철저히 근절해나갔다. 장차 그들은 하나님 앞에서 이에 대해 해명해야 할 것이다. 정작 당신에게 묻고 싶은 질문은 이것이다.

당신은, 대법원에 의해 가치 중립화된 교육 환경 속에서 자녀를 키우기 원하는가?

둘째 / 교사의 무능력

심각한 우려를 자아내는 또 다른 영역이 바로 무능한 교사들이다. 지난 몇십 년간 교사들은 어느 때보다 강도 높은 훈련을 받아왔다. 그러나 아직까지 많은 교사에게서 결함이 나타나고 있다. 아마 이것이 고등학교 졸업생들의 평균 학업성취도가 지속적으로 하락한 이유 중 하나가 아닐까 생각한다. 다음과 같은 사실을 고려해보라.

• 포틀랜드 주립 대학 시절, 평균 A 학점을 받은 오레곤주의 한 유치원 교사가 기능성 문맹인 것으로 판명되었다.

- 초등학교 3학년을 맡고 있는 시카고의 한 초등학교 교사가 칠판에 "다음 단어들을 알파벳 순서대로 나열하세요"라고 적었다. 그런데 정작 본인이 'alphabet'을 'alfabet'이라고 적었다나.
- 위스콘신 주의 한 초등학교 학부모들이 어떤 교사가 보낸 교육계획서를 받아 보았는데, 철자와 문법이 군데군데 틀려, 마치 수수께끼를 풀 듯 그 내용을 해독해야 한다는 사실에 경악을 금치 못했다.
- 석사 학위를 소지하고 있는 앨라배마의 5학년 교사가 부모들에게 가정 통신문을 발송했다. 그러나 영어의 단수, 복수 구별은 물론 인칭 구별조차 되어 있지 않아, 부모들이 그 글을 읽는 데 애를 먹었다고 한다.
- 휴스턴 주에서 교사 소양 테스트를 받은 교사 중 62퍼센트가 읽기 테스트에 불합격했으며, 46퍼센트가 수학에서 낙제점을, 26퍼센트가 쓰기에서 낙제점을 받아 각 학교의 학부모들에게 충격을 주었다. 그러나 최악의 사태는 테스트에 응시한 3천2백 명의 교사 가운데 763명이 커닝을 했다는 사실이다.[30]

'수학주임 전국 평의회'는 "현재 수학 교사의 26퍼센트가 정식 수학 교사로 공인公認되지 못한 사람들로 채워진 상태이다"[31]라고 보고했다. 과학의 경우에는 더욱 심각하다. '전국 과학 교사 연합회'는 "현재 학교에서 과학을 가르치고 있는 교사 가운데 40퍼센트가 그 과목을 가르칠 만한 실력이 없다"[32]라고 보고했다(과학 과목은 생물, 물리, 지구과학, 화학 등으로 세분화되어 있어 우리나라에서도 문제가 대두되고 있다 - 역자 주). '카네기 위원회'에서도 수학 교사 가운데 80퍼센트 이상이 수학 문제를 제대로 풀지 못하고, 초등학교 교사 가운데 60퍼센트 이상이 과학

을 제대로 가르칠 만한 능력이 없다고 지적했다.[33]

　더욱이 평균적으로 보았을 때, 교사 자격증 취득을 희망하는 학생들이 SAT에서 기준 이하의 점수를 받고 있는 것으로 나타났다. 교육학 전공을 희망하는 학생들의 SAT 언어영역 평균 점수는 406점(전국 평균 422점), 수리영역 평균 점수는 441점(전국 평균 474점)이었다.[34] 이처럼 전국 평균 점수에도 미치지 못하는 학생들이 미래 교사로 나서고 있는 것이다. 이처럼 무능한 교사들이 자기도 미처 갖추지 못한 것을 학생들에게 제대로 전수해줄 수 있을까?

　학교 교사들의 무능력은 국가적 수치이다. 교사 반대론을 펼치고자 하는 게 아니다. 그런 의도가 전혀 없음을 밝혀둔다. 하지만 자녀를 학교에 보내는 부모들에게 무능한 교사가 날로 늘어가고 있다는 엄연한 사실만은 주지시켜주고 싶다. 잠재적으로는 우리 아이들을 상하게 할 것이 자명하므로, 그것이 교육 방법론이든, 교육철학이든, 교육 환경이든, 무능력한 교사든 낱낱이 밝혀내는 것이 중요하다. 그러나 최선을 다해 학생들을 가르치는 훌륭한 교사들이 존재한다는 엄연한 사실도 인정해야 한다. 척박한 교육 환경에도 불구하고, 진정으로 헌신적인 교사들이 성실히 사도師道를 펼쳐나가고 있다는 것을 부정하는 것은 아니다. 상대적으로 많은 교대생, 사범대생들이 소위 진보적 교육철학으로 명명되는, 자유주의적 인본주의 교육이론(1장 존 듀이에 관한 역자 주를 참고할 것 - 역자 주)에 오염되고 있다. 지난 백 년 동안, 세속 인본주의가 통제해온 고등교육 제도로 세뇌당한 희생자들은 우리 자녀들의 정신 건강에 위험 요소가 되고 있다.

셋째 / 비효율적인 교과서

교과서는 우수한 학습 방법론을 구현할 수도 있고, 학문적 조악성粗惡性을 드러낼 수도 있다. 학교 교과서가 대부분 '멍청하다'는 것은 이제 더 이상 비밀도 아니다. 무슨 말이냐 하면, 학생들이 어려운 주제를 소화할 수 없기 때문에, 교과서 내용을 쉽게 써야 했다는 것이다.[34] 폴 쿠퍼만Paul Copperman 박사는 그의 저서 「지식의 날조」 (The Literacy Hoax)에서 이에 대해 신랄하게 꼬집는다.

대부분의 교과서 출판업자들이 의도적으로 '교과서 개작改作' 정책을 시행했다. 학생들이 교과서를 무리 없이 읽도록 하기 위해 해당 학년보다 두 단계 낮춰서 개작한 것이다. 따라서 고등학교 2학년 학생들은 중학교 3학년 수준의 역사책을 갖게 되었고, 고등학교 3학년 학생들은 기껏해야 고등학교 1학년 수준의 사회책을 갖고 있다. 교과서 수준 하향 작업은 널리 알려진 사실이다. 교사와 당국자 모두 이에 동의했다. 그러나 학부모는 그 일에 대해 들은 바가 없다.[35]

코넬 대학의 도널드 헤이예즈Donald Hayes 교수가 교과서의 문학적 수준을 평가하는 눈금자를 개발한 적이 있었다. 그가 개발한 눈금자란, 일간신문의 평균적 문학 수준을 '0'으로 하고, 과학 잡지에 실린 전문적인 논문에 최고 58포인트를 매기는 식이었다. 농부가 소를 부리는 데 사용하는 간단한 말에는 최하 마이너스 56포인트를 매겼다. 그 결과 명예로운 고등학교 교과서는 2차 세계대전 직전, 중학교 2학년의 교과서 수준에도 미치지 못한다는 사실이 발견되었다.[36]

이런 사실로 공교육에 대해 알 수 있는 점은 무엇인가? 옛말에 "모하메드를 산으로 데려갈 수 없거든, 산을 그에게 끌어오라"라는 말이 있다. 미국의 교과서 출판업자들이 바로 지금 이런 짓을 벌이고 있는데, 학교는 그들에게서 교과서를 구입하고 있는 것이다. 교과서 수준을 낮추고 대신 학생들의 지적 수준을 높일 수는 없을까? 게으른 학생들을 바짝 죄고 긴장시켜서 끌고 가지 않는 이유가 무엇일까? 학교가 학문적으로 나태한 학생들을 채근하여, 이끌고 나가도 부족할 판에 오히려 그들의 편의를 봐주다니, 과연 그런 처사를 용인할 부모가 있을까?

　교과서에 잘못된 정보가 실려 있는 경우도 있다. 일례로, 멜 가블러와 노마 가블러 박사 부부는 세계지리 교과서 한쪽에서만 무려 14개의 실수를 발견했다고 보고했다. 적성敵性 국가를 호의적으로 묘사한 부분이 있는가 하면, 우방友邦을 비우호적으로 묘사한 부분도 있다.[37] 한번은 그들 부부가, 출판업자들이 텍사스 주에 배포하려고 한 교과서에서 약 천 개에 달하는 오류를 발견한 적도 있었다. 텍사스 주는 가장 큰 교과서 수요지였기 때문에 출판업자에게 영향력을 행사하여 모든 오류를 수정해달라고 지시하는 한편 그들에게 약 86만 달러에 달하는 손해 배상을 청구했다. 이듬해, 출판업자들은 자칭 '역사 교과서 가운데 가장 완벽한 교과서'를 자부하며 교과서를 공급했으나 가블러 부부는 이 '완벽한 역사 교과서'에서도 582개의 오류를 추가로 발견했다. 오류의 내용은, 의회가 닉슨을 탄핵하기로 투표했다(그런 일은 없었다)거나, 독립전쟁 당시, 조지 워싱턴이 보스턴을 공격했다(역시 그런 일이 없었다), '전쟁 권한에 대한 법령'은 대통령이 군대를 파견하기 전, 의회에 자문을 구해야 한다고 규정하고 있다(그런 조항은 없다)는 내용이었다. 가블러 부부는 이렇게 말했다.

"한 면당 오류 발생률을 근거로 평가해보니, 미국의 역사 교과서는 여느 역사책보다도 못했다. 헌법을 채택한 해당 연도가 누락된 경우도 있고, 상원이 의원 공석空席을 메우기 위해 보궐선거를 발의할 수 있다고 주장한 부분도 있었다."[38]

그 이후에도 가블러 부부는 국내 굴지의 출판업자들이 배포한 교과서에서 수백 가지 오류를 발견하고 이를 계속 보고하고 있다. 대부분 너무 터무니없어서, 웃음조차 나오지 않는 것들이다.

교과서에서는 그다지 중요하지 않은 내용들을 쓸데없이 강조하고 있다. 두 가지 사례만 지적하겠다. 초등학교 5학년 역사책은 조지 워싱턴에 대해 간헐적으로 여덟 번만 언급하는 반면(그의 업적에 대한 상세한 설명은 누락시킨 채), 영화배우 마릴린 먼로Marilyn Monroe에 대해 무려 일곱 쪽이나 할애하고 있다. 조지 워싱턴이나 그의 업적이 인본주의자들의 검열을 통과하지 못했기 때문이다. 어느 주에서 사용하는 중학교 2학년 역사 교과서에는 오늘의 미국이 있기까지 애쓴 위인들의 이름이 대거 누락되어 있는 반면, 밥 딜런Bob Dylan, 자니스 조플린Janis Joplin, 바비 존스Bobby Jones, 조안 바에즈Joan Baez 등 대중가수들의 생애에 대해 장황한 설명이 이어지고 있다.[39] 대중가수 자니스 조플린이 미국의 독립을 위해 싸웠던 존 폴 존스John Paul Jones 같은 인물보다 더 중요하다는 말인가?

학교에서 정작 중요한 것은 빼먹고 하찮은 것들만 가르치고 있다. 내 말을 못 믿겠거든, 전국 각지의 학교를 돌아다니며 눈과 귀로 확인해보기 바란다. 나의 경험담이다.

또한 교과서는 역사를 고쳐 쓰고 있다. 일례로, 대부분의 교과서에서 추수감사절의 의미를 누락시키거나 변질시키고 있다. 이 땅에 상륙한 청교도들이 첫 번째 추수를 한 후, 하나님께 감사한 게 아니라 인디언들에게 감사했다고 해설한다. 그것은 인본주의자들이 역사의 중요한 사실, 기독교적 의미를 지닌 사건을 검열을 통해 없애버렸기 때문이다. 역사 교과서에서 조지 워싱턴의 고별 연설을 찾아보기란 하늘의 별 따기나 다름없다.

대부분의 교과서에 패트릭 헨리가 의사당 앞에서 한 감동적인 연설이 누락되어 있다는 사실을 알고 있는가? "자유가 아니면 죽음을 달라"라고 절규했던 숭고한 애국자의 숨결이 역사 교과서에 누락된 까닭은 무엇일까? 헨리의 영혼을 뜨겁게 살랐던 열정, 오늘의 미국을 있게 만든 그 자유를 향한 불타는 열정이 인본주의자들이 주창하는바, 새로운 세계질서와 잘 조화되지 않기 때문이다.

이로써 오늘날 우리 아이들의 세대는 '혁명적인 발언'을 서슴지 않은 기독교인의 가슴 뭉클한 연설을 듣지 못하게 되었다. 패트릭 헨리는 이 나라 독립에 불씨를 당긴 사람이었다. 헨리의 자유를 향한 타오르는 열정이 없었다면, 자유를 위해 기꺼이 목숨을 사르고자 하는 충절이 없었다면, 오늘과 같은 자유의 축복을 향유할 수 없었을 것이다. 인본주의자들이 교과서에 헨리의 연설을 누락시켰다는 사실은 곧 학생들에게 그의 사상이 별 볼 일 없다고 말하는 것이나 다름없다.

자유방임과 인본주의를 신봉하는 교육 관료들이 보기에 중요한 것만 교과서에 실렸을 뿐, 그들 관점에서 중요하지 않다고 여겨지는 것들은 가차 없이 교과서에서 누락되거나 왜곡되었다(국내의 사정도 이와 유사하다. 건국의 아비들의 수고나 업적에 대한 왜곡과 폄하는 물론이고, 나라를 자유민주주의로 세우고 지켜내기 위해 치룬 수많은 희생에 대한 언급은 찾아보기 힘들다. 대한민국을 부정하는 역사 왜곡, 성경적 가치와 대치되는 인본주의, 다음세대를 망가뜨리는 젠더 혁명이 교과서에 가득하다. 역사는 예수그리스도의 이야기다. 에스더서처럼 하나님의 이름이 한 번도 언급되지 않아도 그 안에는 하나님이 하신 놀라운 일들이 끊임없이 이어지고 있다. 대한민국의 역사 또한 그렇다. 사실 그대로만 배운다면 누구나 하나님의 역사를 찾아볼 수 있기에 거짓의 아비, 사단의 방해는 더욱 극렬해지고 있다. 특별히 홈스쿨링을 하는 가정들 안에 바른 역사를 배우고 전하기 위한 운동이 일어나길 간절히 바래본다 - 발행인 주).

교과서의 신빙성이나 완전성을 논하는 일은 이미 오래전에 물 건너갔다. 그리고 이것이 학생들의 학문적 쇠락에 기여하고 있다. 대부분의 부모는 자기 자녀가 그릇된 교과서에 속아 길을 잃고 방황하기를 바라지 않을 것이다. 당신은 어떤가?

넷째 / 평점 부풀리기와 자동진급

평점 부풀리기와 자동진급 또한 학문적 결핍이라는 심각한 사태를 초래하는 데 일조했다. 평점 부풀리기는 학생들의 평점을 상향 조정, 실제보다 더 공부를 잘하는 것처럼 보이게 하려는 속임수 기술[우리나라에서도 1999년부터 고교 내신 절대평가제(일정 점수에 도달하면, 상위 평점을 매기는 방식)를 도입, 일부 고등학교를 중심으로 시험문제를 쉽게 출제하여 학생들의 평점을 높여주는 추세를 보인다 - 역자 주]이다. 전문가들은 요즘 B 플러스 이상의 평점을 받는 학생들의 수가 15년 전보다 약 25퍼센트 정도 늘었지만, 지적 수준은 오히려 과거에 비해 훨씬 떨어진다고 지적한다.[40] 요즘 학교는 교과과정을 쉽게 편성하고 있다. 숙제도 줄이고, 시험문제도 쉽게 내서 학생들의 평점을 올려주고 있다. 학생들의 학문적 소양을 평가하는 전통적인 기준을 버리고, 아무렇게나 A, B 학점을 남발하는 교사들 때문에 성적이 무의미해질 위기에 처해 있다. 그러나 조만간 그 대가를 치를 날이 오게 될 것이다.

과대 포장된 평점이 빚어낸 비극적인 사례로 워싱턴 D.C. 웨스턴 고등학교 졸업식에서 졸업생 대표로 연단에 오른 고3 학생 이야기를 해보겠다. 그 학생은 워싱턴 대학에 응시했으나 떨어지고 말았다. SAT 언어영역, 수리영역 점수가 형편없었기 때문이다. 그는 담임교사가 높은 평점을 주었기 때문에 자신을 진짜 우등생으로 착각했다. 그러나 불행하게도, 그 학생의 성적은 다른 대학에서 요구하는 기본적인 수준에도 미치지 못했다. 조지 워싱턴 대학의 입학처장은 이렇게 말했다.

"이 경우처럼, 담임교사에게 속는 학생들이 많습니다. 대학에 갈 만한 성적이 된다는 착각에 빠져 있는 고3 학생들이 아주 많은 거죠."[41]

이 사건의 피고는 누구인가? 바로 과대 포장된 평점이다!

평점 부풀리기는 정말 심각한 문제이다. 샌포드 돈부쉬Sanford Dornbusch란 사람이 고등학생들에 관한 일련의 연구를 진행하는 과정에서, 대도시 고등학교 학생들을 대상으로 담임교사의 평점 방법에 대해 여론조사를 실시한 적이 있다. 그런데 학업을 태만히 하거나, 숙제를 거부해도 평균 점수, 혹은 평균 이상의 점수를 받을 수 있다고 응답한 학생들이 절반이 넘었다.[42] 이런 교육 현실이 우리 자녀들에게 무엇을 가르쳐주는가? 평점 부풀리기는 우리 아이들에게 열심히 공부해도 아무 소용이 없다고 가르친다. 학교가 학생들에게 노력과 보상의 관계가 희박하다고 가르치고 있는 셈이다.

그렇다면 학부모에게 평점 부풀리기는 어떤 의미일까? 학교 성적이 실제 실력을 정확히 반영하지 못한다는 것이다. 어쩌면 당신의 자녀 역시 평점 부풀리기의 희생자인지도 모른다. 아니면 대학 입학시험을 치르고 나서야 비로소 그 사실을 깨닫게 될 수도 있다. 당신 자녀가 고등학교를 졸업한 후, 고등학교 3년 동안 평점 부풀리기로 속아 지냈다는 사실을 깨닫는다면 얼마나 실망할까?

자동진급제도(우리나라의 초, 중, 고등학교에도 낙제 제도가 없다 - 역자 주)에 대해서도 언급하지 않을 수 없다. 때가 되면 학생들은 성적과 무관하게 자동적으로 한 학년 진급한다. 굳이 사례를 찾기 위해 애쓸 필요도 없이 우리는 주변에서 자동진급제도가 초래하는 심각한 문제를 보게 된다. 12년간 초, 중, 고 과정을 마치고 취업하더라도 고등학교 졸업장에 걸맞은 능력과 기술을 갖추지 못했을 때, 자동진급의 관행이 초래하는 치욕과 맞닥뜨리게 된다. 이렇듯 자동진급의 희생자들은 남은 평생 고단한 항해를 지속할 수밖에 없다.

이처럼 공교육의 오류가 빚어낸 결과는 확연히 드러나고 있다. 고3 학생들이 다행히 대학에 들어간다고 하자. 그렇더라도, 대학교육에 필요한 기초실력이 턱없이 부족해 학교와 학생 양자兩者가 고충을 겪는 형편이다. '미국 남부지역 교육협회'에서 전국 15개 주, 826개 대학을 조사한 결과, "대학 신입생 가운데 30퍼센트가 대학교육을 받을 만한 소양이 부족하여 수학, 읽기, 쓰기 등의 과목에서 보충교육이 필요하다"[43]라는 사실을 발견했다(서울대학교에서도 2003년 신입생 4,174명을 대상으로 '서울대학교 영어능력검정시험'(TEPS : Test of English Proficiency Developed by

Seoul National University. 서울대학교 어학연구소에서 자체 연구 개발한 시험)을 실시한 결과, 약 20퍼센트의 학생들이 낙제 점수를 받았으며, 자연 계열 신입생들을 대상으로 한 수리능력 시험에서는 전체의 13.9퍼센트가 낙 제 점수를 받았다고 발표하여, 신입생들의 학력 저하 현상이 두드러지고 있음을 지적했다 – 역자 주). 사실은 거짓말하는 법이 없다. 공교육은 이 나라의 발전을 저해하고 있으며, 젊은이들의 잠재력을 속박하고 있다. 당신은, 당신의 자녀들이 이런 결과를 얻게 되기 바라는가? 그렇지 않다면 자녀들을 학교 밖으로 데리고 나오는 문제를 진지하게 고려해보기 바란다. 분명 학문성이란 과목에서 공교육은 낙제 점수를 받았다.

도덕성 : 낙제

교육이란 지적인 부분만 의미하지는 않는다. 이를 명심해야 한다. 학교에서 공식적으로 도덕과 가치를 가르치든 그렇지 않든, 아이들은 학교에서 가치 판단과 도덕 판단을 배운다. 아이들이란 끊임없이 학습하는 과정 중에 있는 존재이기 때문이다. 대부분 교육 관리들은 중립적 입장에서 아이들을 교육한다고 선전한다. 그러나 실없는 소리이다! 학교에 가는 아이들은 불가불 교사와 또래들에게 가치 판단을 배울 수밖에 없다. 따라서 우리는 "우리 애들이 학교에서 어떤 종류의 도덕과 악행을 배우는가? 그것이 아이의 성격에 어떤 영향을 끼치는가?"라는 질문을 제기하지 않을 수 없다.

학교에서 가정에 대한 전통적 가치가 어떻게 무너지고 있는지 생각해보자. 학교는 반기독교적, 반가정적인 가치를 식단으로 한 식사를 우리 아이들에게 억지로 떠먹인다. 창조론이란 신화적인 농담쯤으로 취급하고 있다. 학교는 전통적 결혼관, 인간의 존엄성, 부모 사랑과 공경, 가정의 고결함 등을 왜곡하거나 거부한다. 어떤 아이가 그런 종류의 말을 하면, 왕따 당하거나 바로 바보 취급을 받는다. 가정에서 올바른 자식이 도리어 밖에 나가면 비행 청소년이 되는 세상이다. 학교는 가정 예찬은 고사하고 가정의 전통적 가치를 타도하며, 또 다른 한편으로 반항, 난잡한 성관계, 약물 남용, 폭력, 비행을 조장한다.

뉴욕 대학의 폴 비츠 박사는 "교과서에 종교적, 전통적 가치가 나타나 있는가?"라는 주제로 광범위하게 연구한 결과, 이렇게 결론지었다.

전국에서 사용되는 670여 개 교과서를 표본으로 정밀 조사한 결과, 다음과 같은 사실을 발견할 수 있었다. 우선 종교적 경건성을 함양하는 내용은 그 어디에도 없었다. 기독교에 대해 언급하는 사례는 지극히 적었고, 간혹 언급하는 경우에도 피상적 차원에 그쳤다. 특히 개신교에 관한 내용은 전면적으로 배제되어 있었다. 애국심을 고취하는 내용도 거의 전무했다. 성실과 근면을 강조하는 내용도 거의 보이지 않는다. 종종 절대적 가치를 부정적으로 평가하고, 개인의 감정과 개성을 중요시하는 해설이 눈에 띄었다.
이 모든 특징을 종합해볼 때, 역사, 유산, 믿음 등 대부분의 미국인들이 가슴속에 담고 있는 가치를 체계적으로 부정하기 위해 교과서가 씌어졌다고밖에 말할 수 없을 것 같다.[44]

존스 홉킨스 대학의 저명한 종교 역사가 티모시 스미스Timothy L. Smith 교수는 고등학교 2학년 교과서에 종교에 대한 언급이 전혀 없다는 것을 보고 "엄청난 충격을 받았다"라고 말했다. 그는 미국 사회에 다인종이 모여 살면서 종교가 수행한 역할이나 노예제를 철폐하는 데 기독교인들이 해낸 '절대적인 중심 역할'을 교과서가 언급하지 않았다고 날카롭게 지적했다.[45] 샌디에고에 위치한 미국 국제대학의 심리학 교수 윌리엄 쿨손William Coulson은 학교가 딱딱한 도덕을 말랑말랑한 심리학으로 대체하고 있다고 비판하며, 가정생활에 관한 결정 상황에서 "무엇이 도덕적으로 옳다"라고 알려주는 내용이 단 한 줄도 나오지 않는다고 말했다.[46]

1985년, 대법원은 오클라호마주州가 제정한 조례條例가 헌법정신에 어긋나지 않는다고 판결했다. 그 판결의 극적인 파급 효과에 대해 잠시 생각해보자. 문제의 조례는 "학교는 동성연애에 찬동하거나, 그것을 장려하거나, 개인의 생활방식으로 인정하거나 조장하는 교사를 해고할 수 없다"는 내용을 골자로 하고 있다. 참으로 기괴한 일 아닌가? 동성연애를 즐기는 교사가 당신의 아이를 가르친다면, 그것도 성교육 시간에 자기의 생활방식을 어린 학생들에게 당당히 장려하며 당신의 아이를 가르친다면 어떻겠는가? 그러나 여기서 당신 생각은 중요하지 않다. 왜냐하면 대법원이 그렇게 판결했으므로, 당신에게는 달리 선택의 여지가 없다. 대법원 판결은 모든 지방 자치단체의 법률에까지 효력을 미친다. 따라서 이 판결 이후 전국 50개 주 모든 학교에서 이 판결의 영향을 받았다고 할 수 있다. 당신이 동성연애자들을 아무리 불쾌하게 여기고, 아무리 이상 성격자로 여긴다 해도, 그들이 당신의 아이를 가르칠 수도 있고, 복도와 교실에서 당신 아이와 뛰놀 수 있다는 것이다. 그들의 가르침과 영향력, 그들의 존재가 과연 가정에 대한 전통적 가치를 장려할까? 아니면 파괴할까? 대답은 당신 몫으로 남겨두겠다.

학교가 학생들에게 '수챗구멍 같은 도덕'을 훈계하기 위해 가르치고 있는 몇 가지 과목에 대해 좀 더 밀도 있게 고찰해보려 한다. 너무 많아 무엇부터 먼저 살펴보아야 할지 난감하지만, 우선 여섯 가지로 요약해보겠다. 노골적인 성교육, 약물 복용, 폭력과 증오 교습, 가치명료화, 상대주의, 죽음에 관한 교육(죽음과 죽음에 관한 문제를 다루는 과목)을 살펴보겠다. 이 여섯 가지 주제만으로도 학교에서 어떠한 '패악'을 가르치고 있는지 충분히 입증될 것이다.

첫째 / 노골적인 성교육

노골적인 성교육과 관련, 시애틀에서 개최된 어떤 공청회에서 초등학교 5학년 아들의 위생수업을 참관해본 학부모가 교육부 관계자들 앞에서 이렇게 증언한 바 있었다.

교탁 위엔 플라스틱으로 만든 여성 생식기 모형이 놓여 있었고, 거기에 국부 삽입용 생리대가 삽입되어 있었다. 교사는 그것을 남자애들에게 돌려보게 했다. 더불어 피임약도 돌려보도록 했다. 동성 간의 섹스에 대해서도 자세히 설명해주었다. 그러나 그것은 5학년 아이들에게 맞는 성교육 수준이 아니었다. 뿐만 아니라 절제와 도덕에 대해서는 아무런 언급도 없었다. 그날, 교사가 학생들에게 가르친 것은 도덕이 아니라 난잡함 그 자체였다.[47]

이와 유사한 공청회에서 뉴햄프셔 콩코드 지방에 사는 다른 학부모도 이렇게 증언했다.

내 아내는 간호 교사이다. 성교육 프로그램에 대해 대화를 나누던 중, 학교에서 여학생들의 소변 샘플을 가족계획 클리닉에 보내, 임신 여부를 테스트한다는 말을 들었다. 나는 학교가 아이들의 질병을 치료하는 곳도 아니고, 소녀들의 임신 여부를 검사하는 곳도 아니라고 생각한다. 학교는 아이들의 지식을 향상시키고, 학습 능력을 개발하는 본연의 임무에 성실해야 할 것이다. [48]

이것이 매우 특별한, 최악의 사례라서 거론하는 것이 결코 아니다. 내가 직접 조사한 정보 가운데는 너무 외설적이라 글로 표현하지 못한 것들도 상당수에 달한다. 성교육 관련 교과서는 노골적인 용어로 가득하다. 내용은 한층 더 가관이다. 교과서의 한 부분을 인용하여 실례를 검증해보기로 하겠다.

청소년기의 애무는 이성異性의 성적 반응에 대해 배울 수 있는 중요한 기회이며, 더 심각한 관계로 나아가지 않고서도 이성의 성적, 정서적 욕구를 만족시킬 수 있는 중요한 기회가 된다. 혼전 성관계는 대부분의 문화권에서 인정하는 당연한 현상이며, 배우자 선택 시 유용한 역할을 하는 중요한 경험이다. 따라서 혼전 성관계가 심리적으로 부정적인 결과를 낳는 경우는 거의 없다고 보아야 할 것이다. [49]

어느 학교의 보건학 교과서의 '가족의 건강'이라는 단원을 보면, 젊은 남자 둘이 다정하게 포옹하는 그림이 있고, 그림 아래쪽에 다음과 같은 설명이 있었다고 한다.

"연구자들은 동성연애를 해도 이성연애를 하는 사람들과 똑같이 행복하고 건강한 삶을 영위할 수 있다고 증명했다."[50]

이렇게 교과서가 학생들에게 은근한 암시를 주거나 다른 한편으로 그들에게 최면을 걸어, 성적 난잡함, 악행, 동성연애를 부추기고 가르친다.

학교는 에이즈(AIDS, 후천성면역결핍증)에 대한 인식교육을 가장하여, 초등학교 1학년부터 고등학교 3학년에 이르기까지 모든 아이들에게 안전한 섹스, 콘돔 사용법, 이성연애와 동성연애에 관한 노골적인 정보를 주는 데 일말의 주저함이 없다. 그것이 모든 학교의 위생교육, 보건교육 프로그램의 실태이다.

에이즈 때문에, 이런 개념의 형편없는 성교육이 마치 산불처럼 걷잡을 수없이 확산되고 있다. 아이들은 이성 간의 성행위뿐 아니라, 동성 간의 성행위에 대해서도 그림을 보며 상세히 배우고 있다. 대부분의 지방자치단체는 4학년 때부터 콘돔 사용법을 필수적으로 가르칠 것을 법률로 정해두고 있다. 이제 열한 살밖에 되지 않은 어린 아들딸들이 한 교실에 앉아 콘돔 사용법을 배워야 하다니. 만일 당신 자녀가 교실에 앉아 바나나, 오이, 플라스틱 남성 성기 모형에 콘돔을 씌운다고 상상해보라. 그것이 그들의 소박하고 천진난만하고 순수한 마음을 얼마나 유린할지 생각만 해도 몸서리가 쳐진다.

학교에서 어린 자녀들에게 섹스 행위, 동성애 성관계, 콘돔 사용법에 대해 생생하고 노골적으로 가르친다는 것을 알게 된 부모들은 격노하고 있다. 그들은 지금 소돔과 같은 사악한 작태에 어린아이들을 노출시키는 학교에 대해 분노하고 있으며, 특히 저학년 때부터 그런 과목을 필수적으로 이수해야 한다고 법으로 제정한 미국 공중위생 국장에게 분노하고 있다. 부모는 자기 자녀의 순진함과 천진난만함이 이런 식으로, 그것도 아주 어린 나이에 훼손되기를 원치 않는다. 순수성이란 한 번 상실하면 결코 되돌릴 수 없다. 이를 기억하기 바란다.

최근, 시카고의 어느 고등학교에서 학생들에게 포르노 영화를 보여준 적이 있었다. 이에 스콧Scott이란 학생이 학교 측에 포르노 영화를 보아야 한다는 규정을 면제해달라고 청했으나, 학교는 그 학생에게 "학생은 교사의 교육을 거부할 권리가 없다"라고 주장했다. 영화의 역사와 카메라 기술을 배우기 위해 영화과를 지원했던 스콧은 담당교사가 다른 생각을 하고 있다는 것을 알았다. 그 교사는 '학생들의 반응을 실험하기 위해' 이성애와 동성애를 동시에 다루는 미성년자 관람 금지 등급의 포르노 영화를 학생들에게 보여주었다. 그러나 스콧이 반발하자 담당교사는 의아해했다. 스콧은 포르노 영화를 시청할 의무를 면제해달라고 요청했으나 담당교사와 학교 측은 콧방귀만 뀔 뿐 그의 요청을 깡그리 무시했다. 스콧은 다른 리포트를 제출하는 등의, 포르노 시청 수업 불참에 대한 대체 학습 활동을 제안했으나 그것도 역시 받아들여지지 않았다. 학교 역시 스콧의 제안을 철저히 무시하고, 교사 편을 들어주었다. 에베소서에 "그들이 은밀히 행하는 것들은 말하기도 부끄러운 것들이라"(엡 5:12)는 말씀이 있다. 이 말씀이 오늘의 교실을 두고 한 말씀이 아닌지 진지하게 묻고 싶다.[51]

설상가상으로, 부모를 통해 에이즈에 감염된 아이들이 에이즈 바이러스에 감염되지 않은 다른 많은 아이들과 함께 학교생활을 하고 있다. 보건 당국에 따르면, 에이즈 바이러스에 감염된 어린이들의 두뇌에 이상이 발생하여 행동 장애를 일으키는 경우도 있다고 한다. 물론 우리가 이

끔찍한 질병에 감염된 사람들을 측은한 시선으로 바라보거나 그들의 처지를 진심으로 동정해 마지 않는 것은 아니지만, 에이즈에 감염되어 고통당하는 사람들에게, 심지어 에이즈 바이러스 때문에 뇌 손상을 입어 광기어린 행동을 보일지도 모르는 아이들 가운데 우리 아이가 노출되기를 원하는지 솔직한 마음으로 질문하고 싶다.

그 질문에 대답하기 전, 에이즈가 지금까지 인류를 위협해온 어떤 질병보다 더욱 무서운 질병이라는 것을 기억하기 바란다. 인간까지 복제한다는 현대 의학의 발달에도 불구하고, 이 천형과 같은 재앙을 완벽하게 치료할 만한 치료제는 아직까지 개발되지 않았다. 걸리면 죽는 병이다. 더욱이 기침, 키스, 땀, 음식 등 학교 환경에 친숙한 요소들이 전염 경로가 될 수 있는지 여부에 대해 좀 더 철저한 연구와 토론이 있어야 할 것이다. 아직 의사와 과학자들이 에이즈에 대한 100퍼센트 확실한 해답, 가능한 모든 전염 경로를 밝혀내지는 못하고 있다.

또 하나, 청소년들의 성도덕에 악영향을 끼치는 요인으로 소위 '학교 보건진료소'(School-Based Clinics. 이하 SBC - 역자 주)라고 알려진 사이비 조직에 대해 논하지 않을 수 없다. 미네소타에 위치한 어느 기술 고등학교에서 교내에 SBC를 최초로 설립한 이후, 이것이 전국 고등학교에 유행처럼 번졌다. 이 조직의 주요 직무는 피임약(기구) 배포, 가족계획, 낙태 희망자 접수, 집단 검진, 예방접종, 영양조절, 체중 감소 프로그램, 약물 남용, 알코올 중독 프로그램 등이다. 겉으로 보기에는 SBC가 학생들의 종합적 건강 증진을 위한 조직처럼 보인다. 그러나 주 목적은 아무래도 학생들에게 피임약을 전달하기에 용이하도록 하는 데 있었던 것 같다. 불행하게도 이 조직은 청소년 낙태와 산아제한 상담을 실시하기 전, 부모의 동의를 얻고, 그것을 부모에게 고지하도록 하는 노력을 지속적으로 거부해온 가족계획협회와 자칭 십 대의 성적 자유를 주창하는 단체에 의해 운영되고 있다. 가정통신문을 받은 부모가, 학교 재량으로 자녀에게 체육 수업을 시켜도 좋다는 일종의 '백지 위임' 항목에 동의 표시를 하기만 하면, SBC는 별다른 통지나 동의 없이도 학생들에게 피임약(기구)을 나누어주거나 산아제한 상담 프로그램을 자유롭게 실시할 수 있게 된다.

한 통계에 따르면 십 대 소녀의 75퍼센트가 18세 이전에 처녀성을 잃는다고 한다.[52] SBC는 엉터리 성교육으로 자유로이 피임약(기구)을 배급하여, 거친 파도처럼 높아만 가는 십 대 소녀들의 원치 않는 임신 추세를 저지시키고 있는가? 그렇지 않다. 오히려 그들은 문제를 더욱 비화시키고 있다. 17세에서 19세 소녀들의 혼전 성관계를 조사한 한 연구는 소녀들이 피임약(기구)을 지속적으로 사용한다 해도, 성행위 빈도가 증대됨에 따라 임신 가능한 비율 또한 증대되었다는 사실을 발견했다.[53] '어린이, 청소년, 가정에 관한 특별위원회'는 일련의 연구를 통해 이렇게 보고했다.

"지속적인 성교육과 피임약(기구) 배포 프로그램을 실시한다고 해도 임신하는 십 대 소녀들의 비율에는 큰 변화가 생기지 않았다. 오히려 이성과 성관계를 맺는 비율이 큰 폭으로 증가했다. 그 결과, 십 대 미혼 소녀의 임신 비율이 더욱더 증가하고 있다."[54]

심지어 '가족계획협회'의 자체 보고서조차 "어느 때보다 많은 십 대들이 피임약(기구)을 지속적으로 사용하고 있다. 하지만 혼전 성관계로 인한 임신 발생률은 지속적인 증가 추세에 있다"[55]라고 말한다.

SBC가 십 대의 임신율을 감소시키지 못했다는 점, 문제를 해결하기보다 진단하는 데 그쳤다는 점, 이미 일반 병원에서 실시하는 서비스를 제공할 뿐이라는 견지에서 보았을 때, SBC를 시작하고, 유지하는 데 쏟은 불필요한 지출은 도덕적 차원에서 정당화될 수 없고 재정 면에서 국고國庫 낭비이다. SBC가 기여한 점이라면, 미국 청소년들을 성적으로 더욱 타락시켰다는 것뿐. 그러나 학생들에게 지대한 영향력을 행사하고 도덕적으로 불온한 활동을 확장해가는 SBC의 수는 해마다 증가하고 있다.

둘째 / 약물 복용

학교가 가져온 또 다른 도덕적 재앙은 바로 학교에서 약물(환각제) 매매가 성행하며 따라서 약물 구입도 매우 용이하다는 사실이다. 학생들의 약물 사용은 이 나라가 주목해온 주요 문제 중 하나였다. 산업화된 나라 가운데 미국 청소년들의 약물 사용률이 가장 높다는 것이 교육부의 보고서에서 드러났다. 일례로, 미국의 약물 문제는 일본보다 10배 이상 심각하다. 미국 고등학생의 60퍼센트 이상이 약물을 사용하고 있다.[56] 미시간 대학의 한 연구원은 약물 사용 증가 추세가 이제 저학년 학생들에게까지 번지고 있다고 보고했다. 중학교 2학년 가운데 불법 약물을 사용하고 있다고 시인한 학생은 전체의 25퍼센트, 흡입용 약물을 포함시켰을 경우에는 35퍼센트까지 늘어났다.[57] 그렇다면 고등학생의 3분의 2, 중학생의 3분의 1이 약물을 사용하고 있다는 말이 아닌가?

무엇이 이런 문제를 낳은 것일까? 그 주범은 다름 아닌 학교이다. 학생들이 약물을 쉽게 접할 수 있는 곳이 학교이기 때문이다. '마약 공급책과 접촉했던 십 대 학생들'에 대해 연구한 한 연구원은 응답자의 57

퍼센트가 학교에서 마약을 구입했다고 대답했다고 밝혔다.[58] 학교는 신성한 학습의 전당이 아니라 마약 소굴을 닮아가고 있다. 정부에서 법률적 제재를 강화하고 있지만, 이 문제는 버섯구름처럼 확산되고 있다.

약물 문제 가운데 가장 심각한 것은 마약이다. 특히 더 놀라운 사실은 요즘 환각 성분이 강력한 소위 '농축 코카인'[전통적으로 마약은 '헤로인'(heroin)이라는 화학물질을 주사로 인체에 주입하는 형태였는데, 에이즈에 대한 공포가 확산되면서 '코카인'(cocaine)이란 식물에서 추출한 흡입용 코카인이 인기를 얻게 되었다 - 역자 주]이란 마약이 값싸게 공급되고 있다고 한다. 농축 코카인에 대해 몇 가지 놀랄 만한 사실을 알아두는 게 유익할 것 같아 여기 소개하겠다.

- 값이 매우 저렴하다. 단돈 10달러면 구입할 수 있다. 그래서 고등학생(심지어 초등학생도 있다.)처럼 처음 마약을 하려고 하는 사람들이 구하기 용이하다.
- 사용하기 쉽다. 이것은 보통 비누 조각이나 작은 환(丸), 흰 바둑돌의 형태로 거래된다. 빨대나 담배 파이프로 흡입할 수 있고, 담배에 넣어 직접 피울 수도 있다. 불과 몇 분 만에 가시적인 효과가 사라지기 때문에, 하루 일과 중 어느 때라도 사용이 가능하다.
- 중독성이 강력하다. 헤로인이나 여느 마약보다 중독성이 훨씬 강하다. 코로 흡입되기 때문에 혈관 흡수 속도가 매우 빠르다. 흡입하고 몇 초 후, 지극한 행복감을 주며 절정에 이르게 한다. 그래서 며칠만 사용해도 누구나 중독이 된다.
- 범죄의 원인이 되며, 심리적 장애를 일으킨다. 코카인 중독자들이 종

종 절도, 강간 등의 범죄자가 되거나 마약 구입 자금을 조달하기 위해 중간 공급책이 되기도 한다. 지속적으로 흡입하면, 폭력 성향이 높아지고 마침내 정신분열에 이른다.

• 치명적이다. 두뇌 활동과 호흡기에 장애를 일으켜 심장마비를 일으키거나 급사할 위험이 높다.[59]

미국의 청소년들은 마약에 완전히 노출되어 있다. 만일 당신의 자녀가 학교에 다니고 있다면, 그 아이는 마약 거래 장면은 물론, 마약 흡입 장면도 목격했을 것이다. 마약을 거래하는 장소에 있거나 거절할 수 없는 주위의 압력에 그만 돌이킬 수 없는 실수를 저지를지도 모른다. 만약 거절했다가는 영원한 왕따가 될 기로에 놓일 게 자명하기 때문이다. 오죽했으면 검찰관계자의 입에서 "고등학교에서 마약 상용은 이제 더 이상 예외가 없다. 그것은 일상이 되어버렸다"라는 말이 나왔을까? 이런 학교가 우리 아이들의 견고한 도덕성, 건강한 성품을 일구어준다고 말하기는 어려울 것이다.

셋째 / 폭력과 증오 교습

한술 더 떠서, 일부 교과서에서 폭력, 증오, 경멸을 가르치고 있기 때문에 문제는 더욱 어려워진다. 심각한 수위에 다다른 학교폭력이나 절도사건의 원인을 규명하기 위해, 학생들의 야만적 행위를 치유하기 위해 해마다 정부가 쏟아붓는 돈이 6억 달러에 달한다고 한다. 사태가 이 지경에 이른 것은 폭력과 증오를 조장하는 교과서 탓도 크다.[60] 여기 교과서에 실려 있는 폭력적인 시 한 수를 소개하겠다.

민첩하고 날쌔게
면도날을 씹어
그놈의 면상에 뱉어라!
지갑을 강탈하라
네 실력으로도 가능하다
그리고 걷어차라
그냥 재미 삼아서
단도를 깊이 쑤셔 박아라
난도질하라
그리고
도망쳐라![61]

자기 오빠를 죽이기 위해 기회를 엿보는 소녀를 묘사한 대목은 또 어떤가?

그녀는 제 오빠가 빵을 썰 때 사용했던 긴 칼을 집어 들었다. 예리한 칼날을 쳐다보았다. 이것으로 오빠를 죽이리라! 한 손은 식탁 위에 올려놓고, 칼을 쥔 다른 한 손은 무릎 사이에 넣어 잠옷 자락으로 감춘 다음 조용히 의자에 앉았다. 그렇게 문을 응시하며 기다렸다. 마침내 오빠가 부엌으로 들어왔다. 배가 고팠던지 식탁 주변을 얼씬거렸다. 그녀는 '좀 더 기다리면, 나한테 등을 보이겠지? 그때 찌르는 거야!'라고 생각하며, 칼을 쥔 손에 힘을 주었다.[62]

어떤 교과서는 깡패들의 결투 장면, 폭주족들의 약탈 행위, 폭력 행위, 일가족 살해 사건 현장, 강간 현장 등을 생생하게 묘사하기도 한다. 당신은 정말 자녀들에게 이런 교과서를 읽히고 싶은가? 감수성 예민한 어린이들이 이런 교과서를 읽어야 한다는 말인가? 당신의 신앙적 확신이란 이처럼 사악한 세뇌 과정을 용인할 만큼 허술한가? 적어도 자녀에 대한 책임감이 눈곱만큼이라도 있는 부모라면, 폭력과 증오를 가르치는 교과서를 이대로 묵과하지 않을 것이다.

넷째 / 상대주의

또 한 가지, 청소년들의 도덕성을 훼손하는 요인으로 '상대주의'를 들 수 있다. 상대주의는 모든 가치가 상황에 따라 달라질 수 있다고 생각하는 위험한 사조이다. 상대주의는 주변 환경에 옳고 그름이 가변성을 띠게 된다고 가르친다. 우리가 잘 알다시피, 하나님 말씀은 수천 년이 지나도 일점일획 변한 게 없지만, 상황과 대중들의 여론은 시시각각 변화한다. 결국 상대주의를 신봉하는 자들은 학생들에게 어제 '틀렸던 것'이 오늘 '옳은 것'이 될 수 있다고 가르치는 셈이다.

소위 '상황윤리'란 용어를 만들어낸 사람은 조셉 플레처Joseph Fletcher 이다. 성공회聖公會 신학교 교수였던 플레처는 섬뜩한 기독교 교리가 더 이상 진리로 성립할 수 없다고 판단하여, 스스로 '탈 기독교화' 했다. 그는 인생의 모든 상황을 판단하기 위한 도덕 지침은, 도덕이 인간의 이익에 얼마나 기여하느냐는 기준에 근거해야 한다고 주장했다. 다시 말해서 도덕적 판단이란 하나님 말씀의 절대성에 근거해서는 안 되며, 주어진 상황에서 인간의 감정과 판단에 근거해야 한다는 것이다.

성교육 교과서의 한 대목을 읽으며 상황윤리의 확연한 예를 목도할 수 있었다.

"오늘날, 청소년들은 가치가 시시각각 변화하는 사회에 살고 있기 때문에 어떤 가치 기준을 따라야 할지 매우 혼란스러워하고 있다."[63]

정말로 그런가? 이 교과서를 읽는 학생들은 모든 세대에 적용 가능한 절대적 도덕이란 존재하지 않는다고 믿게 될 것이다. 이 글은 각각의 세대는 나름대로 가치를 발달시켜야 한다는 내용을 함축하고 있다. 이것은 노골적인 무도덕주의요, 매우 귀에 거슬리는 개인 쾌락주의이다. 그것은 모름지기 "좋을 대로 행동하라"라는 가치를 조장한다. 자기 자녀가 학교에 만연한 이런 도덕적 혼돈에 빠지기 바라는 부모가 있을까? 자기 자녀가 새로운 세계 질서를 주장하는 자유주의 교육 관료들로 구성된 '사상경찰'의 감시를 받기 바라는 부모가 어디 있을까?

다섯째 / 가치명료화

여기에 가치명료화(Values Clarification : 상대주의 교육철학의 한 갈래로, 도덕적 의사결정의 상황적 성격을 중시했다. 가치가 보편적으로 유지될 수 있다는 것을 부정하고, 원리 주입식 도덕 교육을 거부했다. 부단히 변화하는 세계에서 학생들이 스스로의 선택에 의한 고정된 가치가 아닌 가치 선택과정을 배울 필요가 있다고 주장했다. 각자 좋을 대로 도덕 가치를 선택하라는 것이다. 그러나 학생의 개인적 선호를 무비판적으로 정당화시켜서 도덕 원리와 개인적 기호의 차이를 애매하게 만들었다는 비판을 받고 있다 – 역자 주)라는 기술이 가세한다. 가치명료화란 동료들의 압력과 또래집단의 민감성을 결합하는 하나의 음흉한 과정으로 어린이의 도덕성

발달에 강력한 영향을 끼쳤다. 가치명료화는 정확한 명칭이 아니다. '가치 변경'(Values Modification)이 좀 더 정확한 명칭이다. 왜냐하면 실제적으로 가치를 변경하는 일을 하기 때문이다. 가치 변경이야말로, 지금껏 고안된 다른 어떤 것보다 가장 독성이 강한 고약한 기술이다. 그 기술 탓에, 약 4천만에 달하는 학생들이 부모와 국가로부터 물려받은 전통적 가치에 등을 돌려버렸다.

이 기술은 엄격히 통제된 상황에서 제대로 효험을 발휘한다. 일단의 학생들이 그룹을 지어 토론에 참여한다. 여기서 교사는 미리 정한 개념과 질문을 학생에게 제기한다. 그것도 급우들의 압력까지 더해져서! 절대적 도덕 기준이 용인되지 않는 토론에서 학생들이 서로의 견해를 비난하며 형편없는 결론에 도달하는 것은 시간문제이다. 이 토론으로 가뜩이나 민감한 청소년들의 마음에는 인생에 대한 반도덕적 태도가 조장된다. 일례로, 절대적 도덕 가치가 용인되지 않는 집단 토론 시 활용하도록 한 교과서의 질문을 고려해보자.

- 커닝이 정당화되는 때가 있다고 생각하는 사람은 몇 명인가?
- 자기 앞에 닥친 문제가 너무 두려워서 차라리 죽는 게 더 낫다고 생각해본 적이 있는 사람은 몇 명인가?
- 부모가 바뀌었으면 좋겠다고 생각하는 사람은 몇 명인가?
- 결혼하기 전에, 배우자로서 상대방의 적합성을 검증하기 위해 6개월 정도 동거해보는 것에 대해 동의하는 사람은 몇 명인가?
- 동성연애를 즐기는 사람이 학교 교사가 되어도 좋다고 생각하는 사람은 몇 명인가?

- 부모가 자녀에게 자위행위를 가르쳐야 한다고 생각하는 사람은 몇 명인가?

- 만일 천국이 하루 종일 하프(harp) 타는 곳이라면, 천국에 가고 싶은 사람은 몇 명인가?[64]

보스턴 대학의 교육학 교수 윌리엄 킬패트릭William Kilpatrick은 「조니가 옳은 것과 그른 것을 구별하지 못하는 까닭?」이란 책을 저술한 적이 있었다. 그는 "학교가 도덕적 문맹을 양산하고 있는 이유는 도덕에 기초한 성품 교육에서 학생들 마음대로 하게 내버려 두는 가치명료화 교육으로 선회했기 때문이다"라고 꼬집어 지적했다. 아이들은 삶에 필요한 기술과 지식을 배우러 학교에 간다. 절대적 도덕 가치에 의문을 제기하기 위해 학교에 가는 것이 아니다. 부모에게 묻고 싶은 핵심은 이것이다. 당신은, 당신 자녀의 가치를 누가 결정해주기 원하는가? 학교 제도인가, 아니면 당신 자신인가?

여섯째 / 죽음에 대한 교육

그다음으로 교실에서 진행되고 있는 '죽음에 관한 교육'에 대해 언급해보겠다. 교과 과목이 암시하듯, 당신의 자녀는 이 과목 때문에 죽음에 노출된다. 당신은 지금까지 내가 제공한 정보를 통해, 교과서 내용이 어느 방향으로 흐르는지 감 잡았을 것이다. 그렇다면 교과서에서 과연 죽음 이후의 삶에 대한 기독교의 견고한 신앙을 조금이라도 내비치고 있을까? 당신 스스로 대답해보기 바란다.

플로리다에서 개최된 교육부 주최 청문회에서 한 학부모는 "학교에서

1학년밖에 안 된 내 아들에게 구두 상자로 관(棺)을 만들게 했다"라고 증언했고, 또 다른 학부모는 "교사가 내 딸에게 사람이 죽는 열 가지 방법 목록을 작성해주었는데 그 내용이 대부분 폭력적인 것이었다"라고 증언했다. 그러면서 교사는 그 어린이에게 "너는 네가 가장 좋아하는 방법으로 죽으렴!"이라고 조언했다나. 더욱이 그의 딸은 만약 불치병에 걸렸을 경우, 어떻게 죽기 원하느냐는 질문을 받았고, 교사가 제시한 보기 다섯 개 가운데 두 개가 안락사였다고 하니 이 점을 어떻게 생각하는가?[65] 학교에서 실시되고 있는 죽음에 관한 교육은 그리스도가 배제된 암울한 시각의 죽음에 초점을 맞춘 것이다. 당신은, 당신의 자녀가 반(反)기독교적 관점에서 죽음에 대해 배우기 원하는가?

지금까지 청소년들의 도덕적 타락을 부추기는 영역을 노골적인 성교육, 약물 복용, 폭력과 증오 교습, 가치명료화, 상대주의, 죽음에 대한 교육 등 여섯 가지로 개관했다. 지각 있는 부모라면 자녀들의 학습 내용에 대해 걱정할 수밖에 없는 이유에 공감하게 되었을 것이다. 그러나 이 여섯 가지가 전부라고 착각하지 말라. 아직도 많은 부모들이 자신의 자녀가 학교에서 과연 무엇을 배우는지 전혀 모르고 있다. 당신은, 당신의 자녀가 환락과 광기를 내뿜는 정부 통제 하의 학교에 머물러 있기 원하는가?

사회화 : 낙제

부모들이 홈스쿨링을 반대하는 가장 큰 이유 중 하나가 바로 사회화이다. 학교에서 이루어지는 사회화란, 주로 또래집단과의 교제에서 비롯된다. 그러나 이런 종류의 사회화 과정에서 아이들은 대부분 매우 부정적인 영향을 받는다는 데 문제가 있다. 전문적인 연구 결과 자신의 가치를 제대로 인식하기 전에 제도적 환경에 놓이게 되는 아이는 필경 또래집단의 가치체계에 갇혀버린다는 사실이 입증되었다. 그런 아이는 가족들과 보내는 시간보다 친구들과 함께 보내는 시간이 더 많기 때문에 친구에게 의존적이며 그들의 행동양식, 언어, 독특한 버릇을 답습하게 된다.[66]

코넬 대학 연구원들은 제 부모와 함께 보내는 시간보다 친구들과 보내는 시간이 더 많은 아이가 친구를 의지하게 된다는 사실을 발견했다. 친구에 대한 의존도가 높은 아이는 창의력이 떨어지며, 낙관적 태도나 부모에 대한 존경심마저 희미해진다.[67] 그렇다고 하면 당신 아이의 자아 가치를 정립하는 데 또래집단이 가장 큰 패를 쥐고 있고, 그것은 최악의 조건인 셈이다. 당신은 혹시 "사회화된다"는 느낌을 받기 위해 친구들과 입에 담지 못할 추악한 욕설이나 음탕한 농담을 주고받은 적이 있는가? 그런 일이 없었다고 대답해주기 소망하는 마음 간절하다. 그렇다면 어째서 학교라는 해로운 사회화 세균에 당신의 자녀를 계속 노출시키려 하는가?

요즘 아이들은 서로의 가치를 다음 세 가지를 기준으로 판단하는 경향이 있다. 보통 첫째, 외모, 둘째, 학업성적, 셋째, 돈으로 판단한다. 평범한 외모를 지녔다든가, 학습이 부진한 상태라든가, 지독하게 가난하나년 혹은 이 세 가지 요건 가운데 하나만 갖추었더라도 학교에서는 비난과 조소의 대상이 되기에 충분하다. 자신이 이런 세 가지 요건 가운데 한두 가지를 갖고 있다는 것을 알게 된 어린이가 받게 될 정서적 충격을 상상해보라. 일례로 키만 크고 비쩍 마른 아이는 '갈비씨', 키가 작은 아이는 '땅딸보', '숏다리', 얼굴이 유난히 큰 아이는 '얼큰이', 몸집이 비대한 아이는 '삼겹살', '돼지', '뚱보', 그 외에 주근깨, 큰 귀, 짙은 눈썹, 큰 코, 복슬복슬한 털, 안경 등 신체적인 특징을 조롱하는 별명은 수백 가지도 넘는다. 추악한 욕설에 비하면 이 정도는 그냥 넘어갈 만하다. 뚜렷한 신체적 결함이 없더라도 놀림을 받는 경우도 발생한다. 어린아이들이 동물적인 야만성과 야비함으로 친구를 놀려먹는 경우이다.

인지 능력이 조금 뒤떨어지는 아이들도 이와 유사한 놀림거리가 된다. 그런 아이들은 '멍청이', '바보', '쪼다'라는 별명을 얻는다. 어떤 아이의 집이 지독히 가난하다면, 아이들은 그 애가 입고 있는 옷, 아빠 직업 등을 꼬집어 사정없이 놀려댄다. 이런 노골적인 말이나 곱지 못한 시선, 낙인과도 같은 따돌림이 한 어린이의 자아 존중감을 잠식해 들어간다. 이렇게 놀림당한 어린이는 몇 년씩 혹은 일평생, 그의 인생관과 인간에 대한 정서적 반응 방식에 영향을 받게 된다.

청소년기의 자아 존중감을 연구하는 두 명의 전문가가 이렇게 말한 적이 있다.

"청소년의 자아상 확립에 절대적인 영향을 끼치는 것이 친구들의 시선이다. 일반적으로 이 시기에 형성된 자아상이 변하지 않고 일평생 그대로 유지된다. 또래집단 친구들의 영향력은 사춘기를 전후로 절정에 달한다. 왜냐하면 청소년 본인이 정서적으로, 지적으로, 사회적으로 매우 서투른 단계에 있다는 것을 스스로 느낄 때가 바로 이 시기이기 때문이다."[68]

아동 심리학자 도로시 브릭스Dorothy C. Briggs는 다음과 같이 지적한다. "어떤 아이도 자신을 직접 보지 못한다. 그저 친구들을 통해 자신의 모습을 볼 뿐이다. 소위 친구들이라는 '거울'을 보며 자아상을 확립하는 것이다. … 따라서 청소년에게 본인과 친구들 사이에서 일어나는 일만큼 중요한 것은 없다."[69]

하루 일곱 시간, 일주일의 엿새를 친구와 함께 지내는 아이는 당연히 친구를 의지하게 된다. 브론펜브레너 박사는 "친구를 의지하는 아이는 자아 존중감이라는 중요한 의식을 상실한다"[70]라고 말했다. 자신 혹은 가족의 가치와 판단을 신뢰하기보다 친구의 가치와 판단을 신뢰하기 시작하기 때문이다. 이 지점에 이르면, 부모는 자녀와 의사소통하는 것은 물론이고 말을 거는 것조차 어렵다는 것을 자각한다. 소위 '세대 간 격차'가 나타나기 시작하는 것이다. 그러나 모든 부모와 모든 청소년이 반드시 이런 경로를 밟게 되는 것은 아니다. 왜냐하면 아주 훌륭한 교육적 대안이 우리 앞에 있기 때문이다.

규율과 폭력 통제 : 낙제

많은 학생들이 학교의 규율 부재로 신음한다. '중학교 교장 전국 연합회'에서 중학생들에게 가장 큰 걱정거리가 무엇이냐고 질문한 결과, 대부분의 학생들이 "약한 학생을 꼲리며 괴롭히는 급우들의 폭력행위"라고 대답했다.[71] 이런 끔찍한 환경에서 아이들이 무엇을 배울 수 있겠는가? 이처럼 학교에 개인에 대한 폭력이 난무한다는 것은 변명의 여지가 없는 사실이다. 학교는 폭력단의 아지트가 아니다. 당당하게 권위에 대한 존중감을 배우는 학습의 전당이 되어야 마땅하다. 그러면 학교에서 그런 학생들을 묵인하는 까닭은 무엇인가? 학교는 배우기 원하는 학생들에게 배울 수 있는 기회를 주기 위해서라도, 교육의 소중함을 인정하지 않는 학생들을 퇴학시키거나, 소년을 교화하는 정부기관에 보내는 등 일련의 조치를 취해야 하지 않을까? 왜 학교는 규율이란 것을 멀리 내던지는 것일까?

자녀를 둔 부모라면 이런 질문을 던지지 않을 수 없을 것이다. 1940년대와 1980년대 학생들의 교칙 위반 사례를 비교 검토하면 학교가 얼마나 변했는지 실상을 확인하는 데 도움이 될 것이다. 먼저 1940년대 미국 학교의 교칙 위반 사례를 들어보겠다.

- 수업시간에 잡담
- 복장 불량
- 껌 씹기
- 떠들기
- 복도에서 뛰기
- 쓰레기 함부로 버리기
- 새치기

그러면 이제 1980년대 교칙 위반 사례를 보겠다.

- 강간
- 야만 행위
- 강탈
- 살인
- 성폭행(구타)
- 재물 착취
- 절도
- 조직 폭력
- 강도
- 임신

- 약물 남용
- 낙태
- 방화
- 자살
- 폭발물 사용
- 성병
- 무기 휴대
- 거짓말, 커닝[72]
- 무단결석

이로써 미국의 공교육이 건전하고 효율적인 교육 환경을 만들어내는 데 필수적인 '규율'을 상실했다고 단언할 만하지 않을까. 만일 당신이 보통의 부모라면, 적절한 규율의 중요성을 과소평가하지는 않을 것이다. 아마 당신은 이 책을 읽으며 상당히 놀란 부분도 적지 않을 것이다. 그러나 당신은 그저 놀라기만 했을 뿐, 무엇을 어떻게 해야 할지 모르고 있다. 하지만 단 하나, 현실을 있는 그대로 받아들여야 한다는 말만은 하지 말기 바란다. 그것은 불필요한 타협이다. 만일 당신이 규율을 중요하게 여긴다면, 과연 당신은 당신의 자녀를 규율도 원칙도 없이, 결국에는 자녀의 미래를 망칠 게 뻔한 사람들에게 맡겨놓는 게 현명한지, 아니면 자녀의 미래에 도움이 될 만한 사람들에게 맡기는 게 현명할지 자문해보아야 할 것이다.

당신은 학교 폭력의 수위가 날로 높아지고 있다는 사실을 알고 있는가? 최근 실시된 갖가지 여론조사에서 자녀의 안전을 염려하는 학부모의 수가 증가하고 있다는 것이 이를 증명한다. 어쩌면 당연한 현상이다. 시간이 흐를수록 학교 폭력의 문제는 한층 심각해질 것이다. 결코 개선되지 않는다. 정부에서 실시한 통계에 따르면, 해마다 190만 명의 십 대 청소년들이 강간, 강도, 폭행, 살인 등 각종 폭력 범죄에 희생되고 있다.

이 사건의 25퍼센트가 학교에서 발생한 것들이다. 전문가들은 교내 폭력 범죄의 30퍼센트 가량은 외부에 보도되지 않고 유야무야 된다고 한다. 이는 교내 폭력 범죄 사건 비율이 위에서 말한 25퍼센트를 훨씬 상회한다는 의미이다.[73]

교사들을 대상으로 한 폭행 사건도 무시할 수 없을 만큼 심각하다. 메트로폴리탄 라이프(Metropolitan Life)에서 실시한 한 여론조사에서는 학교의 규율과 안전에 최우선 순위를 두는 것이 급선무라고 믿는 교사가 전체의 95퍼센트에 이른다는 결론이 나왔다. 더욱이 '전미교육협회'(National Education Association : 이하 NEA)에서 실시한 여론조사에서 교사의 28퍼센트가 학생들에게 절도 혹은 농락을 당한 적이 있으며, 4.2퍼센트가 폭행당했다는 사실을 밝혔다고 한다. 학생들의 이러한 추행은 벌써부터 교권에 심각한 위기를 불러오고 있다.[74] 위 여론조사는 이렇게 말하고 있다.

약 11만 명(이는 전체의 20분의 1에 해당하는 수인데)의 교사들이 학기 중에 교내 혹은 학교 인근에서 학생들에게 신체적인 공격을 받은 적이 있다. 학교 밖에서 학생들에게 폭행당한 교사의 수가 무려 1만 명에 달했다. 전년도에, 학기 중 교내 혹은 학교 인근에서 학생들에게 신체적인 공격을 당한 교사의 수가 7만 명에 달했음을 고려해볼 때, 금년에 그 수가 11만 명으로 증가했다는 것은 불과 1년 사이에 교사를 대상으로 한 폭력이 57퍼센트나 증가했음을 보여준다. 학생들에게 폭행을 당한 11만 명의 교사 가운데 10퍼센트는 병원에 입원하여 치료를 받아야 할 만큼 심각한 부상을 입었으며 9만 명은 정서 장애로 지속적인 치료

를 받아야 했다.[75]

또 다른 여론조사는 이 문제가 경감되기는커녕 지속적으로 심화되고 있음을 증명한다. 이 조사가 시행되기 전 한 해 동안, 학생들이 교사의 물건을 훔치거나 갈취한 사건은 무려 64만 건에 달했다. 그 가운데 8천 건은 교사에게 신체적 상해까지 입혔다.[76] 루이스 해리스Louis Harris 여론조사는 교사들의 55퍼센트가 전직轉職을 진지하게 고려하고 있다고 밝혔다. 박봉도 박봉이려니와 교사들을 대상으로 한 학생 폭력이 그 주요 원인임을 의심할 필요가 없다.[77]

예의범절 : 낙제

예의범절은 학생의 사회성 발달을 돕고 인생의 성공을 보장하는 듬직하고도 필수적인 행동 요소이다. 하지만 요즘 학교에서 공손함, 예의범절, 정중함이 존재나 하고 있는가? 학교는 이런 품행을 장려하기는커녕 오히려 무시한다. 부모들이 걱정할 수밖에 없는 증거물 1호는 바로 술 취한 선원에 매력을 느낀다든지, 야생동물의 생활방식을 동경한다든지, 거드름 피우는 이들의 예법을 모방하고, 조직폭력배에 매료되는 학생의 수가 증가하고 있다는 사실이다. 물론 개인의 성품이란 훈련을 통해 스스로 닦아나가는 것이다. 그러나 누군가 옆에서 징계하거나 혹은 격려하면서 그런 성품을 갖추도록 도와줄 필요 또한 반드시 있다. 당신은, 당신의 자녀가 이러한 품성을 함양하게 되기를 정말 바라는가?

한번은 누군가가 예법의 권위자 에밀리 포스트Emily Post에게 예의범절이란 게 아직도 중요하고 의미가 있느냐고 질문했다. 그녀는 이렇게 대답했다.

지난 세대가 예의를 중요하게 여겼다면, 우리에게도 중요합니다. … 훌륭한 예의범절이란 타인에 대한 배려에 근거하는 것이지요. 만일 모든 사람들이 "다른 사람들이 내게 해주기 바라는 대로 남에게 먼저 행하라"는 황금률을 존중하며 산다면, 결례라는 것은 세상에 존재하지 않을 것입니다. 예의범절은 우리에게 많은 유익을 줍니다. 예의범절은 안정감, 확신, 자아 존중감을 전해주기 때문입니다.[78]

학생들의 인격 성장에 필수적인 예의범절을 강화시키기 위해 가정의 부모를 도와 성심껏 노력하는 학교가 얼마나 되는지 궁금하다. 과연 학교가 이런 것에 관심이나 있을까? 하루 짬을 내어 자녀가 다니는 학교를 방문해보기 바란다. 당신 눈으로 모든 것을 확인할 수 있을 테니까.

민주주의 이상 장려 : 낙제
이제 우리 손에 들려진 상상의 성적표 마지막 항목을 살펴볼 차례이다. 펜실바니아 피츠버그에서 개최된 교육부 주최 공청회에서 어떤 초등학교 학부모회의 회장이 이렇게 증언한 적이 있었다.

아이들이 국기를 밟고 노는 건 여기서 아주 흔한 일이고, 그리 큰 문제도 아닙니다. 학교가 아이들에게 좋지 못한 국가관을 갖도록 프로그램을 짜 넣고 있는 것입니다.[79]

아이들에게 조상들이 세운 나라 미국은 이제 더 이상 아름다운 조국이 아니다. 그 대신 새로운 세계 질서가 우리 아이들의 빛나는 조국이 되고 있다. 교과서는 거드름 피우듯 으스대는 사회주의 제3세계 국가들의 사업 계획을 크게 선전하는 반면, 그들의 실패상에 대해서는 침묵한다. 이런 교과서가 자유를 사랑하는 당신 마음에 상처를 주고 있지 않은가? 이에 대해 좀 더 밀도 있게 연구하고 싶은 부모가 있다면, 자녀의 역사 교과서와 사회 교과서를 읽어보라고 권하고 싶다.

현재 미국의 학교 가운데, 14개 학교가 '어린이 세계 깃발'(Children's Global Flag)을 채택, 성조기와 나란히 그것을 게양하고 있는데 이 학교는 아이들에게 세계 정부 사상과 "어머니 지구(Mother Gaia)가 생명의 원천이다"라고 가르치는 이단 숭배 사상을 포함하는 새로운 윤리 체계를 가르치겠다는 서약서에 서명했다. 이 프로그램은 아이들에게 '국제주의자 정신'을 가르치기 위해 고안되었으며 우리 자녀들이 뉴에이지적 신神의 자손임을 교육하고 있다.[80] 당신은 애국심을 중요하게 생각하는가? 당신은, 당신 자녀가 국가와 국민에게 충성하는 시민으로 성장하기 바라는가?

진 바이스Gene Veith 교수는 미국의 학교들이 파쇼적 세뇌의 온상이 되어가고 있다고 지적했다. 그는 「현대의 파시즘」(Modern Fascism)이란 책에서 "오늘의 학교는 문자적으로, 그리고 실증적으로 파쇼주의라 말할 수밖에 없는 전제에 기초하고 있다"라고 말했다. 그는 몇 가지 흥미로운 내용을 비교했다. 예를 들어, "현실의 모든 실체가 문화적으로 구성되어 있어 권력으로 강제할 수 있다"라는 개념은 한때, 나치가 주창한 것이었는데 과거 미국 각급 학교와 대학 캠퍼스를 휩쓸었던 '정치적으로 정당한 운동' 역시 이 사상을 공유하고 있다. 제도권 교육 이론가들은 자기들에 대해 비판하는 사람들의 목소리를 잠재우려고 노력한다. 정부는 교육 개혁을 주장하는 사람들 진영을 분쇄하려는 일련의 시도로 소송, 입법, 경제적 압력, 정치적 납치 등 온갖 수단을 동원한다. 각 지역의 '교원노조' 또한 정치력을 발휘, 교육 개혁을 소리 높여 외치는 새로운 사상을 차단한다. 바이스 교수는 바로 이런 것들이 파쇼의 표지임을 확인하고 있다.[81]

그렇다면, 미국의 가장 큰 교원노조, '전미교육협회'(NEA)의 주요 슬로건에 대해 말하지 않을 수 없다. NEA는 1857년 필라델피아에서 결성되었다. 그들은 결성 당시부터 현명한 우리 조상이 주州 정부와 지방자치단체의 손에 맡겨주었던바, 국지적인 교육제도를 통합, 전국적인 교육제도 창출을 주목적으로 삼았다. 그들은 첫 번째 조직 모임에서 연방 교육부의 필요를 느꼈고, 그 목표는 지미 카터Jimmy Carter 대통령이 교육부를 구성, 교육부 책임자에게 각료 수준의 지위를 부여함으로써 달성되었다. NEA는 언제나 '정부가 소유하는, 정부가 통제하는 학교'라는 개념에 크게 매료되어 왔다.

많은 사람들은 NEA가 치밀한 계획과 은밀한 의제를 통해, 학교를 사회주의, 인본주의, 주관주의, 급진주의, 기독교 세력 진압, 전통적 가치 배제, 의도적 문맹 정책 등 비극적인 진로로 나아가도록 정교하게 조종했다고 믿고 있다. 무엇보다 한 가지 확실한 것은 그들이 지역적인 면에서나 전국적인 면에서 가공할 만한 잠재적 정치 세력을 형성하고 있다는 점이다. 그리고 더 큰 권력, 더 많은 권력을 향한 그들의 끊임없는 충동은 실로 두렵기도 하고, 놀랍기도 하다. 몇십 년 전, NEA의 한 간부는 이렇게 예견한 적이 있었다.

> NEA는 어떤 이익 집단에도 뒤떨어지지 않는 최고의 권력을 소유하게
> 될 것이다. ⋯ NEA는 교사라는 직업을 머리끝부터 발끝까지 철저하게,
> 신속하고 효율적으로 움직일 수 있는, 국내 그 어떤 조직도 감히 따라오
> 지 못할 권력을 장악한 하나의 특전부대로 조직될 것이다.[82]

유감스럽게도 이 예견은 정확히 사실이 되고 말았다. 오늘날, NEA는
미국 내에서 가장 규모가 클 뿐 아니라 가장 강력한 권력을 행사하는 노
조가 되었다. NEA 회원은 260만 명으로 '미국노동연맹', '산업조직연
맹', '공무원노조'의 회원 수보다 많다. 그들은 매년 7억 5천만 달러에
달하는 예산을 집행하고 있다. 또한 그들은 정치권의 비호 아래 폭넓은
좌익 성향 활동을 전개하고 있어 '전국착취협회' 또는 '교육마피아'라는
새 이름을 붙여주어도 무방할 정도다.

NEA가 급진적 좌익 운동의 수단으로 전락한 이후, 그들의 목적과 의
도 또한 그들이 대변하는 교사들의 그것과 근본적인 편차를 나타냈다.
NEA 소속 교사들 가운데 1천 명을 임의로 추출하여 여론조사를 실시
한 결과, NEA 본부와 노조원 교사들의 견해가 심각하게 불일치하고 있
다는 결과가 나왔다. '좀 더 나은 교육을 위한 전국평의회'의 샐리 리드
Sally Reed는 NEA에 대해 이렇게 기술하고 있다.

> NEA는 교사들의 사기를 떨어뜨리고, 가르치는 일을 더욱 어렵게 만든
> 다. 모든 교육자들의 합법적인 요구사항을 대변하기는커녕 오히려 그것

을 훼방하는 정책을 시행하고 있다. NEA는 부모의 권위를 손상시키고 더불어 가족의 유대까지 망쳐놓았다. NEA는 자칭 교사들의 이익을 대변한다고 선전하지만, 그건 정말 사실과 다르다. 간단히 말해, NEA는 노조원들의 신뢰를 배신했다. 그리고 그 과정에서 학교 교사와 공교육 자체에 대해 부정적인 태도를 보여왔다.[83]

NEA의 목표와 과도한 정치활동을 고려해보았을 때, 어째서 골리앗 같은 NEA가 아무런 제재도 없이 무사히 활동할 수 있었는지 질문하지 않을 수 없다. 어째서 핵심 세력에 의해 은밀히 조종되는 이런 강력한 교원노조가 필요한 것일까? 막강한 정치세력이 그들의 뒤를 봐주고 있는 까닭에 그들이 전국 각지 모든 학교에서 안락하게 둥지를 틀었는데, 일부 지각 있는 부모들이 그들과의 전쟁에서 이긴다고 장담할 수 있을까? 추잡한 무리의 결심은 단호하기만 하고, 그들의 목표는 너무나 분명하다. 인본주의 계열의 어느 잡지가 애독자들을 향해 다음과 같이 고한 적이 있었다.

인류의 미래를 위한 싸움을 거부할 이유가 없다. 그리고 우리는 학교 교실에서, 새로운 신앙으로 돌아선 개종자로서 자기 역할을 명확히 인식하는 교사들을 통해, 그 싸움에서 승리할 것을 확신한다. 우리는 신학자들이 모든 인간에게 내재한다고 한, 소위 '신성'神性이란 것을 인식하고, 그것을 존중하는 '인본주의'라는 새로운 종교를 믿는다. 이 교사들은 광적인 근본주의 설교자들이 그랬던 것처럼 이타적 헌신을 마다하지 않을 것이다. 왜냐하면 그들은 제단祭壇이 아닌 교탁을 앞에 둔 새로운 유형의 성직자로서 유치원이든지, 탁아소, 대학 등 어떠한 교육 수준을 막론하고 교과목을 통해 인본주의 가치를 전달할 것이기 때문이다.

교실은 옛것과 새것, 점점 쇠약하고 생기를 잃어가는 낡은 기독교(그것에 붙어 있는 고약함과 궁상까지 포함해서)와 인본주의라는 새로운 종교가 싸우는 투쟁의 장場이 되어야 하며 또 그렇게 되고 말 것이다.[84]

그들의 정체가 무엇인지, 목표가 무엇인지는 의문의 여지가 없다. 그들은 지금 전면전을 벌이고 있다. 당신의 자녀는 그들의 전리품이 되고 있다. '무엇을', '어디에서' 이런 것은 이제 문제가 되지 않는다. 그들에게는 오직 '얼마나 빨리'가 관건이다. 사태가 어떻게 이 지경이 되었는지 나는 다음 세 가지 질문을 제기하며 당신에게 답을 촉구할 수밖에 없다.

첫째, 당신은 경건한 자녀, 가족을 소중히 여기는 자녀, 조국을 소중히 하는 자녀를 양육해야 한다고 정말로 확신하고 있는가?

둘째, 당신은 자녀교육에 그들 이상 철저히 몰두함으로써, 이처럼 철저한 반기독교적 운동에 맞설 준비가 되어 있는가?

셋째, 당신은, 교육적 대안을 심각하게 고려할 준비가 되어 있는가?

결론

당신은 교육이란 미덕美德이 어떻게 이렇게까지 유린당하고 있는지 진절머리를 칠지도 모른다. 나라의 발전을 저해하고, 청소년들의 잠재력을 속박하는 학교가 메스껍게 느껴질지도 모른다. 나는 당신이 그렇게 느낀다고 믿는다. 그렇지 않았다면, 당신은 이 책을 보지 않았을 테니까. 눈가리개를 벗고 공교육의 실태를 있는 그대로 바라보는 게 중요하다. 학교는 이제 더 이상 배우고 가르치는 일을 기본적인 목표로 삼고 있지 않다. 대신에 학교는 지금 우리 아이들 마음속에 깊은 웅덩이를 파고 있다. 학교는 우리 아이들을 무식한, 규율 없는, 하나님에 반대하는, 도덕에 반대하는, 가족에 반대하는, 폭력 지향적인, 자유보다 방종을 선호하는 사람으로 훈련시키고 있다.

당신은 부모로서, 과연 자녀들에게 이런 교육을 받게 할 것인지 아니면 다른 유익한 교육을 받게 할 것인지 결단해야 한다. 우리 사회는 기독교를 믿는 경건한 부모의 결단을 시험하고, 그들의 확신에 의문을 제기하면서 그들의 신념에 최대한 흠집을 내려 애쓰고 있다. 교육이라는 전체 구도에서 '부모'와 '부모의 가치관'을 완전히 제거해야 한다고 생각하는 교육 관료들도 있다. 그런 교육 관료들은 학교에서는 아이들에게 그들(교육 관료들)이 원하는 것만 가르쳐야 하고, 어떤 일이 발생해도 학교가 부모에게 책임을 져야 하는 것은 아니라고 주장한다.

해마다 4백만에서 5백만 명의 순진한 어린이들이 유치원에 들어간다. 천진난만한 꼬마들의 눈동자는 그들이 인생을 헤쳐나가도록 도와줄 교육에 대한 기대로 초롱초롱 빛난다. 그러나 학교의 실태는 꼬마들의 기대를 실망과 좌절로 바꾼다. 현시점을 기준으로, 전국 통계 몇 가지를 소개하겠다.

- 약 일백만 명(이는 십 대 여학생 총수의 절반인데)의 여학생들이 졸업도 하기 전에 임신한다. 고등학교 3학년을 기준으로, 남학생의 72퍼센트, 여학생의 69퍼센트가 성관계를 일상처럼 경험한다.[85]

- 대부분의 아이들이 음성학 방법론 대신, '총체적 언어학습' 방법론(문맥의 흐름에 따라 단어를 읽는 방법 – 역자 주)을 배운다. 그렇기 때문에 12년의 학교 교육을 받아도 3분의 1이 기능성 문맹이 된다. 설령 제대로 읽는 법을 배운다 해도, 동성연애를 선전하는 교과서를 읽게 될 뿐이다.
- 학교는 우리의 아이들에게 진화론을 과학적 사실이라고 가르친다. 하나님께서 인간을 창조했다는 믿음을 뒷받침할 만한 좀 더 확실한 과학적 증거가 있다고 가르치는 학교는 거의 없다. 당연한 귀결로서, 학생들은 자신이 동물이며, 따라서 동물적 본성을 따르자면 무엇이든 할 수 있다고 믿게 된다.
- 학교는 아이들에게 '쓰기'를 제대로 가르치지 못한다. 고등학교를 졸업해도, 잘 쓰지 못하는 학생이 태반이며 전혀 쓰지 못하는 학생도 있다. 수학은 더욱 심각하다. 대부분의 아이들이 덧셈만 겨우 익힐 뿐, 뺄셈, 곱셈, 나눗셈을 제대로 하지 못한다.[86]
- 대부분의 아이들이 도덕적 가치가 완전히 배제된 채, 남녀 합반 교실에서 연간 180시간의 노골적인 성교육을 받는다.
- 학교는 하나님, 예수 그리스도, 기독교, 기도에 대한 언급은 꺼리지만 뉴에이지 사상, 요가, 명상, 마술, 동양종교 등은 열심히 가르친다.[87]

만일 부모들이 공교육에 성적을 매긴다면, 학교는 학문성 F, 도덕성 F, 사회화 F, 규율과 폭력 통제 F, 예의범절 F, 민주주의 이상 장려 F 등 전 과목 낙제를 면치 못했을 것이다. 스스로 조금 심하다고 판단된다면, 자신이 점수를 채점해볼 수도 있을 것이다. 아래에 학교의 기능과 활동의 면면을 제시했으니, 연필을 들고 각 항목에 점수를 매겨보기 바란다.

- 종교적, 도덕적 유산을 승인하는 것
- 세금을 내는 부모들이 학교의 '주인'임을 인정하는 것
- 부모들의 종교적 가치가 충돌하지 않도록 세심히 배려하는 것
- 교과과정 문제를 결정하는 데 부모를 참여시키는 것
- 최소한의 비용으로 높은 가치를 달성하는 것
- 부모가 그들 자녀의 삶에 가장 기본적인 도덕적 영향을 끼치도록 유도하는 것
- 학생들의 학업능력 증진을 최우선 순위로 삼는 것
- 옳고 그름에 대한 전통적, 객관적 기준을 유지하는 것
- 학생들에게 성적性的 절제를 장려하는 것
- 사회주의를 장려하기보다 자유기업 체제를 장려하는 것
- 교원노조에 가입하지 않은 교사들의 권리를 신장하는 것
- 인사 평점과 공로에 따라 교사들의 봉급을 지속적으로 올리는 것
- 문맥에 따라 대충 추측해서 읽기보다 전통적인 음성학적 방법으로 읽도록 가르치는 것
- 아이들을 실험 대상으로 취급하지 않고, 인간으로 취급하는 것
- 정치적 조종술책을 중단하고, 학문성 증진에 교육의 초점을 맞추는 것
- 표준화된 각종 경시대회에서 학생들이 높은 성적을 올리도록 교육하는 것
- 창조론을 도입하는 것
- 학생들의 인성발달 교과과정에 부모들의 적극적인 참여를 유도하는 것

당신이 채점한 결과, 점수는 어떤가? 만일 당신이 자녀를 학교에 보내고 있다면, 오늘의 학교가 일종의 교육적 프랑켄슈타인으로 탈바꿈한 것에 진저리가 난다면, 이렇게 질문해보라.

내가 내 자녀에게 바랐던 것이 과연 이런 학교인가? 아니면, 나는 좀 더 좋은 것을 바라고 있는가? 후자의 경우라면, 이 책을 덮지 말고 계속 읽기 바란다.

4장 홈스쿨링이 최선의 대안이다

홈스쿨링은 학문성, 도덕적 발달, 영적 성장, 사회성, 체력 증진 등 모든 면에서 매우 우수하다. 자녀들에게 입체적인, 직접적인 기독교 교육을 할 수 있다는 점에서 가정의 위력과 성실성을 따라올 학교는 가히 존재하지 않는다. 홈스쿨의 일대일 학습 방법론은 최고의 교수 방법론으로 공인되어 왔다.

지금까지 학교 제도의 실패상을 낱낱이 검토했으니, 이제 어째서 홈스쿨링이 최선의 대안인지 그 이유에 대해 살펴보기로 하자. 적어도 책임감 있는 부모라면, 자녀를 가르치기에 학교보다 낫다는 게 나의 기본적인 소신이다. 공교육의 실패상도 그렇거니와 최근의 연구를 통해 홈스쿨링이야말로 가장 효율적인 교육 제도라는 것이 입증되고 있기 때문이다.

책임 있는 부모라면, 자격 있다

홈스쿨링을 고려하면서도 선뜻 결정을 내리지 못하는 부모들이 가장 먼저 하는 생각은 바로 "난 자격이 없어!"라는 것이다. 교육 관료들은 가능한 한 많은 부모들이 그렇게 생각하기를 두 손 모아 빈다. 그들은 부모가 '내 자식은 내가 가르친다'라는 생각을 품게 되는 일을 진정 원하지 않는다. 대부분의 교육 관료들은 당신 자녀의 장래와 행복, 사회화를 진심으로 걱정하는 체하지만, 그것은 가장일 뿐, 사실 그들은 자신의 이익 챙기기에 급급해 한다. 교육 관료들은 홈스쿨링을 시행하는 부모들을 몹시 혐오한다. 그 이유는 주로 다음 세 가지이다.

첫째, 홈스쿨링을 효율적으로 시행하는 부모들이 학교의 부적절함과 처참한 실패상을 폭로하기 때문이다.

둘째, 홈스쿨링이 그들의 교육 독점권을 심각하게 위협하기 때문이다.

셋째, 홈스쿨링을 시행하는 부모들에게 '재학생의 수'라는 돈방석이 강탈당하기 때문이다(재학생 머릿수에 따라 정부 보조금이 지불되는 연고로).

책임감 있는 부모, 읽고 쓸 줄 아는 부모는 제 자녀를 가르칠 자격이 있다. 하나님께서 그들에게 부모로서 자녀를 교육할 책임을 주셨고, 하나님의 피조물인 어린 생명의 교육을 그들에게 위탁하셨다(신 4:9 ; 6:6-9 ; 잠 22:6). 하나님께서 부모들에게 달랑 책임만 맡겨주신 것은 아니다. 하나님은 부모들이 그 사명을 잘 감당하도록 채비를 갖추어주셨다. 하지만 부모들은 자기 능력에 대해 확신이 없다. 그도 그럴 것이, 교육 관료들이 부모들의 능력을 지속적으로 부정해왔기 때문이다. 그러나 부모는 교육 관료들이 부모에 대해 이야기하는 것보다 훨씬 더 많은 일을 수행할 능력이 있다. 인본주의 정부 관료들의 주장과 달리, 부모는 정부를 위한 출산 도구가 결코 아니다. 굳이 출산 도구라고 표현하자면, 부모는 하나님을 위한 출산 도구이다. 그들의 임무 중에는 자녀들의 전인적인 발달과 성장을 감독해야 하는 책임이 포함되어 있다.

이 대목에서 '자격 있다'는 말의 정확한 의미를 규정하는 것이 중요하겠다. 좋은 음악이 무엇이고, 좋지 않은 음악이 무엇인지에 대한 합의가 없다면, 누가 좋은 음악가이고 누가 좋지 않은 음악가인지 판단하기 어려울 것이다. 그러나 많은 교육 선전단체에서 좋은 교육이란 무엇인지 합의가 이루어지지 않은 상태에서, 좋은 교사와 좋지 않은 교사를 가려내고 있다. 극히 빈약한 논리에 근거해서 문제 있는 교사들을 사임시키려고 애쓰고 있는 것이다.

더욱이 교육자들 사이에서조차 훌륭한 교사의 요건에 대해 어떠한 보편적인 합의도 이루어지지 않은 상태이다. 학교 제도의 처참한 성적표에 기초해볼 때, 학교에 훌륭한 교사가 많다고 장담할 수 있는 교육학자는 그리 많지 않을 것으로 본다. 특히 교육자들은 교육상의 과실 혐의로 비난받을 때, 당연히 해야 할 것을 하지 않았다는 이유로 자기들에게 유죄 판결을 내리는 것은 부당하다고 말함으로써 자신을 방어한다. 왜냐하면 그 누구도 당연히 해야 할 것이 무엇인지 알 수 없기 때문이라는 것이다. 만일 이런 변론이 수용된다면, 당연히 해야 할 것이 무엇인지 알지도 못하는 이런 교육자들이 누가 그 일을 할 만한 능력이 있고, 누가 그 일을 할 만한 능력이 없는지 어떻게 판단할 수 있단 말인가? 교육자들은 '자격 있다'는 말이 교육학을 배운 교사, 교사 자격증을 소지한 교사, 정부로부터 가르칠 자격을 인증받은 교사를 의미한다고 말한다.

하지만 그들이 초래한 결과를 보라. 교육자들은 아이들을 가르치는 일이 교육대학이나 사범대학에서만 배울 수 있는 미묘한 기술과 관련되어 있다고, 이런 기술을 습득한 사람이 그렇지 못한 사람보다 훨씬 더 잘 가르칠 수 있다고 말한다. 그렇기 때문에 별도로 이런 교육을 받지 않은 사람들은 가르칠 만한 능력이 없다고 주장한다. 그러나 이는 억측일 뿐, 결코 사실이 아니다. 어떤 도시, 어떤 고등학교에서 교사를 지망하는 학생들의 영어 성적과 수학 성적을 조사한 결과, 교사 지망학생 절

반이 평균 수학 점수도 얻지 못했으며, 교사 지망학생 30퍼센트가 평균 영어 점수에 도달하지 못했다는 결과가 나왔다.[88] 특히 교사 지망학생들의 인성人性 등급은 바닥 수준이었다. 따라서 자격증만이 훌륭한 교육을 보증하는 보증수표는 아니다.

크리스천 부모가 홈스쿨링을 시행하는 부모로서 자격 요건을 갖추려면, 다음 세 가지 일반적인 요구사항을 충족해야 한다.

첫째, 읽고 쓸 줄 알아야 한다.

둘째, 가정생활을 단정하게 갈무리하고, 가르치는 과정과 배우는 과정에 전념해야 한다. 홈스쿨링을 시행하기로 결정하기 전, 부모는 그에 따른 비용을 진지하게 고려해야 한다(눅 14:28,29). 그들이 과연 홈스쿨링 과정에 깊은 관심을 가질 수 있는지, 전념할 수 있는지 정직히 판단해야 하는 것이다. 당신은 홈스쿨링에 요구되는 시간을 기꺼이 투자할 수 있어야 한다. 홈스쿨링을 위해 불필요하고 피상적인 일상 활동을 희생해야 한다. 홈스쿨링을 위해 자유시간을 기꺼이 쏟을 수 있어야 한다. 홈스쿨링은 부모에게 엄청난 시간 투자를 요구한다. 아이만 집에 남겨 두고 맞벌이 엄마 아빠가 직장에 나가는 것은 홈스쿨링이 아니다.

셋째, 자녀의 경건한 인성을 발달시키고 양육해야 할 뿐 아니라, 부모가 먼저 모범을 보여야 한다. 이것은 교육이 자녀로부터 시작되는 게 아니라, 부모로부터 시작되는 것이라는 의미이다.

만일 이 세 가지 기본적인 요건을 충족한다면, 당신은 홈스쿨링을 시행하는 부모의 자격을 갖춘 셈이다. 훌륭한 홈스쿨링 교사가 되는 데는 수년간의 전문적인 수업도, 과도하고 복잡한 훈련도 필요하지 않다. 책임감과 사랑, 읽고 쓸 줄 아는 능력, 자녀에게 기꺼이 반응하는 자상함과 일관성 있는 태도만 있으면 된다. 여기에 약간의 상상력, 상식, 몇 가지 간단한 지침을 따르고자 하는 자발성이 가미된다면 더 바랄 것이 없다.

개별지도가 가장 훌륭한 교수법이라는 데 이론을 제기하는 사람은 없을 것이다. 홈스쿨링은 자녀의 총체적 인성발달(학문적, 도덕적, 사회적, 신체적, 영적)을 도울 뿐만 아니라 이를 조화롭게 이루어나갈 수 있다. 다른 영역을 무시하면서 유독 한 영역만 강조한다면, 아이는 균형을 잃게 된다. 인간은 누구나 신체, 마음, 정신을 하나의 통일된 단위로 형성하도록 되어 있다. 이것이 바로 '전인교육'이다. 따스하고 단란한, 사랑이 넘치는 가정이라면, 이 목표를 향해 나가면서 더불어 많은 것을 달성할 수 있을 것이다.

나는 이번 장에서 아이가 모든 영역에서 그 우수성을 개발하는 데는, 하나님께 받은 책임감과 사랑, 관심으로 의욕이 고취된 부모가 홈스쿨

링을 통해 지대한 도움을 줄 수 있다는 사실을 실증함으로써 홈스쿨링
이 최선의 대안임을 입증할 것이다.

부모가 정부의 인증을 받아야 하는가?

교육계는 언제나 교사의 인증 필요성을 주장하는 정부 편이다. 그러나
인증받은 교사가 그렇지 않은 사람보다 더 잘 가르칠 수 있다든지, 아니
면 인증받지 못한 부모는 자녀를 가르칠 능력이 결여되어 있다는 사상에
관해, 교육계에서조차 그 타당성을 확증하는 제대로 된 연구조차 이루어
진 적은 없다. 오히려 그에 반하는 연구 자료가 무성하다. 그중 두 가지
연구는 교사 자격증이 부정적인 영향을 끼친다고 지적한다.[89]

수천 년간 인류의 역사를 통해, 부모는 자녀에게 지식과 기술을 물려
주어왔다. 고도로 복잡한 현대사회가 그런 '교수 방법론'에서 유래했음
은 여간 흥미로운 게 아니다. 역사를 더듬어보면, 우리가 오늘 알고 있
는바, 가르치는 일을 직업으로 하는 직업교사의 존재는 찾아보기 어렵
다. 직업교사를 위한 전문교육이 생겨난 것도 최근의 일이다. 사람들은
늘 무엇인가 가르치려면 먼저 그것을 알아야 한다고 생각했다. 더욱이
요즘 사람들은 무엇인가 가르치려면 먼저 몇 년 동안 전문교육을 받으
며 가르치는 법을 배워야 한다는 사상을 신봉한다.

내가 이렇게 말하면서 교사 자격증 소지자나 교육학위 소지자들을 경
멸한다면, 그것은 명백히 잘못이다. 마찬가지로, 오직 자기들만이 가르
치는 일을 수행할 수 있으며 그것도 아주 잘할 수 있다는 논리를 전개하
는 주제넘는 교육자들이 부모의 가치를 평가절하하거나 비난한다면, 그
것 역시 매우 잘못된 것이다.

인성교육의 이점

홈스쿨링을 시행하는 부모는 자녀들에게 그리스도인의 성품을 형성해줄 기회가 있다. 자녀에게 인내, 신뢰, 용서, 기쁨 등 어떤 영역이 부족하다는 것을 알아차리면, 부모는 즉시 자녀에게 부족한 부분을 강조하여, 그 부족함을 채울 수 있기 때문이다. 대부분의 교구학교敎區學校(학문교육과 종교적 경건교육을 목적으로 기독교 재단에서 설립한 사립학교. 설립 목적과 달리 세속화된 우리나라의 많은 미션스쿨과는 전혀 다른 개념을 가진다 - 역자 주) 관계자들도 개인의 개별적인 성품 훈련은 쉽지 않다고 말한다. 공립학교에서는 그런 것에 신경조차 쓰지 않는다[요즘 자녀들의 영어교육을 위해, 국내의 열악한 교육 환경으로부터 그들을 구제하기 위해 미국 학교로 조기 유학을 보내는 부모들이 급증하고 있다. 그러나 이 책의 저자가 지적하다시피, 미국 학교(공립, 사립을 막론하고)의 실태와 갖가지 영역에서의 실패상을 고려한다면, 자녀의 장래를 위해 과연 조기유학이 바람직한 대안인지 생각해볼 점이 많다고 사료된다 - 역자 주]. 그 결과, 유년기의 사소한 성격 결함이 나중에는 인생의 중대한 문제로 비화되기도 한다. 그러나 가정에서 교육받는 아이들의 인성발달은 매우 순탄하다. 홈스쿨링을 시행하는 부모는 자녀가 그리스도인의 성품을 발달시키고 형성하게끔, 매일매일 지속적으로 도울 수 있다.

홈스쿨링의 영적 유익

인성발달과 밀접한 연관이 있는 홈스쿨링의 또 다른 이점이 있다. 그것은 기독교적 교훈을 전수할 수 있다는 점이다. 영적 가르침은 홈스쿨링을 시행하는 부모에게 힘과 교육의 효율성을 더해준다. 예외적인 경우도 있겠으나 대부분의 부모는 종교적인 이유로 홈스쿨링을 시행한다. 홈스쿨링을 시행하는 부모의 80퍼센트 이상이 기독교인인 까닭이 바로 그 때문이다.

홈스쿨링은 자녀들의 영적 깊이를 심화시키고, 그들의 영적인 눈을 뜨게 한다는 특별한 장점이 있다. 당신은 당신 자녀가 영적으로 무엇을 배우고 있는지 직접 확인할 수 있다. 그러나 자녀를 학교에 보낼 경우, 아이가 학교에서 대체 무엇을 배우고 무엇을 배우지 못하는지 확인할 도리가 없다. 홈스쿨을 시행하는 부모는 자녀의 영적 상태에 대해 잘 알 수 있고, 그것에 딱 맞도록 영적인 교훈을 재단할 수 있다. 이렇게 하면, 가르치는 부모나 배우는 자녀 모두 서로 영적으로 성장하고 있음을 경험하게 된다.

아이들은 주로 본보기를 통해 배운다. 주변 사람들의 영적 행동을 따라 하는 것이다. 만일 아이들 주변에 친구들이 있다면, 그들은 친구들을 영적인 본보기로 삼는다. 또 아이들 주변에 부모가 있다면, 그들은 제 부모를 영적인 본보기로 삼는다. 어떤 아이가 제 부모와 함께 성경을 읽고, 기도하고, 기쁜 일과 문제를 함께 나누고 있다면, 이런 환경은 매우 역동적인, 말로 다 설명할 수 없는 독특한 영적 유대관계로 결속될 것이다. 같이 기도하는 가족은 인생의 희로애락을 함께한다. 홈스쿨링은 자녀의 영적인 깊이를 더하고, 깨달음을 심화시키는 기회를 제공한다.

자녀교육에 관해, 하나님께서 부모에게 위탁한 가장 중요한 교육영역이 바로 '영적 훈련'이다. 이것이 홈스쿨링의 첫째가는 우선순위이다. 다른 것은 모두 이 영적 훈련 영역 다음이다. 어떻게 어린이가 현명해질 수 있을까? 성경은 "여호와를 경외하는 것이 지혜의 근본이요"(잠 9:10)

라고 분명히 밝히고 있다. 그런데 '여호와를 경외하는 것'이 거저 되는 것은 아니다. 그것은 부모가 하나님 말씀 가르치는 일을 최우선순위에 둘 때 비로소 가능하다. 16세기의 위대한 종교개혁가 마르틴 루터Martin Luther는 다음과 같이 분명히 말했다.

> 만일 학교가 하나님 말씀 연구에 성실한 자세로 전력하지 않으면, 어린 이들의 마음에 하나님 말씀을 깊이 새겨놓지 않으면, 그것은 지옥으로 향하는 대문이 될지 모른다. 정말로 그렇게 될까 심히 두렵다.
> 만민에게 엄중히 권하건대, 성경이 최고의 권위를 나타내지 않는 곳에 당신의 자녀를 가게 하지 말라! 하나님 말씀에 전념치 않는 모든 제도는 반드시 부패하고 말 것이다.[90]

예일 대학 총장을 역임했던 티모시 드와이트Timothy Dwight 박사는 자녀들의 교육에 대해 이렇게 말했다.

> 신앙 없는 사람들에게 우리 자녀를 맡기는 것은 어린양을 늑대에게 맡기는 것과 다를 바 없다.[91]

현명하게도, 마르틴 루터와 티모시 드와이트 모두 교육계에서 기독교의 영향력이 상실되었을 때의 위험을 예견했다. 학교는 기도와 성경을 퇴출시켰고, 그 자리에 불신앙, 반항, 악행의 씨앗을 심었다. 만일 부모가 루터와 드와이트의 경고를 진지하게 받아들인다면, "내 자녀는 지금 성실히 하나님 말씀을 배우고 있는지, 내 자녀의 심령에 말씀의 씨앗이 뿌려져, 잘 가꾸어지고 있는지" 질문해야 할 것이다. 성경은 이렇게 말하고 있다.

"누가 철학과 헛된 속임수로 너희를 사로잡을까 주의하라 이것은 사람의 전통과 세상의 초등학문을 따름이요 그리스도를 따름이 아니니라"(골 2:8).

"그리스도의 말씀이 너희 속에 풍성히 거하여 모든 지혜로 피차 가르치며 권면하고 시와 찬송과 신령한 노래를 부르며 감사하는 마음으로 하나님을 찬양하고"(골 3:16).

이처럼 성경은 자녀를 영적으로 훈련시킬 책임이 부모에게 있다는 사실에 확고한 입장을 보이고 있다.

이 밖에도 많은 성경구절들이 하나님 말씀을 심령 속에 새겨야 하는 이유와 그럴 때 나타나는 놀라운 능력에 대해 권고한다. 그 가운데 몇 구절을 살펴보겠다.

- "그러므로 누구든지 나의 이 말을 듣고 행하는 자는 그 집을 반석 위에 지은 지혜로운 사람 같으리니 비가 내리고 창수가 나고 바람이 불어 그 집에 부딪치되 무너지지 아니하나니 이는 주추를 반석 위에 놓은 까닭이요 나의 이 말을 듣고 행하지 아니하는 자는 그 집을 모래 위에 지은 어리석은 사람 같으리니 비가 내리고 창수가 나고 바람이 불어 그 집에 부딪치매 무너져 그 무너짐이 심하니라"(마 7:24-27).
- "모든 성경은 하나님의 감동으로 된 것으로 교훈과 책망과 바르게 함과 의로 교육하기에 유익하니 이는 하나님의 사람으로 온전하게 하며 모든 선한 일을 행할 능력을 갖추게 하려 함이라"(딤후 3:16-17).

• "그러므로 모든 육체는 풀과 같고 그 모든 영광은 풀의 꽃과 같으니 풀은 마르고 꽃은 떨어지되 오직 주의 말씀은 세세토록 있도다 하였으니 너희에게 전한 복음이 곧 이 말씀이니라"(벧전 1:24-25).

만일 어떤 부모가 이토록 중대한 사명을 남의 손에 위탁한 채, 거기에 관심도 갖지 않고, 감독도 하지 않고, 참여도 하지 않고, 책임도 지지 않는다면, 그는 분명 자녀에게 하나님 말씀을 가르쳐야 한다는 이 중대한 사명을 태만히 하는 것이리라.

당신은 이처럼 중대한 일을 남의 손에 맡기고 나 몰라라 할 수 있겠는가? 하나님이 보시기에, 이 일에 궁극적인 책임이 있는 사람, 이 일이 잘 수행되고 있는지 감독해야 하는 사람은 바로 부모이다. 홈스쿨링이 귀중한 평가를 받을 수밖에 없는 여러 이유 중 하나가 바로 이 때문이다. 당신 자녀가 무엇을 배우는지, 얼마나 잘 배우고 있는지 정확히 확인할 수 있는 사람은 오직 당신뿐이다.

학문적 우수성

미국과 캐나다를 중심으로 실행된 일련의 연구에서 홈스쿨링이 학교 교육보다 더 효율적이며 학문적으로도 우수하다는 것이 증명되었다.[92] 그러나 홈스쿨링에 대한 비난의 목소리 또한 여전하다. 교육 관계자들은 홈스쿨링이 일반적으로 용인된 학문적 표준에도 도달하지 못한다고 계속 비난한다. 하지만 그들은 이런 주장을 뒷받침할 만한 명백한 증거를 제시하지 못하고 있다. 그렇다면 우리가 갖고 있는 증거를 제시해보겠다.

80여 회 이상의 연구를 통계적으로 분석한 결과, '표준 학업성취도 평가'를 기준으로, 집에서 개별교습을 받은 아이의 평균 점수가 학교에서 배운 아이의 평균보다 무려 30점이 높다는 결과가 나왔다.[93] 국제적으로 신뢰성을 인정받고 있는 교육연구 기관인 '휴위트 연구재단'(Hewitt Research Foundation)에서 미국 전역 수천 명의 홈스쿨 자녀들을 대상으로 조사한 결과, 그들 다수가 '스탠포드 학업성취도 평가'(Stanford Achievement Test : 'SAT-9 테스트'라고 일컫기도 함. 초등학교 2학년부터 고등학교 2학년까지의 학생들을 대상으로 한 전국학력평가시험으로서 매년 실시된다 - 역자 주)와 아이오와 학업성취도 평가에서 상위 25퍼센트 이내에 들어, 홈스쿨러들의 성적이 다른 학생들에 비해 한결같이 높다는 것을 발견할 수 있다. 더욱이 이 아이들은 대부분 고졸 학력의 부모에게 배웠다.[94]

개인 교습과 기타 교육 서비스를 주 업무로 하는 다른 기관에서도 다양한 사회 경제적, 인종적 배경을 지닌 2천 명의 홈스쿨 자녀들을 대상으로 조사한 결과, 그들 다수가 태도와 의욕 면에서 학문적으로 진보를 이루고 있으며 성적도 꾸준히 향상되고 있음을 발견했다. 특별히 홈스쿨 자녀들은 언어와 읽기 영역에서 두각을 나타냈다.[95] 한번은 '아이오와 기초 능력 테스트'(Iowa Basic Skills Test) 프로그램에 기초하여, 전국 규모의 학력 평가를 시행한 적이 있었는데, 전국 50개 주 초등학교 1학년부터 고등학교 3학년에 이르기까지 1만6천 명의 홈스쿨링 자녀들이 이에 응시했다. '리버사이드 출판사'는 브라이언 레이Brian Ray 박사에게 그 결과 분석을 의뢰했다. 레이 박사는 홈스쿨러들의 평균 점수가 상위 21퍼센트 이내였다고 밝혔다. 홈스쿨러들의 읽기 평균 점수는 상위

23퍼센트 이내였다. 이는 홈스쿨러들이 전국적으로 그 시험에 응시한 나머지 77퍼센트의 다른 학생들에 비해 읽기 능력이 우수하다는 의미이다. 홈스쿨 자녀들의 언어, 수학 평균 점수는 상위 27퍼센트였다. 이역시 그들이 언어와 수학 과목에서 나머지 73퍼센트의 학생들보다 뛰어나다는 것을 뜻한다. 특히 주목할 것은 홈스쿨링 자녀의 54.7퍼센트가 상위 25퍼센트 이내에 진입했다는 점이다. 전체 응시자 비율을 감안해볼 때, 이는 학교 교육을 받은 학생들 수의 두 배가 넘는 숫자이다.[96)]

또 '전미교육연구소'(National Education Research Institute)는 2,163명의 홈스쿨 자녀들을 대상으로 한 연구에서, 「홈스쿨링에 대한 연구 : 홈스쿨링 가정의 특징, 법률적 문제, 학업성취도」라는 제목의 보고서를 제출한 바 있다. 이 보고서는 홈스쿨 자녀들의 평균 점수가 모든 영역에서 상위 20퍼센트를 상회했다고 보고하고 있다. 이 말은 결국 전국 모든 학생들 가운데 80퍼센트가 홈스쿨 자녀들보다 공부를 못 한다는 의미이다. 홈스쿨 자녀들의 전국 평균 점수는 읽기 84점, 언어 80점, 수학 81점, 과학 84점, 사회 83점에 달했다. 이 연구에서 더욱 흥미로운 점은 홈스쿨을 실시하는 가정의 어머니(그들이야말로 진정 교사라 할 수 있는데) 가운데, 정부에서 인증한 교사 자격증을 소지하고 있는 사람은 단지 13퍼센트에 불과했다.[97)] '홈스쿨의 법적 옹호를 위한 연대'와 'ETS'(Educational Test Service : SAT, 토플 등 각종 시험문제를 출제하는 전문 단체 - 역자 주) 가 공동으로 전국 규모의 연구를 실시한 적도 있었다. 스탠포드 학업성취도 평가의 엄격한 지침에 따라 전국 50개 주 5,124명의 홈스쿨러들을 대상으로 실시한 이 시험에서 홈스쿨러들의 평균 점수가 다른 또래 학생들의 평균 점수에 비해 적게는 18점, 많게는 28점이나 높게 나타났다.[98)]

전국 각지의 학업성취도 평가

전국 규모로 실시된 한 학업성취도 평가에서 워싱턴주 3,634명의 홈스쿨 자녀들이 응시하여 전원 상위 30퍼센트 이내에 진입, 홈스쿨러들이 학교에 다니는 다른 학생들보다 공부를 훨씬 더 잘한다는 사실을 입증했다.[99]

'전국가정교육센터'는 이 평가에서 사우스캐롤라이나 지역의 홈스쿨 자녀들이 획득한 점수를 분석했는데, 홈스쿨 자녀들의 평균 점수가 학교에 다니는 다른 학생들의 점수보다 약 30점 이상 높았다. 이는 사우스캐롤라이나 지역의 SAT 점수가 전국 최하위를 맴돌고 있는 상황에서 매우 고무적인 일이었다. 또한 홈스쿨 자녀들은 '학년 수준' 도달 지표 차원에서도 가장 폭넓게 인정받고 있다. 일반적으로 학교에 다니는 아이들의 경우, 제 학년에 걸맞은 수준에 도달한 학생의 비율은 기껏해야 50퍼센트 정도에 불과하다. 다시 말해서, 중학교 3학년 가운데 실제 학력이 중학교 3학년 수준에 도달한 학생이 절반에 지나지 않는다는 말이다. 나머지 절반은 학년 평균에도 미치지 못한다는 것이다. 그러나 홈스쿨 자녀들은 92퍼센트가 읽기와 수학에서 학년 평균에 도달해 있었다.[100]

오레곤주 교육부와 테네시주 교육부는 홈스쿨 자녀들이 총괄 학력평가 테스트에서 평균 이상의 높은 점수를 나타냈다고 발표했다. 앨라배마 주의 한 연구에도 홈스쿨 자녀들이 SAT의 모든 영역에서 학년 수준 이상의 성적을 거두고 있다고 보고했다. 특히 홈스쿨링 자녀 가운데 초등학교 2학년 학생들은 다른 학생들에 비해 읽기가 탁월했다. 알래스카의 홈스쿨 자녀들은 전국 규모로 실시된 캘리포니아 학업성취도 평가에서 수학, 읽기, 언어, 과학의 과목에서 우수한 성적을 거뒀다. 알래스카 주에서 실시하는 우편 학습을 통해 집에서 교육받은 홈스쿨러들 또한 성취도 평가에서 학교에 다니는 학생들보다 좋은 성적이 나왔다.[101]

홈스쿨러들의 학문적 우수성을 입증하는 몇 가지 구체적인 사례를 더 들어보겠다. 한번은 뉴욕주 교육부 관계자가 서부 지역에서 홈스쿨을 시행하고 있는 다섯 명의 부모들에게 도전장을 낸 적이 있었다. 부모들은 그의 도전에 흔쾌히 응하여, 스탠포드 학업성취도 평가에 자녀들을 응시시키는 데 동의했다. 전국 평균 50점이 나온 반면, 다섯 가정의 일곱 명 자녀들은 모두 평균 90점 이상을 획득했다.[102]

네브래스카에 사는 고졸 학력의 어느 학부모는 자기 딸이 중학교에 진학하지 못하고 낙제하자, 그때부터 집에서 가르치기 시작했다. 처음에는 하루 한두 시간씩 가르치다가 점차 남는 시간을 모두 가르치는 데 할애했다. 9개월 후, 딸의 실력은 중학교 3학년 수준에 도달했다.[103]

펜실바니아의 한 학부모는 기막힌 일을 경험했다. 그들은 딸을 집에서 가르치려 했으나, 교육청이 이를 허락해주지 않았다. 그들의 딸이 학습 장애아이기 때문에 특수교육 기관에서 가르쳐야 한다는 것이 이유였다. 그러나 그들은 계속 투쟁했고, 마침내 홈스쿨링을 할 수 있게 되었다. 3년 후, 학습 장애라던 딸은 주州에서 주관하는 학업성취도 평가에 응시했다. 그런데 이번에도 주 당국은 더 이상 홈스쿨링을 실시하지 말라고 명령했다. 그 아이가 특별히 공부를 잘하기 때문에 집에서 교육할 경우, 장래가 불투명하다는 것이 그 이유였다.[104]

그 외에 많은 연구에서 홈스쿨링 환경에서 교과과정 이수 능력이 촉진된다는 것을 실증하는 예가 나타났다. 또한 아이들이 집에서 배우는 기간이 길면 길수록 성취도 평가에서 더 높은 성적을 나타냈다. 샌 안토니오 지역의 경우, '코너스톤 크리스천 아카데미'(Cornerstone Christian Academy, 홈스쿨링 가정을 돕는 민간단체 - 역자 주)의 도움 으로 약 9개월간 집에서 공부한 아이들이 전국 규모의 학업성취도 평가 에서 상위 21퍼센트에 진입했고, 5년 이상 집에서 공부한 아이들은 상 위 10퍼센트에 진입했다.[105]

정부의 인증을 받지 않은, 교사 자격증도 없는 부모로부터 배운 학생 들에게 이런 괄목할 만한 결과가 나오고 있는 것이다. 홈스쿨을 시행하 고 있는 부모 가운데 교사 자격증을 소지하고 있는 사람은 전체의 1~2 퍼센트 미만이다.[106] 홈스쿨을 시행하는 지각 있는 부모들은 한마디로 "교사 자격증이 곧 성공적인 교육으로 이어진다"라는 오래된 양동이에 구멍을 내고 있다. 또한 몇몇 연구를 통해 홈스쿨 부모의 최종 학력이 자녀의 학업 능력에 실질적으로 영향을 끼치지 않는다는 사실을 입증하 고 있다. 전국 학업성취도 평가 성적을 기준으로 했을 때, 고졸 학력의 부모에게 배운 자녀와 대졸 이상 학력의 부모에게 배운 자녀의 성적이 별 차이 없이 대등하게 나타났다.[107] 집에서 교육받는 자녀의 학력 증진 을 위한 필수 요소는 부모의 학력이나 교사 자격증이 아니라 자녀에게 필요한 것을 가르치겠다는 헌신적인 부모의 결연한 의지이다.

홈스쿨러들을 수용하는 대학

집에서 부모에게 배운 아이들도 대학에 진학하는 데 아무런 문제가 없다(우리나라의 경우에도 홈스쿨을 통해 교육받은 자녀들의 대학진학이 특별히 어렵지는 않다. 부모가 고3 수준의 학습 내용을 자녀에게 가르칠 만한 능력이 있느냐는 문제를 별도로 한다면, 고졸 학력은 검정고시를 통해 취득하고, 수능시험을 치르면 대학에 진학할 수 있다. 일례로, 최근 검정고시 출신의 12세 소녀가 수능시험을 통과한 적이 있었다. 그 아이가 홈스쿨링으로 교육받은 사실이 밝혀져 화제가 되기도 했다. 미국의 경우에는 검정고시 제도가 없다. 하지만 거의 모든 대학이 고교내신과 SAT, ACT 등 수학 능력시험 성적을 입학사정에 반영하고 있다 - 역자 주). 사실 학교에서 배운 아이들보다 가정에서 배운 아이들이 대학에 진학하기가 훨씬 수월하다.[108] 집에서 배운 아이들 가운데 최소한 열 명 이상이 해마다 하버드에 진학하고 있다.[109] 내가 조사한 바에 따르면, 미국 대학 가운데 집에서 교육받은 아이들을 받아주는 곳이 200여 곳이 넘는다. 미처 조사하지 못한 곳까지 합하면, 그 수는 훨씬 더 많으리라 생각된다.

이상에서 밝힌 바와 같이, 집에서 교육받은 아이들이 신빙성 있는 각종 시험에서 평균을 상회하는 점수를 획득하는 등, 분명 학력 우수성을 나타내고 있다. 대부분의 크리스천 부모들이 단지 학업성취도를 이유로 홈스쿨링을 꺼리고 있는데 그렇다면, 이런 자료가 그 의혹을 불식시켜주리라 믿는다. 책임감 있는 부모라면, 자기 자녀가 읽을 줄도 모르고 쓸 줄도 모르고, 형편없는 성적만 받아오는 무식한 아이가 되기를 바라지는 않을 것이다. 부모라면 누구나 자기 자녀가 읽고 쓸 줄 알고, 셈할 줄 알고, 추론할 줄 알고, 정확한 가치판단을 내릴 줄 알게 되기를 바랄 것이다. 바로 그렇기 때문에 수많은 부모가 홈스쿨링이라는 방법을 통해, 높은 학업성취도 달성을 위한 만족스러운 발걸음을 떼는 것이다.

도덕적 우수성

홈스쿨링을 시행하는 부모들은 여러 가지 복합적인 이유를 가지고 있다. 그러나 자녀의 도덕적 우수성을 바라는 마음이 무엇보다 간절할 것이다. 미시간의 앤드류 대학 구나 구스타프슨Gunnar Gustavsen 교수가 221개의 홈스쿨링 가정을 대상으로 여론조사를 실시한 적이 있었다. 이 조사에서, 아이들을 학교에 보내지 않는 이유가 무엇이냐는 질문에 대부분의 부모가 "자녀의 인성발달과 도덕적 건강에 대한 관심, 학교가 조장하는 경쟁심, 폭력, 조롱, 공교육의 실패상 때문이다"라고 답했다.[110] 지각 있는 부모는 자녀의 마음과 영혼이 부도덕한 쓰레기로 채워지기를 바라지 않는다. 그러나 자녀를 학교에 보내는 한, 부모가 자녀의 도덕적 가치 형성을 전적으로 책임질 수 없다는 것은 피할 수 없는 사실이다.

기독교 가정교육자들은 자녀의 도덕적 우수성을 목표로 삼는다. 그들은 말과 행동으로 도덕을 가르칠 수 있다는 것을 잘 알고 있다. 부모가 진실한 것, 명예로운 것, 옳은 것, 순전한 것, 정직한 것, 존경받을 만한 것, 선한 것을 교육하고 강화하여 자녀들에게 도덕적 성품을 전수할 수 있는 것이다. 자녀들의 도덕교육을 책임져야 할 당사자는 교육 관계자도, 정부도 아닌 바로 부모이다. 하나님 말씀이 이를 뒷받침하고 있다 (엡 6:1 참조). 부모가 세심한 배려와 단호한 의지로 전통적 가치와 태도, 신념 등을 자녀에게 고취시킬 때, 자녀는 거기서 도덕을 배운다. 기독교 교육자들은 하나님 말씀을 암송하는 방법과 말씀을 실생활에서 실증하는 방법을 통해, 하나님의 법도(십계명에 잘 요약되어 있는바)가 자녀들의 삶에 스며들도록 하여 자녀들의 도덕적 우수성을 길러줄 수 있다고 말한다. 기독교 교육자들은 도덕적 가치와 성경이 제시하는 삶의 원칙으로 매일매일 자녀들에게 잔치를 배설해줄 수 있다.

학교 교사가 학생들을 꾀어, 절대적 가치를 지닌 도덕이란 존재하지 않는다고 믿게 할 때, 도덕은 타락한다. 교사들은 종종 도덕적으로 "중립을 지킨다"라고 말한다. 그러면서 학생들에게 절대적 도덕 가치란 존재하지 않으며, 인생의 결정은 전부 '상대적'이라고 가르친다. 피자 가게에서 피자를 고르듯, 제 마음에 맞는 도덕 가치를 선택하라고 조장한다. 그러나 도덕은 좀처럼 알 수 없고, 모호한, 이것도 저것도 아닌 암울한 실체가 결코 아니다. '도덕'은 그 정체가 분명하다. 옳다 그르다, 희다 검다, 하나님을 기쁘게 하느냐 인간을 기쁘게 하느냐를 선명하게 따질 수 있다. 그러나 교사가 학생들에게 모든 판단의 근거이자 기초가 되는 원칙과 가치가 빠져버린 도덕을 가르칠 때, 과연 어떤 결과가 초래될까? 성경의 도덕을 훼손시켜 도덕적 진공상태를 만들어내는 결과가 나올 수밖에 없지 않을까? 그러면 학생들은 도덕적 진공상태에 홀로 버려진 채, 제 눈앞에 보이는 동료들의 도덕 가치를 흡수하게 되는 것이다.

웹스터 사전은 도덕을 "올바른 행위라는 이상理想에 순응하는 것"이라고 정의한다.[111] 그런데 '올바른'이란 과연 무엇일까? '올바르다'는 것은 일련의 가치체계와 원칙에 근거할 수밖에 없다. 성경은 절대적 도덕 가치가 존재한다고 분명히 진술하고 있다(로마서 1장 참조). 전통적 기독교 도덕은 성경에 기초하고 있다. 부모가 자녀들에게 그렇게 가르칠 때, 그들이 도덕적으로 건전한 성품을 개발할 것이고, 말씀의 토대 위에 견고히 선 가치를 발전시킬 것이다. 이것이 바로 부모가 할 일이다. 성경은 부모들에게 말한다.

"마땅히 행할 길을 아이에게 가르치라 그리하면 늙어도 그것을 떠나지 아니하리라"(잠 22:6).

가정교육자들은 자녀들이 어렸을 때, 그들의 영靈과 도덕적 성품이 자라고 있을 때, 그들에게 도덕을 가르치는 것이 얼마나 중요한지 잘 알고 있다. 부모는 자녀에게 사악한 행동을 부추기는 유혹을 뿌리치는 방법을 가르칠 수 있다. 집에서 교육받는 자녀들은 어렸을 때부터 "안돼!", "그건 옳지 않아!"라고 말하는 법을 배운다. 마찬가지로 하나님을 기쁘시게 하는 일에 대해서 "맞아!", "그래!"라고 말하는 법도 배운다. 이처럼 심령 깊은 곳에 굳건한 가치를 품고 있는 자녀들의 갑옷은 더욱 견고해질 것이요, 그들의 성채城砦는 부도덕한 공격을 잘 견뎌낼 수 있을 것이다. 당신이 당신의 자녀에게 원하는 것이 바로 이것 아닌가?

긍정적인 사회화가 올바른 사회화이다

또 하나, 집에서 교육받는 아이들이 두각을 나타내는 점이 바로 사회성이다. 사회성, 사회화는 홈스쿨링을 시행하는 부모들이 부당하게 비난받아온 대표적인 영역이다. 홈스쿨링은 사회로부터 격리된, 편집증에 가까운 수재 혹은 영재를 길러내기 위한 기이한 교수법이 결코 아니다. 홈스쿨링은 자녀들을 집에 감금해두거나 격리 수용하는 식이 결코 아니다. 홈스쿨링을 비난하는 사람들은 매우 통속적인, 그러나 그릇된 개념을 가지고 있다. 사실 집에서 교육받는 아이들이야말로 훌륭하게 사회화될 만한 최적의 환경을 갖추고 있다.

사회화에는 긍정적 사회화와 부정적 사회화라는 두 가지 유형이 있다. 긍정적 사회화는 어린이의 잠재력을 충분히 발달시키며 성장하도록 돕는 것이다. 사랑이 넘치고 온화한 환경 속에서 인격을 개발하며 성장한 어린이는 훌륭하게 사회화된다.

홈스쿨링을 통해 교육받는 아이가 사회화되는 과정은 학교에 다니는 아이의 변질된 사회화 과정과 달라서, 또래집단으로만 한정되지 않는다. 반면 부정적 사회화란 자녀를 그 부모에게서 떼어내어 또래집단의 범위로 아이의 사회화 범위를 한정하는 것을 말한다. 이 경우 다양한 연령과 자연스럽게 조화를 이룰 수 있는 사교적 능력에 장기적으로 나쁜 영향을 입는다.

집에서 교육받는 아이들은 학교의 또래집단에서 성행하는 따돌리기나 속물근성이 배제된 그들만의 사회화 과정을 선호하게 된다. 그들은 다양한 연령층, 다양한 유형의 사람들과 폭넓게 교제한다. 이것이 그들에게 다양한 상황에 훌륭하게 대처할 수 있는 능력을 길러준다.

집에서 교육받는 아이는 고립되지 않는다

집에서 교육받는 아이는 제 부모의 가치와 사회성을 폭넓게 수용한다. 그들은 단지 부모와 많은 시간을 보내는 데서 그치지 않는다. 교회 활동, 각종 봉사활동, 연구여행, 음악 미술 등의 예능활동, 지역사회 활동, 스포츠, 찬양대, YMCA, 4H클럽 등을 통해 수많은 사람들과 교제한다. 따라서 집에서 교육받는 아이가 사회적으로 고립된다거나, 사회화에 문제가 있다는 말은 사실이 아니다. 그들은 다만, 학교 또래집단으로 한정된 획일적 사회화를 거부하고, 선별적 사회화를 선택했을 뿐이다.

집에서 교육받는 아이는 홈스쿨링을 후원하는 갖가지 단체와 기관에서 주최하는 다양한 활동에 참여함으로써 선별적 사회화를 수행할 수 있다. 현재 미국 전역에는 약 3~4천 개의 조직이 연계되어, 홈스쿨링을 지원하고(우리나라의 경우, 홈스쿨러들의 수가 비공식적으로 약 3천 가정에서 4천 가정에 이르는 것으로 추정, 다른 나라에 비해 그 규모가 작다. 홈스쿨을 지원하는 단체나 홈스쿨 부모의 공동 모임 등이 다수 결성되어 활동하고 있으나 주로 서울, 경기권에 분포되어 있다 - 발행인 주) 있는 것으로 알려져 있다. 이런 후원 단체들은 연구여행, 각종 운동 경기, 외국어 경진대회, 수학·과학 경시대회 등 훌륭한 프로그램을 제공한다. 홈스쿨을 시행하는 부모나 자녀는 이런 프로그램에 자발적으로 참여할 수 있다.

시애틀 대학의 연구원 린다 몽고메리Linda Montgomery는 일련의 연구를 통해, 10세에서 19세까지 집에서 교육받는 아이들이 학교에서 교육받는 아이들과 마찬가지로 음악교습, 무용강습, 보이스카우트, 걸스카우트, 4H 활동 등에 활발하게 참여하고 있는 것을 발견했다. 또한 집에서 교육받는 아이들이 학교에서 교육받는 아이들보다 리더십이 훨씬 더 뛰어나다는 점도 발견했다.[112]

워싱턴주의 홈스쿨링 연구기관에서 여론조사를 실시한 결과, 홈스쿨을 시행하는 가정의 학생 절반 이상이 한 달에 20~30시간 정도 지역사회 활동과 자원봉사 활동을 하며 보낸다고 알려졌다. 한 달에 30시간 이상 사회활동과 봉사활동을 한다는 가정도 40퍼센트에 달했다.[113] 그렇다. 아이를 집에서 가르친다고 그 아이가 사회로부터 완전히 고립되는 것은 결코 아니다. 오히려 그들은 사회에서 효율적으로 살아가는 법을 더 잘 배우고 있다.

홈스쿨링의 성공적인 사회화를 입증하는 연구

결혼문제와 가정문제 치료, 정신건강 상담을 주목적으로 하는 '플로리다 사회복지 위원회' 대표 래리 샤이어즈Larry Shyers 박사가 일련의 연구에서, 8세에서 10세까지 홈스쿨링을 통해 교육받는 아이들(이 아이들은 한 번도 학교에 다닌 적이 없다)과 학교에 다니는 아이들(이 아이들은 한 번도 홈스쿨링 식의 교육을 받은 적이 없다)의 행동과 사회성 발달을 비교 연구한 적이 있었다. 연구 결과 그는 두 유형의 어린이가 사회적으로 적응하는 데 자아상, 행동, 단호함 등 세 가지 영역에서 주요 역할을 수행한다는 점을 발견했다. 그는 집에서 교육받은 아이들의 사회성이 학교에 다니는 아이들의 사회성에 결코 뒤지지 않는다고 말했다.

특히 주목할 것은 어린이 행동 분석을 위한 직접적인 관찰 양식을 사용한 결과, 집에서 교육받은 아이들의 행동발달에는 아무런 문제가 없는 반면 학교에 다니는 아이들은 한결같이 공격적이고, 경쟁적이고, 다소 산만한 경향을 보였다는 것이다. 샤이어즈 박사는 학교에 다니는 애들이 또래집단의 행동 양식을 모방하는 반면, 집에서 교육받는 아이들은 부모의 행동양식을 모방하기 때문에 이런 상반된 결과가 나왔다고 주장했다.[114) 박사는 연구보고 논문을 이렇게 결론지었다.

> 형제, 자매, 부모를 제외한 동료들과의 형식적인 접촉으로는 적절한 사회화 기술이 발달되지 않는다. 이런 결과는 홈스쿨링을 주장하는 사람들의 신념을 뒷받침하고 있다.[115)

버지니아 래드포드Radford 대학의 토머스 스메들리Thomas Smedley가

「집에서 교육받는 아이들의 사회화」라는 제목으로 석사학위 논문을 제출한 바 있다. 스메들리는 어린이의 사회적 성숙도를 측정하기 위한 '바인랜드 적응행동 척도'(Vineland Adaptive Behavior Scales)를 사용, 집에서 교육받는 아이와 학교에서 교육받는 아이의 의사소통 기술, 사회화 기술, 일상생활 기술을 평가했다. 어린이들의 점수는 개별 주제에 따른 일반적 성숙도를 반영하는 구성요소와 결합되었다. 그 결과, 집에서 교육받는 아이들은 84점, 학교에서 교육받는 아이들은 27점을 기록했다. 이 수치는 집에서 교육받는 아이들이 학교에서 교육받는 아이들보다 더 훌륭하게 사회화되었으며 더 성숙하다는 것을 암시한다.[116]

앤드류 대학의 존 웨슬리 테일러John Wesley Taylor 박사는 광범위한 연구를 통해, 집에서 교육받는 아이들의 사회화 정도가 더 우수하다고 결론 내렸다. 어린이의 자아상을 평가하는 데 신뢰성을 공인받고 있는 '피어스 해리스 어린이 자아상 척도'에 근거하여, 학교에 다니는 아이들과 홈스쿨러들 가운데 임의로 4만5천 명을 표본 추출하여 조사한 결과, 집에서 교육받는 아이들의 절반 이상이 상위 9퍼센트 이내에 든다는 것을 발견했다. 이것은 학교에 다니는 아이들의 평균 수치를 41퍼센트 이상 상회하는 점수였다. 집에서 교육받는 아이들 가운데 평균에 못 미친 비율은 10퍼센트도 채 되지 않았다. 어린이의 자아상이 긍정적 사회화를 달성하는 기본적인 원동력임을 감안할 때, 이 결과는 집에서 교육받는 아이들의 사회화 정도가 학교에 다니는 아이들보다 열등하다는 회의를 불식시켜줄 만하다.[117]

긍정적인 사회화는 아이들에게 장기적인 영향을 끼친다. 홈스쿨을 통해 교육받은 성인들을 대상으로 실시한 한 연구에서, 조사 대상자 가운데 실업자나 사회복지 기금으로 생계를 이어가는 사람이 하나도 없다는 결과가 나왔다. 94퍼센트는 독립적인 사회인이 되는 데 홈스쿨링이 도움을 주었다고 응답했고, 74퍼센트는 다양한 계층, 다양한 연령층의 사람들과 교제하는 데 홈스쿨링이 도움을 주었다고 응답했다.[118]

'현실'에 대한 논쟁을 종식시키다

혹자는 홈스쿨을 시행하는 부모들이 자녀를 '현실'로부터 보호하려 한다고 비난한다. 그들은 불결한 언어나 반항적 기질, 혹은 타락한 환경에 아이들을 노출시킬 필요가 있다고 주장한다. 왜냐하면 그것이 엄연한 현실이기 때문이라고 한다. 그러나 이것은 홈스쿨을 시행하는 부모들이 재고해볼 가치조차 없는 매우 불필요한 논쟁이다. 당신은 '현실'이란 것을 어떻게 정의하고 싶은가? TV와 비디오의 음탕한 외설과 역겨운 쓰레기로 바래버린 추잡한 생활방식이라고 말하고 싶은가? 학교에 만연한 폭력, 반항, 욕설, 이기심, 난잡한 성관계 등으로 구성된 생활방식이라고 정의하고 싶은가? 결코 그렇지 않을 것이다. 현실이란 직장과 가정에서 성실하고 행복한 삶을 사는 것을 의미한다. 생산적인 삶을 사는 법, 좋은 엄마 아빠가 되는 법, 사람들과 좋은 관계를 유지하는 법을 배우는 것이라고 생각할 것이다.

현실이란 가장 멋진 도전 무대이다. 이러한 기준과 척도로 판단해보건대, 홈스쿨링을 시행하는 부모와 자녀야말로 인생의 도전에 응할 만반의 채비를 갖추었다고 말할 수 있다. 사실 집에서 교육받는 아이들이 학교를 졸업한 아이들보다 인생이라는 항해에 나설 준비가 더 잘 되어 있다. 인간이 타락한 연고로 세상에 악이 가득하다는 것은 부정할 수 없는 사실이다. 따라서 이제 막 가치를 형성해가고 있는 자녀들을 그런 세상 한가운데 던져버린다고 해서 결코 문제가 해결되지는 않는다. 오히려 자녀의 성품에 금이 가고, 사회적 상태만 더욱 악화될 것이다.

물론 집에서 배우는 아이들은 가정이라는 울타리 안에서 보호를 받는다. 그게 과연 잘못된 일일까? 이것이 가정의 올바른 기능이자 제 위치가 아닐까? 책임 있는 부모, 경건한 부모라면 연약한 어린 자녀와 세상의 사악한 공격 사이에서 완충 역할을 해야 한다. 부모는 세상의 맹습猛襲으로부터, 사회화라는 이름으로 자행되는 온갖 사악한 행위에 자녀를 무방비 상태로 노출시켜서는 안 된다.

종묘장種苗場에 가보면, 온실에서 씨앗을 키우는 것을 볼 수 있다. 그 이유가 무엇인가? 어린 씨앗이 온실에서 가장 잘 자라기 때문이다. 어린 나무가 새순을 틔우며 잘 자랄 수 있는 것은 온실의 벽이 혹독한 추위와 거센 바람으로부터 그들을 보호해주기 때문이다. 봄이 오면, 어린 나무는 좀 더 강해지고, 더 성장해서 마침내 이식移植할 준비를 마치게 된다. 그들은 곧 더욱 자라 열매를 맺을 것이다. 그러나 성장 초기에 온실에서 자라는 것 역시 전체적인 성장 과정의 일부로 불가피하다. 이와 같이 우리의 아이들도 세상의 혹독한 현실과 맞닥뜨리기 전, 충분히 훈련받고 성장하는 단계가 필요하다.

어린 자녀를 데리고 극장에 갔다고 생각해보자. 그런데 갑자기 뒤에서 누군가 "불이야!"라고 소리 지른다. 사람들은 서로 떠밀며 먼저 밖으로 나가려고 애쓴다. 그러면 당신은 자녀를 복도에 내려놓고 "뛰어! 넌 잘할 수 있을 거야"라고 말하겠는가? 아니다. 당신은 차마 그런 위험한 짓을 하지 않을 것이다. 아이를 두 팔로 감싸 안고 안전하게 밖으로 데리고 나갈 것이다. 혹자가 주장하듯, 어린 시절의 보호와 경건 훈련은 아이를 허약하고 의존적인 존재로 만드는 게 아니라 더욱더 강인하고 독립적인, 그러면서 세상을 향해 언제든지 나갈 준비가 된 존재로 만드는 것이다. 어린 시절 부모가 기울이는 세심한 보호로, 우리 아이들은 생산적인 시민이 될 수 있다. 또한 예수 그리스도 안에서 경건한 삶을 삶으로써 풍성한 열매를 맺을 수 있게 된다.

부모들이여! '어린 자녀를 현실에 노출시켜야 한다'는 강박관념을 추호도 갖지 말기 바란다. 어린 자녀들을 쾌락주의 부패 풍조에 복속시켜야 한다는 강박관념을 추호도 가져서는 안 된다. 그런 식의 추론은 절대 무익하다. 그런 생각은 약간의 노출이 좋다면, 더 많은 노출은 더 좋다는 이론을 낳을 뿐이다. 이것이 함축하는 의미는 명백하다. 자녀가 어렸을 때, 사악한 세상에 조금이라도 노출되는 것은 지극히 바람직하지 않다. 에이즈가 무엇인지 맛보이기 위해, 자녀를 에이즈 바이러스에 아주 조금 노출시켜보자고 하는 부모가 있을까? 노출을 위한 노출은 비극적인 파멸을 낳는다. 여기에 동조하는 부모는 값비싼 대가를 치르게 될 것이다.

성경은 이를 예증하는 말씀으로 가득하다. 의로운 롯은 사악한 소돔 성, 사악한 백성들 가운데서 나름대로 살아보려고 애썼다. 비록 그가 하나님을 사랑했으나 소돔의 강력한 영향력이 그의 가정의 경건한 신앙심을 압도했고 그 결과, 그의 아내가 죽고 딸마저 도덕적으로 타락하고 말았다(창 18:22-19:38). 젊은 르호보암은 그의 동료를 의지했기 때문에, 장로들의 훈계를 무시하고 소년들의 조언을 따르다가 결국 비극을 초래하고 말았다(왕상 12:1-6).

어쩌면 당신은, 자기 자녀가 부정적인 사회화 작용을 무시하거나 그것에 대항할 만큼 내적으로 강인하다고 생각할지 모른다. 그러나 성경은 "속지 말라 악한 동무들은 선한 행실을 더럽히나니"(고전 15:33)라고 경고한다. 때로는 우리 아이들이 하나님의 뜻에 어긋나는 환경에서 벗어나도록 돕는 것(요셉의 경우가 그랬는데)이 우리가 자녀를 위해 베풀 수 있는 최선의 배려일 수도 있다(창 39:1-12 참조). 요셉의 경우는 우리 자녀들이 학교에 남아 증인의 사명을 다해야 한다는 논리를 정면으로 반박하는 예이다. 우리 아이들을 어린 나이에 세상에 들여보냈을 때, 과연 세상이 아이들의 영향을 받을지, 아니면 아이들이 세상의 영향에 물들지는 성경 역사가 분명히 입증하고 있다. 하나님은 악을 기뻐하지 않으신다. 하나님은 공의로 악에 대해 보응하실 것이다. 이 관점에서 악을 보아야만, 악이 우리 아이들에게 유익을 줄 것이다.

앞서 우리는 자녀의 사회화와 관련하여, 시야를 가리는 무성한 덤불을 말끔히 치워두었다. 그렇다면 이제 당신이 긍정적 사회화를 원하는지 아니면 부정적 사회화를 원하는지 지혜롭게 결정할 수 있을 것이다. 앞에서 지적한 바와 같이, 홈스쿨링을 하는 부모는 자녀들의 긍정적 사회화를 위해 애쓰고 있다. 그런 노력을 통해 집에서 교육받는 아이들이 학교에 다니는 아이들보다 사회에 더 잘 적응한다는 것을 생활로 실증하고 있다.

나의 친구 하나가 마당에 복숭아나무 한 그루를 심었다. 어느 날 그의 집을 방문해보니, 나무가 구부정하게 자라고 있었다. 친구는 나무가 잘 자라도록 버팀목을 대줄 계획이라고 했다. 그렇게 몇 년이 지났다. 나무는 예전보다 훨씬 컸지만 여전히 구부정하게 자라고 있었다. 친구에게 물어보니, 아식까지 버팀목을 대주지 않았다는 것이다. 또 친구는 요즘 구부정한 부분을 바로 펴주기 위해 온갖 노력을 기울이고 있지만 아무 소용이 없다고 말하며 이렇게 덧붙였다.

"교정 작업을 너무 늦게 시작한 모양일세."

그렇다. 너무 늦도록 기다리지 말라. 부정적 사회화가 소중한 당신 자녀를 훼손하기 전에 손을 써야 할 것이다.

건강한 자아 존중감

집에서 교육받는 아이들이 탁월성을 보이는 또 다른 영역은 바로 자아 존중감이다. 건강한 자아 존중감은 자녀의 성장에 가장 중요한 요소이다. 자아 존중감이란 자신을 하나님의 자녀로 바라볼 수 있는 능력을 일컫는다. 이런 능력을 지닌 아이는 자기가 소중하고 중요한 존재라는 사실을 깨달을 뿐 아니라, 독특하고 귀중한 통찰력을 소유하고 있어 그것을 다른 사람에게 나누어줄 수 있다는 것도 안다. 이것은 자기기만이나 교만이 아니라, 그리스도 안에서 자신의 정체를 올바로 인식한 결과이다. 한마디로, 자아 존중감이란 자신의 독특성을 존중하며, 영적인 차원에서 자기 삶을 하나님의 선물로 받아들이는 것을 의미한다. 강인한 성품과 훌륭한 지도력을 형성하는 자아 존중감이라는 본질적 구성 요소가 결여된 이 시대에 홈스쿨링 운동은 그 부활을 외치고 있다. 집에서 교육받는 아이들은 높은 수준의 자아 존중감과 자신감을 드러낸다.

학교 환경에서는 또래집단이 보내는 비난과 조롱으로 어린 자녀의 자아상 형성이 엉망이 된다. 아이들은 때로 야만적 성향을 드러내는 말로, 비아냥거리거나 조롱한다. 품행이 바른 아이는 '범생'이라고 놀리기 일

쑤다. 진심으로 선생님을 존경하는 아이에게는 '재수 없는 아이'라는 딱지가 붙는가 하면, 열심히 공부하는 아이에게는 '공부벌레' 등급이 매겨진다. 또래집단의 수군거림과 은근한 따돌림은 예민한 어린이들에게 견딜 수 없는 상처를 준다. 철모르는 애들은 "몽둥이와 돌멩이가 내 뼈를 으스러트릴 수는 있어도, 말은 내게 상처를 주지 못한다"라고 겁없이 말하지만, 그렇게 말하는 아이들일수록 언어폭력 때문에 자아 존중감에 치명적인 타격을 입는다. 또래집단의 가치 평가가 최고 권력을 휘두르는 환경 가운데 있다면 당신의 아이는 그 집단의 가치 평가에 종속될 수밖에 없다.

또래집단이 존재하는 곳 어디에나 또래집단의 압력이라는 유산이 잔존한다. 물론 아이가 어릴수록, 그 영향력은 더욱 해롭다. 앞에서도 논한 바 있지만, 공교육은 '친구들에게 의존하는 아이'라는 실로 유감스러운, 그러면서도 시간이 갈수록 명백해지는 오점을 남겼다. 친구에게 의존하는 아이는 자신을 부정적인 시각으로 바라본다. 그런 아이는 제 부모의 생각과 말보다 친구의 생각과 말을 더 존중하며 그것에 더 신경을 쓴다. 부모의 훈계에는 거침없이 말대꾸하면서 친구의 사소한 말 한마디에는 죽는 시늉까지 서슴지 않는다. 브론펜브레너 교수는 어린이 성격 발달에 대한 광범위한 연구를 실시한 후 이렇게 말했다.

"친구에게 의존하는 아이는 미래에 대해 비관적이며, 책임감, 지도력 등이 매우 부족하고, 거짓말, 약한 친구 희롱하기, 학교 빼먹기, 불법적인 행동 등 반사회적 행동에 빠지기 쉽다. 이런 성향은 청소년 가출, 학교 중퇴, 약물 남용, 자살, 방탕, 야만적 행위, 폭력 등으로 표면화된다."[119]

자녀가 초등학교에 입학할 때부터, 부모와 자녀의 거리는 서서히 멀어지기 시작한다. 해가 거듭되면서 이 거리는 점점 더 멀어진다. 자녀가 학교에 다니는 한, 이 거리는 결코 좁혀지지 않을 것이다. 처음에는 자녀와의 거리가 좀처럼 느껴지지 않을 수도 있다. 그러나 이미 씨는 뿌려졌다. 그렇기 때문에 해가 지나면서 반항적이고, 부모에게 반대하는 철학적 가르침이 자녀에게 지울 수 없는 어두운 궤적을 나타내기 시작할 것이다.

비난·조롱과의 단절

홈스쿨링의 뛰어난 장점 중 하나는 또래집단의 비난이나 조롱이 없다는 것이다. 가정이라는 온화한 환경에서 지내는 아이는 또래의 변덕에 좌우되기보다 좀 더 창의성을 개발할 수 있고, 친구들에게 의존하기보다 무엇이든 스스로 주도할 수 있으며, 집단의 일부가 되기보다 독특한 개인이 될 수 있다. 홈스쿨링은 또래집단의 압력과 비난을 최소화한다. 아이들은 부모에게 '험담을 삼가는 태도'의 중요성을 배울 수 있고, 남을 헐뜯고 비아냥거리는 것이 아주 나쁜 습관이며 결국 아무 유익도 주지 못한다는 것을 배울 수 있다.

집에서 교육받는 자녀들이 자아 존중감의 표본이 되는 까닭은 부모와의 친밀한 유대 때문이다. 자애로운 엄마, 자상한 아빠에게 배우고, 그런 부모 곁에서 성장하는 아이가 훌륭한 자아상을 정립하게 되는 것은 당연한 이치이다. 매슬로우Maslow와 펠커Felker는 가정에 대한 소속감이 높은 사람일수록 자아 존중감이 높다고 지적했다.[120] 오토 바이닝거Otto Weininger의 연구는 자녀가 가정에서 교육받는 기간이 길수록 정서적으로 안정된다는 것을 확인했다.[121] 존 바울비John Bowlby는 엄마의 자상한 관심을 빼앗겼을 때, 자녀의 발달이 신체적으로, 지적으로, 사회적으로 손상을 입을 뿐 아니라 심한 경우, 생명이 위험해질 수도 있다는 사실이 수많은 연구를 통해 입증되었다고 말했다. 그는 엄마의 자상한 관심을 빼앗겼을 때 일곱 살 이하의 '모든' 어린이들이 상처를 받았으며, 일곱 살 이상의 어린이 가운데 '대다수'가 상처를 받았다고 지적했다.[122] 어린이는 자기와 부모가 가까우냐 그렇지 않느냐에 매우 높은 가치를 매긴다. 제 엄마 아빠가 자기를 사랑하고 있으며, 자기 가까이에 있다는 것을 자녀가 느낄 때, 그것이 자녀의 자아 존중감을 발달시키고 형성하는 촉진제 역할을 하는 것이다.

이처럼 부모와 자녀가 가까우면 유대감 또한 증진된다. 홈스쿨링은 자녀의 정서를 고결하게 형성하고, 부모와 자녀 사이에 소통을 원활하게 하는 데 큰 유익을 준다. 자녀를 학교에 보내는 부모들은 이제 더 이상 자녀가 그들의 자녀가 아닌 것처럼 느껴진다고 말한다. 손가락 사이로 빠져나가는 모래알처럼 자녀가 그들의 품에서 미끄러져 나가는 것처럼 느껴진다고 말한다. 요즘 많은 부모들이 자녀에 대한 통제력을 잃어가고 있다고 느낀다. 자녀들의 인격이 변하고 있는 것처럼 느껴진다는 것이다. 그런 자녀들을 무력하게 바라볼 뿐, 다른 방도가 없다.

그러나 자녀들을 학교에서 끌어내, 홈스쿨을 시행하는 부모는 아주 짧은 기간 내에 정서적 친밀함이 회복되는 것을 보고 놀라움을 금치 못한다. 홈스쿨링을 시행한 지 6개월이 되면, 아이는 부모의 권위에 대해 예전과 전혀 다른 태도를 보인다. 부모와 자녀가 단지 함께 있다는 것으로, 서로 가치를 나눈다는 것만으로, 이런 체험이 부모와 자녀 사이에 사랑과 이해의 분위기를 조성하기 때문에 그런 효과가 발생하는 것이다.

더욱이 부모와 자녀의 유대감은 더 깊은 상호관계, 사랑, 신뢰, 가족 간에 서로 의지하는 분위기를 만들어내고, 이것은 또다시 더욱 의미 있는 의견교환, 정서적 친밀성, 끈끈한 가정생활로 이어진다. 전에는 부모와 자녀의 대화가 겉돌았고, 충분하지 못했는데 홈스쿨을 시행하면서, 자녀와 함께하는 시간이 늘어난다. 이런 시간을 통해 부모와 자녀가 같이 이야기를 나누고, 관계를 쌓고, 상호작용을 하고, 좌절과 기쁨을 함께 나누고, 그리스도인의 품성을 닦는 등 알찬 관계를 일구어 나갈 수 있게 된다.

두 아이를 학교에서 빼내, 홈스쿨을 시작한 한 어머니는 어떻게 두 딸이 다시 서로 사랑하는 관계를 발전시켜 나갈 수 있었는지 이렇게 말한다.

"학교생활을 시작하기 전까지만 해도, 우리 아이들은 정말 사이가 좋았어요. 그런데 그것도 잠깐, 시간이 흐르면서 서로 다투고 물어뜯는 게 다반사가 되었죠. 그런데 홈스쿨을 시작한 후, 아이들은 다시 사랑하는 법과 서로 아끼는 법을 배우게 되었답니다. 이제는 경쟁의식이나 알력 따윈 다 없어졌어요!"

집에서 교육받는 아이들은 자신에 대해 함부로 생각하지 않는다. 왜냐하면 그 부모가 세심한 주의를 기울여가며 자녀의 자아 존중감 발달 정도를 체크하고, 자상하게 격려해주기 때문이다. 어떤 아이가 이웃 친구에게 몹시 비난당했다면, 부모는 거기에 적절히 대응하는 법을 일러주어 아이의 고통을 덜어줄 수 있다. 자녀들이 학업을 따라가지 못해 의기소침하다면, 부모는 즉시 위로하고 더불어 확신을 심어줄 수 있다. 그렇다고 해서, 자녀들이 감당해야 할 모든 도전을 부모가 대신 도맡아 해결해준다는 의미는 아니다. 자녀가 좌절할 때에 격려하고, 위협받을 때에 즉시 개입하여 장애를 극복할 수 있도록 의욕을 복돋움으로써 부모가 자녀의 믿음직한 친구가 될 수 있다는 뜻이다.

자녀의 자아 존중감과 관련해서 발달심리학자 제임스 돕슨James Dobson 박사는 다음과 같이 명료하게 요약했다.

> 자녀에게 건강한 자아 존중감을 형성시켜주는 것은 어느 누구에게도 양도할 수 없는 부모 고유의 책임이다. 이 임무는 너무 어렵고 또 너무 개인적이어서 그룹 토의에 부칠 수도 없다. 당신의 헌신적인 의지와 뒷받침이 없다면, 당신의 자녀는 고사리 같은 손으로 가공할 적들과 맞서 싸워야 할 것이다. 이 물질적 사회는 자녀들에게 건강한 자아상을 심어주지 못한다. 그것은 자명한 사실이다. 따라서 누군가가 자녀에게 이런 태도를 심어주어야 한다고 했을 때, 그 누군가는 바로 당신이어야 한다. 필요한 투자를 아끼지 않을 만큼 당신 자녀에게 관심을 기울일 이가 당신 말고는 없기 때문이다.[123]

자아 존중감이 얼마나 중요한가? 그것은 인간에게 요구되는 모든 건전한 자질의 기초이다. 갤럽 여론조사 연구소의 조지 갤럽George Gallup Jr.이 대중들의 자아 존중감에 대해 여론조사를 실시한 적이 있었다. 그 결과, 건강한 자아상을 정립한 사람들에게 다음과 같은 자질이 나타난다고 한다.

- 도덕, 윤리 의식이 높다.
- 가정을 매우 중요하게 여긴다.
- 원활한 대인관계를 유지하고 있다.
- 물질을 기준으로 한 성공관이 아닌, 대인관계를 기준으로 한 성공관을 소유하고 있다.
- 생산적으로 일하고 있다.
- 약물을 상용하는 사례가 거의 없다.
- 지역사회의 사회, 정치적 활동에 활발히 참여한다.
- 자선기관과 구호단체에 관대하게 기부했다.[124]

당신이 자녀들에게 바라는 게 바로 이런 특성이 아닌가? 그렇다면 고결한 자아 존중감을 소유한 사람들이 희소한 이 문화권에서, 다른 무엇보다 자녀들에게 자아 존중감을 형성해주는 일이 급선무이자 가장 귀중한 일이 될 것이다. 만일 당신이 가정에서 사랑과 책임으로 자녀를 교육한다면, 당신 자녀가 건강하고 긍정적인 자아 존중감을 형성하고, 개발해나가는 데 도움을 줄 수 있을 것이다.

체력 증진

여기에 무슨 특별한 마술 같은 것은 없다. 집에서 교육받는 아이들은 학교에 다니는 애들보다 체력이 강하다. 왜냐하면 부모가 자녀들의 영양 상태를 수시로 점검할 수 있기 때문이다. 학교 교사들과 이야기해보면 아이들이 대개 콜라와 감자칩으로 점심을 대신하고 있다는 이야기를 종종 듣게 되는데 콜라와 감자칩이 무슨 영양가가 있을까? 초등학생

100명당 13명이 과체중이며, 청소년의 40퍼센트 이상이 비만이라고 한다.[125] 왜 이런 일이 발생한 것일까? 물론 비만은 신진대사, 화학적 불균형 때문에 생기기도 하지만, 대부분의 경우 식습관 때문에 발생한다는 것은 세 살 먹은 어린아이도 다 아는 사실이다. 콜라, 감자칩, 사탕, 단 음식, 탄수화물을 다량 섭취하는 어린이에게 신체적, 정신적으로 역효과가 나타난다는 데 대부분의 영양학자들이 동의한다.

그러나 집에서 교육받는 아이들은 비타민과 필수 영양소가 풍부한 음식을 섭취할 수 있다. 부모가 아이의 식사에 세심한 주의를 기울이기 때문이다. 식사와 활발한 두뇌 활동의 상호관계를 보여주는 일련의 연구도 진행된 바 있다. 이 실험은 식사가 개인의 인격 형성에도 중요한 영향을 끼친다는 사실을 입증했다.[126] 책임감 있는 부모라면 자녀의 식단을 알맞게 조절하여 그들의 학습 능력을 극대화시키리라는 것은 당연한 이야기이다. 홈스쿨을 시행하는 부모라면 그 누구보다 더 잘할 수 있다.

이에 덧붙여, 홈스쿨을 시행하는 부모들은 체계적인 운동 프로그램을 편성하여, 자녀의 체력을 세심히 관리할 수 있다. 청소년의 건강 상태에 관한 전국회의에서 8세에서 19세의 학생들 가운데 절반 이상이 표준 체력에 미달한다는 보고가 나온 적이 있다.[127] 집에서 자녀를 가르치는 부모는 지역사회의 체육관이나 각종 스포츠 활동, 가족 중심의 활동을 통해 다양한 체육활동을 전개할 수 있다. 집에서 교육받는 아이들은 특별히 체육을 좋아한다. 그도 그럴 것이, 트랙이나 운동장, 체육관에 갇혀 있지 않아도 되고, 옷을 갈아입느라 분주히 뛰어다니지 않아도 되고, 편안한 환경에서 자연스럽게 놀이하듯이 체력을 증진시켜 나갈 수 있기 때문이다.

자녀가 학교에 다닌다면, 몸에 상처가 있거나 유난히 말랐거나 유난히 살이 쪘을 경우에, 옷을 갈아입는 도중 아이들의 웃음거리가 되기 십상이다. 아이들에게 비웃음을 사게 되면 그것이 자기 신체에 대한 원망과 불만으로 확대되어 자칫 건강한 자아상 확립에 크나큰 손상을 입을수도 있다. 그러나 집에서 교육받는 아이들은 체육활동을 즐기면서 정서적으로 부정적인 영향을 끼치는 그런 위험한 상황을 피할 수 있다.

또한 집에서 배우는 아이들은 학교에 다니는 아이들과 달리, 하루 종일 의자에 앉아 있을 필요가 없다. 따라서 하루 종일 충분한 자유와 휴식을 취하며 학업에 집중할 수 있다.

학교에 다니는 아이들은 온갖 바이러스와 세균에 그대로 노출된다. 여러 명의 기침, 공동 식수, 아이들이 가득한 답답한 교실, 세균이 들끓는 복도. 전부 그렇다. 학교는 가히 '세균과의 전쟁'을 벌이고 있다고 해도 과언이 아니다. 어떤 아이가 독감에 걸린 채 등교하여 교실을 돌아다니며 이 물건 저 물건을 만진다고 생각해보라. 우리 아이가 그 물건을 집으로 가져온다. 그 물건을 또 집안 식구 누군가가 집는다. 그런 식으로 독감 바이러스에 감염되어 학교나 직장에 나올 수 없었던 일을 생각해보라. 그러나 집에서 교육받는 아이들이라면 이런 환경에 거의 노출되지 않는다.

그렇기는 해도 홈스쿨링이 자녀의 체력을 증진시킨다는 점에 주목하는 사람은 그리 많지 않다. 하지만 다른 요소들과 결합되면, 그것은 홈스쿨링의 장점을 뚜렷이 부각시킨다.

이상 홈스쿨링의 장점을 대략 살펴보았다. 책임감 있는 부모가 사랑으로 시행하는 홈스쿨링으로 아이들의 성적은 매우 우수하다. 학문성 영역, 도덕성 영역, 자아상 영역, 사회 적응 영역, 체력 증진 영역에서 놀라운 실적을 나타내고 있다. 홈스쿨링이야말로 최고의 대안이다. 아마 이것이 당신에게도 딱 맞을 것이다.

개인 교습 방법론으로서 홈스쿨링의 장점

개인 교습은 특별한 장점을 가지고 있다. 옛날 왕족의 자녀들은 모두 이런 방법으로 교육받았다. 매우 중요한 사실은, 책임감 있는 크리스천 부모라면 누구나 훌륭한 개인 교사가 될 수 있다는 것이다. 다른 모든 교육적 대안을 버리고, 가정에서 자녀를 직접 가르치기로 결단한 부모들이 누릴 수 있는 여덟 가지 장점이 있다.

첫째, 집에서 자녀를 가르치는 부모는 학교가 안고 있는 어쩔 수 없는 문제로 고민하거나 싸울 필요가 전혀 없다.

홈스쿨링은 제도화된 학교보다 훨씬 더 효율적이다. 모든 학교는 학생수에 비해 교사의 수가 턱없이 부족하다. 대부분의 학교, 대부분의 교실에서 교사들은 20명, 30명 이상의 학생들과(한국의 경우도 미국과 비슷한 수준이다 - 편집자 주) 싸워야 한다. 그것도 다양한 상황에서, 공부하기 싫어하는 학생들과 투쟁해야 한다. 그러다 보니, 학생 개개인과 인격적으로 접촉할 여유가 없다. 훌륭한 교사가 헌신적으로 노력하지만, 교실 내에서의 학습은 늘 지체되게 마련이다. 반면 홈스쿨을 시행하는 부모는 상대적으로 쾌적한 환경과 분위기에서 학생과 일대일로 접촉할 수 있다. 덕택에 부모는 적은 시간과 적은 노력으로 양질의 수업을 제공할 수 있다. 또한 가정에서의 일대일 교습으로 즉각적인 평가도 가능하다. 방금 설명한 대목을 자녀가 제대로 이해했는지 부모는 즉석에서 확인, 점검해볼 수 있기 때문이다.

둘째, 집에서 자녀를 가르치는 부모는 단 한 사람, 독보적인 교사로서 자녀에 대한 기쁨을 만끽할 수 있다.

가장 사랑하는 사람과 가까이 있을 때, 그런 상황을 통해 최고의 기쁨을 맛본다는 것은 매우 당연한 이야기이다. 부모에게 자녀가 성장하고, 인격이 자라는 것을 직접 지켜볼 수 있는 것보다 더 큰 기쁨은 없다. 자녀가 자기 주변 이야기를 털어놓을 때, 부모가 느끼는 기쁨은 세상 무엇이 주는 기쁨보다 더 크고 귀하다. 현대인이 가정생활에서 느끼는 최대 비극이라면, 그것은 부모가 자녀에 대한 기쁨을 제대로 만끽하지 못한다는 사실일 것이다. 내가 다년간 상담을 하면서 직접 경험한 바로는, 상담실을 찾는 대부분의 부모가 자녀들이 자라는 동안, 그들과 함께 많은 시간을 보내지 못한 것을 가장 후회하고 있었다. 그들은 시간을 과거로 돌리기 바랐다. 그러나 그것은 불가능한 일이다. 학교는 부모와 자녀가 함께하는 시간, '가능한' 시간을 저녁과 주말로 제한한다. 내가 여기서 '가능한'이란 용어를 사용했다는 점에 주목하기 바란다. 당신의 자녀가 하교 후, 씻고, 먹고, 숙제하고, 잠깐 쉬고, 과외활동하고, 학원에 갔다 오면 얼마의 시간이 남는가? 물론 홈스쿨링으로 모든 시간 장애를 다 해결할 수 있는 것은 아니다. 하지만 그래도 자녀에 대한 기쁨을 만끽할 수 있을 만큼의 충분한 시간은 주어진다.

셋째, 일대일 교습으로 집중도를 높일 수 있다.

학교 교육을 받은 경험이 있는 우리로서는 교실 수업이란 게 어떤 것인지 잘 알고 있다. 몇 가지만 열거해보겠다. 복도 쪽에 앉은 두 녀석이 쪽지를 주고받는다, 옆에 있는 애들이 킬킬거린다, 뒤에 앉은 녀석은 종이를 씹어 앞에 앉은 아이의 뒤통수에 대고 쏜다, 창가에 앉은 녀석은 의자를 기우뚱거리며 몸을 좌우로 흔든다, 맞은편에 앉은 두 친구는 무슨 일로 감정이 뒤틀렸는지 갖은 인상을 쓰고 있다. 앞에 앉은 녀석은 여선생님에게 농담을 건넨다. 그러면서 교실은 삽시간에 아수라장으로 변한다. 이런 교실에서 제대로 된 학습이 이루어지기란 정말 어렵다.

몇 해 전, 어느 TV에서 '교실 붕괴'라는 제목의 프로그램을 방영하여, 사회에 큰 충격을 안겨준 적이 있었다. 물론 일부겠지만, 수업 시간에 제멋대로 일어나 돌아다니는 아이들, 교실을 이탈하는 아이들, 교사가 질문하면 "알아서 뭐 하게요?"라고 대꾸하는 아이들, 교사가 체벌하려고 하면 폭행죄로 고소하겠다는 덤비는 아이들, 쉬는 시간에 너무 떠들어서 나무라는 교사에게 쉬는 시간이면 교무실에서 쉴 것이지 왜 나와서 참견하느냐고 대드는 아이들 등 학교 교실은 지금 사정없이 무너지고 있다. 어쩌다 수업 분위기가 잡히더라도, 집중력이 떨어지는 몇몇 아이 때문에 금방 분위기가 흐려진다. 그러나 가정이라면 이보다 훨씬 조용하고, 통제하기도 수월하다.

넷째, 개인 교사는 학생의 숨소리까지 들을 수 있으며, 학생의 필요와 관심사에 세심한 주의를 기울일 수 있다.

그뿐 아니라, 학생 개인의 필요에 따라 교과과정을 맞춤 제작할 수 있다. 어떤 아이의 관심사와 재능에 대해 그 부모만큼 큰 관심을 갖고 관찰하는 사람은 이 세상 어디에도 없을 것이다. 그렇다면, 당신의 자녀가 천부적인 재능과 적성을 충분히 개발하고, 발휘하는 데 가장 유익한 도움을 줄 수 있는 사람은 과연 누구겠는가? 누가 그들의 의욕을 가장 왕성하게 고취시킬 수 있겠는가? 바로 당신이다! 부모는 교육의 효율성을 극대화하기 위해 자녀의 특성에 맞추어 교과과정을 짤 수도 있다. 그러나 학교에서 학생은 학급이라는 혼합체의 일부에 불과하다. 거기에서 교사가 학생 개개인의 인격적 욕구에 주목하기란 거의 불가능하다.

또한 어떤 아이의 정서적 상처나 필요에 제 부모만큼 민감하게 반응하는 사람도 없다. 아이들은 누구나 개인적으로 독특한 인격적 욕구를 갖고 있다. 따라서 부모의 특별한 관심이 필요하다. 부모는 자녀의 성장과 발달이라는 측면에서만큼은 세상 누구도 따라오지 못할 최고 전문가가 될 수 있는 독특한 능력을 가지고 있다.

다섯째, 가정의 개인 교습은 사회 전반의 타락으로 사립 기숙학교에까지 침투한 유해한 영향으로부터 자녀를 보호할 수 있다.

요즘 공립학교의 폐해를 피해, 규율을 강화하고, 나쁜 친구를 멀리하게 하고, 불성실한 가정생활을 고쳐나가기 위한 목적으로 자녀를 사립 기숙학교에 보내는 부모가 증가하고 있다. 그러나 사립 기숙학교 또한 공교육 제도의 일부이기 때문에, 공립학교 학생들의 가치, 언어, 규율 부재 등 부정적인 속성들이 그대로 나타나고 있다. 비록 사립 기숙학교가 도덕교육에 최고 우선순위를 두고 있다고는 하나 사립학교 또한 우리 사회의 혼탁한 도덕관에서 완전히 벗어날 수는 없었다. 특히나 어린 학생들은 혼탁한 도덕상에 쉽게 오염되지 않는가?

게다가 많은 사립학교 교사들이 공립학교 교사들과 거의 유사한 가치관을 갖고 있다. 기독교인이면서도 열정적으로 진화론을 가르치는 교사 또한 적지 않다고 한다. 세속 인본주의와 자유주의 교육과정에 더렵혀진 일부 교사들은 한때 소중히 간직했던 기독교 교리, 가치, 신념 등을 서서히 내팽개치고 있다. 대부분의 사립 기숙학교 교사들은 공립학교에서 사용하는 비효율적이고, 불완전한 교육 방법론을 그대로 수용하여 사용한다. 교과과정 또한 문제이다. 어떤 교구학교는 공립학교에서 사용하는 인본주의 교과서를 그대로 사용하기도 한다고 한다.

여섯째, 집에서 배우는 아이들은 실제적인 학습 방법론과 체험 학습을 자유롭게 활용할 수 있다.

학교는 정해진 시간에 맞추도록 경직되어 있으므로 학생 개개인에게 다양한 학습 체험의 기회를 줄 수 없다. 그러나 가정에서 배우는 아이들은 하루 중 매순간이 학습을 위한 기회가 된다. 홈스쿨링을 시행하는 부모는 50분 수업, 10분 휴식이라는 딱딱한 틀을 고수할 이유가 없다. 사실 이런 틀은 일상생활에서 매우 부자연스럽다. 가정에서는 시간 활용이 자유롭고 훨씬 더 자연스럽다. 이처럼 집에서 배우는 아이들은 시간 활용을 자유롭게 할 수 있기 때문에 교과서에 갇힌 지식을 배우는 학교 학생들과 달리 직접적인 체험 학습을 위한 다양한 기회를 갖는다. 그들은 다양한 공예, 기능 등을 익힐 수 있으며, 여유가 된다면 특정 분야의 장인에게서 얼마간 도제 수업을 받을 수도 있다. 집에서 공부하는 아이들은 아빠의 구두나 자동차를 닦는다든지 엄마를 위해 청소나 설거지를 대신한다든지, 아니면 동네 아저씨 가게에서 아르바이트 하면서 한편으로 책임감을 키우고 다른 한편으로 돈 관리하는 법을 배우기도 한다.

일곱째, 집에서 일대일로 교육받는 아이는 너무 일찍 시작되는, 제도권 정규교육의 불건전한 환경을 피할 수 있다.

최근 상당수의 발달 심리학자들이 "아이를 너무 일찍 학교에 보내는 경우 그에 따른 특별한 위험이 따른다"는 것을 증명하는 논문을 발표하고 있다. 여기서는 무어Moore 박사의 말을 들어보겠다.

어린이의 분별력과 신체 발달 성숙도가 만 10세에서 12세 정도 되어야 정규교육을 시작하기에 가장 적당하다. 우리는 이 연령대를 '통합 성숙도 수준' 혹은 정상적인 아이가 3학년, 4학년, 5학년과 같은 또래 수준에 들어가 학교 교육을 시작하기에 '최적의 시기'라 부르고자 한다. 이 시기에 같은 학년에 편입되어도, 먼저 시작한 아이들을 따라잡는 데 전혀 문제가 없다. 또 얼마 되지 않아 곧 그들을 능가하게 된다. 부모는 만 10세에서 12세 연령대에 이른 자기 자녀의 성숙도를 판단해서, 그 아이가 학교에 들어갈 준비가 되었는지 결정할 수 있을 것이다. 만약 조금이라도 미심쩍다면, 학교 입학을 좀 더 유보하는 편이 낫다.
유치원에 다니지 않고 엄마에게 조금씩 배운 아이가 초등학교에 들어갔을 때, 유치원에 다닌 아이보다 뒤떨어진다는 것을 보여주는 체계적인 연구 결과는 아직까지 보지 못했다. 오히려 학교에 좀 더 늦게 들어가서 같은 또래 학년으로 편입하는 아이들이 학문적으로, 행동 발달 면에서, 사회성 면에서 1학년 때부터 학교에 다닌 아이들보다 더 우수한 것

으로 밝혀졌다.[128]

다른 심리학자들도 홈스쿨 학습의 특징에 대해 강조하고 있다. 로체스터 대학의 데이비드 엘킨드David Elkind 박사, 스탠포드 연구소의 메레디스 로빈슨Meredith Robinson 박사, 버클리 대학의 로우어Rohwer 박사 등은 사춘기를 전후한 아이들에게, 가정이야말로 학습을 위해 최고로 아늑한 둥지라고 의견을 모으고 있다.[129]

여덟째, 개인 교습은 융통성을 더한다.

경직된 학교 일정에 구속당하지 않는 아이는 시간 활용에 유연성을 기하면서 더 많은 것을 배울 수 있다. 일례로, 집에서 교육받는 아이들은 다양한 지역으로 학습여행을 다니며 현장학습, 체험학습을 할 수 있다. 대부분의 기업체나 사업단지 관계자들은 수백 명의 학생이 단체로 사업현장을 방문하여 견학하는 일을 그다지 반기지 않는다. 그러나 한 가족, 혹은 몇 가족이라면 쉽게 허락할 것이다. 또한 많은 홈스쿨 부모들은 학교의 방학 기간을 더욱 폭넓은 학습 기회로 삼는다. 학교에 다니는 아이들은 성수기 시즌에 꽉 막힌 도로에서 대부분의 시간을 보내며 짜증나는 여행을 해야 한다. 그러나 집에서 배우는 아이들은 비성수기에 값싼 비용으로, 안락하게 여행을 즐기게 된다. 반대로 학교의 방학 기간에는 더욱 집중적으로 학습할 수 있다.

결론

학교가 제아무리 좋아도 부모의 사랑, 책임, 헌신적인 의지로 운영되는 홈스쿨에 비견할 만한 학교는 없다. 부모는 자녀를 가르칠 자격이 있는가? 교사 자격증이 있어야 자녀를 가르칠 수 있는가? 많은 부모들이 최상의 교육은 교실에서 이루어진다고들 생각해왔다. 또한 오만한 교육 관료들은 교사 자격증의 영덕을 기리기 위해 필사적으로 안간힘을 쓰고 있다. 왜냐하면 그것이 교사의 지위를 확고히 하고, 그들의 일자리를 지켜주는 보증서에 불과하기 때문이다. 그래서 그들이 부모들에게 교사 자격증이 있어야 가르칠 수 있다고 윽박지르는 것이다. 그러나 있는 그대로 말하자면 규율과 인내심, 약간의 교과과정을 겸비하여 읽고 쓸 줄 아는 부모라면, 학교 교사들이 결코 미치지 못할 수준까지 자녀들을 올려놓을 수 있다. 물론 이를 위해 우선순위 조정이 필요하다. 그러나 그것이 장기적으로 가져올 유익은 실로 엄청나다.

홈스쿨링은 학문성, 도덕적 발달, 영적 성장, 사회성, 체력 증진 등 모든 면에서 매우 우수하다. 자녀들에게 입체적인, 직접적인 기독교 교육을 할 수 있다는 점에서 가정의 위력과 성실성을 따라올 학교는 가히 존재하지 않는다. 홈스쿨의 일대일 학습 방법론은 최고의 교수 방법론으로 공인되어왔다. 교육사를 돌이켜보더라도, 주전 선수는 가정이었고, 학교는 후보 선수였다는 것을 반드시 기억하기 바란다.

2부

어떻게

홈스쿨링을 해야 하는가?

The How of Home Schooling

기독교적인 홈스쿨을 시작하는 최선의 방법은 기독교 교육의 목적을 올바로 깨닫는 데서 비롯되며, 기독교 교육의 목표는 우리 자녀를 하나님 앞으로 데려가, 용서받게 하고, 새로워지게 하고, 하나님으로부터 삶의 의미와 목적을 받도록 하는 데 있다. 기독교 교육은 자녀의 신체와 정신과 영을 성장시키고 변화시켜 그들이 하나님을 위해 봉사하며, 하나님을 위해 살게 하는 것을 목표로 한다.

홈스쿨링은
학문성, 도덕적 발달,
영적 성장, 사회성, 체력 증진 등
모든 면에서 매우
우수하다.

5장 홈스쿨링의 총괄적인 방법

홈스쿨링이 생활의 모든 체험을 통합하는 지속적인 학습과정이 되어야 한다는 것을 기억하라. 학습은 꼭 교실에서만 이루어지는 게 아니다. 따라서 동네 슈퍼마켓에서 장을 보는 일이 덧셈과 뺄셈, 백분율을 배우는 어린 자녀에게 좋은 수학적 도전이 될 수 있다. 부엌은 과학 실습실이 될 수 있다.

홈스쿨을 시작하는 데 전문적인 특별 교육이 요구되는 것은 아니지만 실제적인 운용을 용이하게 하기 위해 몇 가지 고려할 사항이 있다. 이번 장에서는 홈스쿨링의 방법에 대해 생각해보려고 한다. 여기에 제시하는 몇 가지 간단한 지침을 따르기만 한다면 어떤 부모든 그들의 능력으로 홈스쿨링을 충분히 감당할 수 있을 뿐만 아니라, 그 결과 기대되는 보상 또한 상상을 초월한다는 사실을 발견하게 될 것이다.

요즘 들어, 홈스쿨링을 후원하는 단체와 기관들이 지역 단위, 지방자치단체 단위, 전국 단위로 조직되어 활발히 활동하고 있고 그 수도 해마다 증가하고 있다(미국에서 홈스쿨을 하고 있는 가정은 약 2-3백만 정도가 될 것으로 추정하며 이를 후원하는 단체 또한 수천 여 개에 이른다고 한다. 우리나라에는 2000년대 초반 미국 홈스쿨 가정들을 통해 홈스쿨이 소개되었고 크리스천을 중심으로 퍼져나가 현재는 약 3-4천 가정 이상이 홈스쿨을 하고 있는 것으로 추정하고 있다. 물론 넌크리스천 가정을 포함하면 더 많은 수가 되겠지만 미국과 한국 모두 크리스천을 중심으로 홈스쿨이 활발히 진행되고 있는 공통점이 있다. 우리나라에서도 한 해에 수만 명이 초등학교에 취학하지 않거나 혹은 학교를 이탈한 것으로 발표되고 있는데, 대부분의 경우는 정신지체, 가정결손, 탈선 등으로 추정하고 있다. 이 가운데 일부가 홈스쿨을 위해 의도적으로 취학을 거부하거나 자퇴했을 가능성도 있겠지만 아직까지는 정확한 사유나 믿을만한 홈스쿨 통계를 확인할 길이 없어 모두 추정치일 뿐이다. 이런 상황을 고려하면 우리나라에서 홈스쿨을 하고 있는 가정의 수가 예상보다 훨씬 많을 가능성이 크다. 미국과 비교한 다면 아직은 매우 적은 수에 불과하지만 우리나라에서도 홈스쿨링을 지원하는 단체가 더디지만 조금씩 늘어나고 있는 추세다. – 발행인 주). 해마다 더 새롭고, 더 좋은 기독교 커리큘럼과 교수 자료들이 쏟아져 나오고 있다. 홈스쿨 시장이 지속적으로 성장하자 출판업자들과 교육관련 사업자들도 고객의 필요에 발맞춰 갖가지 자료를 내놓고 있다. 컴퓨터와 비디오를 이용한 교육 보조자료 또한 어느 때보다 풍성하다.

신앙적 확신 때문인가 아니면 단순한 기호 차이인가?

홈스쿨을 진지하게 고려하고 있는 모든 부모는 종교적 확신과 기호의 차이를 반드시 유념해야 한다. 홈스쿨을 시행하는 사례 가운데 기독교를 믿는 부모들이 신앙적인 이유로 홈스쿨을 시행하는 것이 가장 분명한 예이다. 다년간 거듭된 연구와 조사를 통해 단언하건대, 홈스쿨이란 진지한 기독교적 확신으로 시작되어야 한다. 그렇다면, 기독교적 확신이란 무엇인가? 기독교적 확신이란 당신의 생각과 의사결정 과정 전반을 이끄는 기독교적 가치와 성경의 원리에 입각한 단호한 신념이다. 이 확신에 따르면 당신은 구별된 생활양식을 가져야 하며 또한 거기에 따라서 살아야 한다. 확신을 따르는 것 말고 달리 선택의 여지가 없기 때문이다.

　반면 기호란 단순히 바라는 것, 원하는 것이다. 인간의 기호란 상황에 따라 변하게 마련이다. 그러나 신앙적 확신은 하나님께서 제정하신 흔들리지 않는 진리에 기초하고 있기 때문에 변하지 않는다. 확신이란 신앙 체계의 일부이다. 그것은 하나님으로부터 기원한 변경될 수 없는 진리이며, 하나님 말씀에 기초한 근본적인, 피할 수 없는 관심이다.

　홈스쿨을 시작하기에 앞서 당신은 "하나님이 모든 부모에게 책임을 맡겨주셨다"라는 사실을 확신해야 한다. 당신은, 당신 자녀를 가르칠 책임이 있고, 가르칠 수 있는 권리가 있다. 이 책임과 권리는 정부가 부여한 게 아니라, 하나님이 주신 것이다. 앞서 살펴본 바와 같이, 대법원은 '요더 가족 대 위스콘신 주지사 소송사건'에서 신앙적 확신을 자유로이 표현할 권리를 법률이나 정부가 빼앗을 수 없다고 판시한 바 있다. 1972년에 있었던 이 사건은 위스콘신주 농촌 마을의 세 가정이 종교적인 이유로 자녀들을 학교에 보내지 않고 집에서 직업교육을 시키기로 결정, 의무교육을 법제화한 위스콘신주 정부에 반(反)하여 비롯되었다. 대법원은 "종교적 신념의 자유로운 표현을 규정한 헌법 조항에 의거, 그들의 권리를 보호할 이유가 있다 할 것이며, 종교적 양육에 관한 부모의 전통적 관심을 주 정부가 부정할 수 없다"[130]라고 판시하면서 농부들의 손을 들어주었다. 이로써 종교적 확신에 따른 홈스쿨링의 법적 지위가 확고히 다져지게 되었다.

　홈스쿨을 시행하는 가정의 사회 경제적, 교육적, 종교적 배경은 매우 다양하다. 그러나 그중 75퍼센트 이상이 기독교인이라는 점[131]에 주목하고자 한다. 대부분의 기독교인 가정교육자(Home-Schooler)들은 뚜렷한 공통점을 갖고 있다. 그들은 모두 '자녀에게 그리스도 중심의 교육을 하기 위해서는 부모가 필요한 희생을 감수해야 한다는 확신'을 가지고 있었다. 그들이 홈스쿨을 시작한 것은 단지 원하기 때문만이 아니며, 마땅히 그것을 실시해야 한다고 확신했기 때문이다. 홈스쿨을 시행하는 헌신적인 부모는 마땅히 이러한 확신의 소유자이다. 이런 부모는 홈스쿨링에 좀 더 깊은 의미와 목적이 있다는 것을 깨달았기 때문에 인내심을 갖고 교육과정에 임한다. 모진 도전에 직면하더라도 한두 해 시행해보다가 마는 일이 결코 없다.

홈스쿨링이 모든 사람을 위한 대안이 되는 것은 아니다. 누구나 가볍게 혹은 충동적으로 시작할 수 있는 것이 아니다. 성경은 말하고 있다.

"너희 중의 누가 망대를 세우고자 할진대 자기의 가진 것이 준공하기까지에 족할는지 먼저 앉아 그 비용을 계산하지 아니하겠느냐 그렇게 아니하여 그 기초만 쌓고 능히 이루지 못하면 보는 자가 다 비웃어"(눅 14:28-29).

그러니 무턱대고 시작하기 전, 비용을 계산하라. 홈스쿨링에 소요되는 제반 필요사항을 고려하라. 홈스쿨링은 시간, 금전, 능력, 감정, 결단력 등 모든 것이 결부된 진지한 헌신이자 결단이다.

전통적으로 홈스쿨을 시행하는 가정이 그래왔듯이, 오늘날 홈스쿨을 시행하는 가정 역시 다방면에서 도전을 받을 것이다. 갖가지 상황이 그들의 헌신과 열정을 시험할 것이다. 바로 그렇기 때문에 확고한 확신이 필요하다. 홈스쿨을 시행하는 가정은 몇 가지 난관에 직면하게 된다.

첫째, 대안교육을 선택했을지라도, 교육세를 계속 납부해야 한다.

둘째, 당신을 이해하지 못하는 친구와 친지들의 비난과 조롱을 감내해야 한다.

셋째, 다른 활동을 자제하며, 매일매일 일정 시간을 자녀교육에 할애해야 한다.

이러한 난관에도 불구하고 홈스쿨을 시행할 만한 가치가 있을까? 분명 그렇다! 그러나 여기에는 불굴의 헌신이 요구된다.

기독교 교육의 목표를 깨달으라

홈스쿨링을 고려하고 있는 부모들은 기독교 교육의 궁극적인 목표가 무엇인지 분명히 깨달아야 한다. 목표를 올바로 설정해야 교육과정 전반의 방향과 전제를 결정할 수 있기 때문이다. 역사적으로 보았을 때, 수많은 사람들이 나름대로 갖가지 목표를 마음에 두고 교육을 실시했다는 것을 알 수 있다. 소위 세계의 지성들이 교육 목표를 무엇에 두었는지 간략히 살펴보겠다.

• 플루타르크, 허버트 : 성품, 도덕, 관심
• 플라톤, 몽테뉴, 로크 : 완벽한 발달
• 아리스토텔레스, 제임스 밀 : 행복
• 소크라테스 : 진리
• 루터, 밀턴 : 시민의식
• 베이컨, 헉슬리 : 자연에 대한 지배
• 코메니우스 : 종교

- 로크, 반다이크 : 정신력 개발, 규율
- 칸트 : 미래에 대한 준비
- 루소, 윌리엄 제임스 : 습관
- 프뢰벨, 헤겔 : 마음속의 생각을 펼치는 것, 거룩한 생활
- 와드 : 지식
- 스펜서 : 완벽한 생활
- 듀이 : 문화, 자유로운 학습, 경험 조직화
- 나다니엘 버틀러, E.C. 무어 : 기술습득, 문화유산
- 해리스, 듀이 : 사회성
- 듀이, 바글리 : 사회적 효용성
- 듀이, 채프만, 카운츠, 렌다인 : 적응
- 듀이 : 성장
- 듀이, 터프츠 : 자아실현
- 쏜다이크, 게이츠 : 욕구충족
- 젠타일 : 통찰력[132]

이처럼 교육 목표에 대한 견해는 실로 다양하다. 그렇다면 기독교 교육의 목표는 무엇인가? 그에 답하기 위해 먼저 "무엇이 기독교 교육의 목표가 되면 안 되는가"부터 말하겠다. 기독교 교육은 특정 주제와 관련된 사실에 대한 지식, 정신적 훈련, 인지 능력, 창의적이고 자발적인 문제해결 능력 표출, 사회 적응성, 사회적 효용성을 그 목표로 삼지 않는다. 물론 이것이 모두 나름대로 어떤 위치를 점하고 있는 것은 분명하다. 하지만 그것이 곧 기독교 교육의 궁극적인 목표가 되는 것은 아니

다. 이것들은 세속교육의 목표이다.

기독교 교육의 목표는 이런 것이 아니다. 기독교 교육의 목표는 영적인 회복이다. 기독교 교육의 진정한 목표는 '구속적'救贖的이다. 기독교 교육은 예수 그리스도를 통해, 인간 안에 있는 하나님의 형상을 회복하는 것을 목표로 삼는다. 이를 목표로 삼아야 그리스도를 닮은 성품과 행동이라는 결과를 낳게 된다. 홈스쿨을 시행하는 크리스천 부모는 모든 지식을 기독교 세계관과 슬기롭게 통합한다. 그들은 모든 것이 하나님께 집중되어 있고, 하나님으로부터 유래했으며, 하나님을 위해 존재하며, 하나님에 의해 가치평가 된다는 것을 깨달아, 생활의 모든 주제나 학과목을 그리스도를 위해 봉사하는 수단으로 여긴다. 이렇게 교육받은 아이 또한 증인의 신분으로 사회 속으로 들어가, 사회를 '하나님나라'라는 이상理想으로 끌어가기 위해 효과적으로 기여하게 된다.

기독교적인 홈스쿨을 시작하는 최선의 방법은 기독교 교육의 목적을 올바로 깨닫는 데서 비롯되며, 기독교 교육의 목표는 우리 자녀를 하나님 앞으로 데려가, 용서받게 하고, 새로워지게 하고, 하나님으로부터 삶의 의미와 목적을 받도록 하는 데 있다. 기독교 교육은 자녀의 신체와 정신과 영을 성장시키고 변화시켜 그들이 하나님을 위해 봉사하며, 하나님을 위해 살게 하는 것을 목표로 한다. 기독교 교육은 자녀의 자주적 행동을 일깨우고, 그 방향을 설정하여, 그들이 인간적 차원에서뿐만 아니라 '그리스도 안에 있는 온전한 인간'이라는 궁극적인 목표 차원에서도 인격적 완성을 위해 최선을 다하며 자발적으로 노력하도록 하는 것을 목표로 삼고 있다. 이것이 기독교 교육의 진정한 목표이다.

시간관리를 위한 원칙

충분히 홈스쿨을 시행할 여력이 있는 부모들이 종종 "홈스쿨을 할 만한 시간이 없어요. 지금 하고 있는 일도 제대로 감당하지 못해요"라며 볼멘소리를 늘어놓는다. 물론 홈스쿨을 하는 데는 많은 시간이 필요하다. 그러나 사실 부모들이 '볼멘소리'를 한다는 것은 부모들이 시간 관리를 잘못하고 있음을 자인하는 증거에 지나지 않는다. 현대인의 삶은 분주하다. 한두 번쯤, "왜 이렇게 시간에 쫓기는 거지? 시간이 좀 더 있으면 얼마나 좋을까"라고 말해본 적이 없는 사람은 없을 것이다.

그러나 사실을 말하자면, 하나님께서 우리를 부모가 되게 하신 이상 우리는 우리에게 하라고 명하신 일을 수행할 만한 충분한 시간을 가지고 있다. 그러므로 그것에 모든 관심과 초점을 집중해야 마땅하다. 부모로서 마땅히 해야 할 일을 진지하게 수행하는 데 모든 관심과 초점을 집중해야 하는 것이다. 하나님은 모든 사람들에게 하루 24시간이라는 시간을 균등하게 배분해 주셨다. 따라서 당신이 24시간을 어떻게 보내느냐가 문제이다. 당신은 하나님께서 당신 인생에 맡기신 일, 당신에게 위탁하신 정말 중요한 일에 시간을 투자하고 있는가? 아니면 그저 시간의 노예가 되어 있는가? 만일 하나님이 당신에게 가족과 자녀를 주셨다면, 그들이야말로 당신 인생의 최고 책무의 대상이다.

사랑과 지혜가 무한하시고, 지극히 선하신 하나님은 우리 능력 이상의 무거운 짐을 지우지 않으신다. 만일 당신이 자질구레한 일들로 시간에 쫓겨 완전히 짓눌려 있다면, 끊임없는 모임과 이런저런 약속, 쇼핑, 허드렛일 등으로 완전히 소진되어 미친 듯이 일정을 쫓아다니고 있다면, 당신은 분명 하나님의 뜻이 아니라 세상의 뜻을 따르고 있는 것이리

라. 내가 이토록 자신 있게 말할 수 있는 근거는 하나님께서 우리가 감당할 수 있는 것 이상을 요구하지 않으시기 때문이다. 우리의 연약한 어깨에 과다한 짐을 지우는 무자비한 진범은 바로 우리 자신이다. 어떻게든 시간을 쥐어짜, 하나님과 교통하는 시간을 내고 가족과 교제하는 시간을 내라고 강요하는 이는 하나님이 아니라 우리 자신이다. 이러한 우선순위는 우리가 우리 스스로에게 부과한 것이다.

만일 당신이 홈스쿨을 시행하기로 결정했다면, 당신에게 효율적인 시간 활용을 위한 네 가지 원칙을 제시해보겠다.

첫째, 하나님 말씀에 따라 우선순위를 조정하라.

당신이 하나님의 뜻 안에서 걸을 때, 당신 인생을 향한 하나님의 계획에 맞추어 살아갈 때, 당신에게 필요한 모든 시간을 충분히 얻게 될 것이다. 이것이 시간 관리의 핵심이다. 당신의 계획과 당신의 뜻이 아니라, 하나님의 계획과 하나님의 우선순위에 맞추어 사는 법을 연습하라. 성경에 나오는 다음 사건은 우선순위 조정의 필요성을 역설하고 있다.

"그들이 길 갈 때에 예수께서 한 마을에 들어가시매 마르다라 이름하는 한 여자가 자기 집으로 영접하더라 그에게 마리아라 하는 동생이 있어 주의 발치에 앉아 그의 말씀을 듣더니 마르다는 준비하는 일이 많아 마음이 분주한지라 예수께 나아가 이르되 주여 내 동생이 나 혼자 일하게 두는 것을 생각하지 아니하시나이까 그를 명하사 나를 도와 주라 하소서 주께서 대답하여 이르시되 마르다야 마르다야 네가 많은 일로 염려하고 근심하나 몇 가지만 하든지 혹은 한 가지만이라도 족하니라 마리아는 이 좋은 편을 택하였으니 빼앗기지 아니하리라 하시니라"(눅 10:38-42).

현대인의 삶은 분주하고 복잡하다. 이것저것 작성해야 할 서류도 많고, 시도 때도 없이 날아오는 각종 청구서대로 돈도 내야 하고, 자녀들과 놀아줘야 하고, 생계를 유지하기 위해 직장에 다녀야 하고, 먹을 것과 입을 것을 사야 하고, 자동차와 주택관리에 신경을 써야 하고, 식사 준비를 해야 하고, 금전 관리를 해야 하고, 문화생활을 해야 하고, 사교를 위해 온갖 약속에 나가야 하는 등 하루 24시간이 짧기만 하다. 그러나 우리는 너무나 많은 일에 시간과 정신을 빼앗기느라 가장 중요한 것 한 가지를 잊고 있다. 그렇다면 정말로 필요한, 정말로 중요한 그 한 가지란 무엇인가? 그것은 바로 하나님 말씀에 따라 간결하고 담백하게 생활의 질서를 유지해야 한다는 것이다. 하나님의 뜻에 따라 당신의 영적 생활을 다듬고, 자녀를 양육하고, 가족을 돌보아야 한다는 것이다. 홈스쿨링은 바로 당신의 가정생활을 위한 하나님의 계획을 이루는 데 큰 몫을 수행할 수 있다.

하나님 말씀에 따라 우선순위를 조정한다는 말은 급박한 것과 중요한 것의 차이를 구별한다는 의미이다. 우리 생활은 즉각적으로 행동을 취하라고 압박하는 것들과 중요한 것들 사이에 팽팽한 긴장의 연속이다. 우리는 대부분 중요한 일은 제쳐두고, 급박한 일을 우선한다. 그런데 급박한 일이라고 해보았자 따지고 보면 오늘내일 당장 해야 하는 일이 아닌 경우가 태반이다. 그러나 중요한 일은 말 그대로 정말 중요하다. 따라서 중요한 일은 당신의 우선순위 맨 앞에 두어야 한다. 언젠가 아이젠

하워Eisenhower 장군이 "급박한 일은 거의 중요하지 않다. 그리고 중요한 일은 거의 급박하지 않다"라고 말한 적이 있었다. 기독교 가정은 성령의 인도하심을 따라 급한 것과 진정으로 중요한 것을 구별하는 도표를 작성해야 한다. 물론 당신 가족과 자녀들은 중요한 것의 범주에 들어 있어야 할 것이다.

둘째, 홈스쿨을 시행하는 부모들은 "아니오"라고 말하는 법을 배워야 한다.

매우 바쁘다는 게 현명한 사람의 특징은 아니다. 그것은 시간 관리를 적절히 하지 못한 어리석은 사람이라는 표시일 뿐이다. 만일 당신이 홈스쿨을 시행할 계획이라면, 시간 관리를 잘하게 도와달라고 하나님께 기도해야 한다. 개인 일정표에 빼곡히 시간 약속을 적어놓으면서 자신에게 과도하게 짐을 지우는 것이 현대인의 추세일지는 몰라도 그것이 성령의 인도를 받는, 간결하고 정돈된 삶의 특성은 결코 아닐 것이다.

예수님의 삶은 우리에게 정말로 필요한 것이 무엇인지 상기시켜준다.

"예수의 소문이 더욱 퍼지매 수많은 무리가 말씀도 듣고 자기 병도 고침을 받고자 하여 모여 오되 예수는 물러가사 한적한 곳에서 기도하시니라"(눅 5:15-16).

세상 누구보다 관대하고, 인정이 많았던 예수님이, 더욱이 수많은 사람들이 병 낫기를 청하는 그 순간에 "아니다"라고 말해야 한다고 느끼셨다. 그런데 예수께서 사람들 앞에서 물러나 그 시간을 어떻게 보내셨는지 주목하기 바란다. 예수께서는 바쁜 중에 물러나 하나님과 영적 교제를 나누셨다. 예수님은 정말로 필요한 그 '한 가지'를 잊는 법이 없으셨다.

셋째, 홈스쿨을 시행하는 부모들은 유연성을 배워야 한다.

세상 사람치고, 계획을 그르친다든지 일상이 틀어지는 일을 경험해보지 않은 이는 없을 것이다. 그럴 때 어떻게 처신했는가 하는 것은 당신이 그리스도인의 성품을 지니고 있는지, 얼마나 성숙했는지 가늠하는 척도가 된다. 당신은 그런 일에 유연하게 대처하는가 아니면 다른 방식으로 대처하는가? 마음을 가라앉히고 조용히 쉬려는 순간 전화벨이 울린다. 휴가를 떠나려는데 갑자기 아이가 아프다. 이런 것 말고도 갑작스런 질병, 해고, 예상치 못한 청구서, 계획에 없던 임신, 남편(혹은 아내)의 절박한 문제, 가족이나 친지의 죽음 등 계획이나 일상이 어긋나는 경우는 수없이 많다. 살다 보면 갑작스럽고 전혀 예상하지 못한 일들이 불쑥 우리 앞을 가로막는 경우가 종종 있다. 이런 일로 홈스쿨링이 방해받지 않도록 유연하게 대처해야 한다.

'어떠한 훼방에도 유연하게 대처하느냐'가 훌륭한 가정교육자(Home Schooler)의 표지임을 깨닫는 것은 매우 중요하다. 성숙한 부모는 예기치 못한 상황에서 헤어나지 못하고 빠져버리기보다, 적극적이고 유연하게 대처한다. 우리의 계획이나 일상이 방해를 받을 때, 그것은 종종 하나님이 주신 기회로 작용하는 경우가 있다. 처음에는 '방해', '뒤틀림'으로 생각되던 것도 우리 인격과 성품을 닦기 위한 하나님의 약속으로 판명되는 수가 있다는 것이다.

따라서 홈스쿨을 시행하는 부모는 예기치 못한 '방해' 사건이 발생할 수 있다는 것을 사전에 충분히 계산하여 실제로 그런 일이 발생했을 때, 탄력적으로 일과를 수정하여 운용할 줄 알아야 한다. 현명한 부모는 계획이 중단되거나 일상에 혼란이 빚어질 때에도 허둥대지 않으며 그런 상황을 통해 하나님을 섬기는 기회를 찾는다. 물론 일상의 흐름과 계획을 무산시키는 모든 '방해' 사건이 우리의 주의를 환기시키기 위한 하나님의 신호라는 뜻은 아니다. 하지만 성령께서 우리가 과연 시기적절하게 반응하는지, 그런 상황에서도 그리스도의 이름을 높여 드리며 하나님의 뜻을 올바로 따르려 하는지 확인하기 위해 예기치 못한 일로 시험하실 때, 우리는 하나님의 영에 민감하게 반응해야 할 필요가 있다.[133]

넷째, 모든 순간을 적절히 활용하는 법을 배워야 한다.

홈스쿨을 시행하는 부모는 목표에 따라, 주어진 매 순간 가장 생산적인 일을 해야 한다. 시간이 너무 귀하기 때문이다. 우리도 시편 기자처럼 "우리에게 우리 날 계수함을 가르치사 지혜로운 마음을 얻게 하소서"(시 90:12)라고 기도해야 한다. 우리 인생의 가장 귀한 자원은 시간이다. 당신이 매일 사용할 수 있는 시간, 하나님의 영광을 위해 투자할 수 있는 시간은 24시간이다. 경계를 늦추지 말고 이 시간을 허비하지 말기 바란다. 왜냐하면 한번 탕진한 시간은 영원히 되돌릴 수 없기 때문이다. 당신은 하루에 8만6천4백 초를 살아간다. 1초 1초를 헤아리며 살라. 시간을 가장 유익하게 활용하라. 이것이 청지기로서 당신의 사명을 가늠하는 잣대이다. 바로 여기에 홈스쿨링의 성패가 달려 있다.

일과표 작성

당신의 가정에 딱 맞는 학습 일과표를 작성하는 데는 다소 시간이 걸린다. 그러나 일단 한 번 확정하고 나면, 사소한 일 외에 거의 변경할 일이 없으므로 작성할 때에 신중하고 세심하게 해야 한다. 처음에는 다소 벅차다고 느낄 만큼 빠듯하게 짜는 것도 좋다. 시간을 두고 유연성을 기할 수 있기 때문이다. 주 5일제 수업대로 일과표 견본을 제시했으니 이에 따라 일과표 틀을 잡아도 좋고, 아니면 당신 나름대로 독특한 일과표를 만들어도 무방하다. 다만 한 가지, 일과표에 따라 실천이 가능한지, 그것이 목표를 성취하는 데 유용한지 충분히 고려해야 한다.

무엇이든 체계가 잘 잡히고 나면 임무 수행이 쉬워진다. 홈스쿨링도 예외가 아니다. 체계적인 일과표는 수업을 더욱 용이하게 만들 뿐만 아니라 자녀가 의욕을 갖고 꾸준히 학습에 임하도록 도울 것이다. 또한 체계화된 일과표는 자녀의 행동과 관련하여, 불필요한 많은 문제를 없애준다. 홈스쿨을 시행하는 부모들이 반드시 체계화해야 할 필수 영역 두 가지가 있다.

첫째, 앉아서 지식을 학습하는 시간에 얼마를 할애할 것인지, 활동하며 학습하는 체험수업에 얼마의 시간을 할애할 것인지 결정해야 한다.

두 가지 모두 교육적으로 매우 중요하다. 왜냐하면 학습이란 이 두 가지 매개를 통해 이루어지기 때문이다. 지식수업 시간은 학생이 몇 학년인지, 어느 정도의 능력을 갖고 있느냐에 따라 다양하게 변하지만 4학년을 기준으로 하루 네 시간 정도가 평균적이다. 생활수업도 지속적으로 실시해야 한다. 부모와 자녀 사이에 오가는 모든 말, 행동, 자녀의 의무가 일종의 학습 형태로 작용하기 때문이다. 자녀의 능력과 연령에 맞추어 앉아서 하는 지식학습 시간을 적절히 조절해나가기 바란다.

초등학교 저학년을 위한 일과표(요일 구별 없음)

시간	월	화	수	목	금
07:00-08:00	기상, 아침기도, 아침식사, 이부자리 정리, 옷 입기, 세면, 기타 아침에 할 일				
08:00-08:15	수업시작 : 기도, 찬양 하루 일과 설명				
08:15-08:45	성경 읽기				
08:45-09:30	수학				
09:30-09:45	휴식				
09:45-10:15	독서				
10:15-10:45	국어				
10:45-11:00	받아쓰기				
11:00-12:00	음악, 미술, 공작				
12:00-13:00	점심 및 휴식				
13:00-13:30	묵상의 시간(QT)				
13:30-15:15	생활수업(가사일 돕기, 도제훈련, 정원 가꾸기 등), 견학				
15:15-16:00	체육				
16:00	피아노 레슨(기타 과외활동)				

아빠의 저녁 수업

시간	월	화	수	목	금
19:00-19:45	인성교육	과학	인성교육	역사	인성교육
19:45-20:15	신앙훈화	신앙훈화	신앙훈화	신앙훈화	신앙훈화

중요한 과목은 규칙적으로 학습해야 한다. 과목의 중요도에 따라 어떤 과목은 좀 더 탄력적으로 수업을 진행할 수 있다. 그러나 주요 과목

(인성교육, 읽기와 쓰기, 성경암송, 수학, 국어 등)은 규칙적으로 학습해 나가도록 한다. 이런 과목에 대해서, 부모 스스로 "오늘 수업은 연기한다. 다음에 시간이 날 때 하기로 하자"라고 말하는 버릇을 들이면 안 된다. '다음에 시간이 날 때'란 없다는 걸 누구보다 당신이 잘 알고 있을 것이다.

둘째, '시간 누수 현상'을 피하거나 최소화해야 한다.

귀중한 수업시간을 잡아먹는 불필요한 행동을 삼가란 뜻이다. 수업시간인데도 부모가 쓸데없이 길게 통화하거나 TV를 보느라 제시간에 수업을 시작하지 않을 때, 집 밖에서 일을 보느라 들어오지 않을 때, 정규 과목 외 활동에 과도히 시간을 허비할 때 이런 현상이 발생한다. 이 밖에도 수업시간을 낭비하는 교묘한 방법이 우리 주위에 수두룩하다. 그것들을 경계하라. 그렇지 않으면, '좌절'이란 손님이 당신 집 현관을 노크하게 될 것이다. 직설적으로 말해서 최악의 비상사태나 가정경제상 불가피한 경우가 아니라면, 홈스쿨을 시행하는 엄마는 절대 집 밖에 나가 일하면 안 된다. 날마다 당신의 안내와 관심을 바라는 자녀에게 그것은 결코 온당한 처사가 아니다.

대부분 아침식사를 마치고 난 시간이 지식학습을 위한 최적의 시간이 된다. 홈스쿨을 시행하는 부모로서 내 경험을 빌어 말하자면, 무엇이든 규칙적으로 꾸준히 하는 것이 가장 중요하다. 가르치는 부모나 배우는 자녀가 언제 무엇을 해야 할지 예상하고 준비할 수 있기 때문이다. 그러나 홈스쿨의 유연성을 훼손할 정도로 경직될 필요는 없다.

인성교육에 우선순위를 두라

가장 중요한 과목은 무엇일까? 읽기와 쓰기와 셈하기? 영어와 수학? 성경 역사? 아니다. 가장 중요한 과목은 경건한 인성을 개발하는 것이다. 이를 초석으로 다른 모든 학습이 수행되어야 한다. 어떤 사람이 아는 것은 많아도 경건한 인성이 부족하다면, 결국 그는 세상에 긍정적인 영향을 끼치지 못할 것이다. 그의 인생은 오늘은 여기 있지만 내일이면 사라지고 말 모래성과 같다. 어린이가 신체적으로, 정서적으로, 정신적으로, 사회적으로 성장해야 한다는 말은 지극히 타당하다. 하지만 그중에서 가장 중요한 것은 바로 영적 성장이다.

경건한 인성이란 전능하신 하나님의 마음으로부터 나와 세상을 더욱 살기 좋은 곳으로 만드는 자질과 미덕으로 구성된다. 그런 자질과 미덕은 사랑, 희락, 화평, 오래 참음, 자비, 양선, 충성, 온유, 절제(이상 성령의 아홉 가지 열매), 정직, 근면, 솔선수범, 순종, 주의 깊음, 감사, 유순, 성실, 우호, 용서 등(물론 이 정도에 국한되는 것은 아니다)을 포괄한다. 이런 것들이 바로 한 개인을 온전하게 만들고, 그에게 인생을 위한 준비를 갖추어주는 것이다.

오늘날, 전국 각지의 회사와 기업체 관계자들은 젊은 신입 사원들의 불안한 인성에 대해 적잖이 걱정하고 있다. 젊은이들 사이에 두드러진 자기 중심성, 애사심 부족 성향 때문이다. 요즘 젊은이들은 "어떻게 하면 이 회사를 더욱 생산적인 회사로 만들 수 있을까?"라고 질문하는 대신, "어떻게 하면 여기서 더 많은 잇속을 차릴까?"라고 자문한다. 이것이 젊은이들의 공통된 태도이다. 이런 성향은 이제 더 이상 말릴 수도 없는 정점에 달했다. 많은 기업들이 신뢰할 수 있는 성품을 지닌 젊은이들을 찾고 있다.

훌륭한 태도를 지녔느냐 그렇지 않으냐가 관건인 셈이다. 한번은 어떤 사람이 건축 현장 근처를 지나가고 있었다. 몇몇 젊은이들이 삽을 들고 땅을 파고 있는 게 보였다. 그가 한 젊은이에게 다가가 말을 걸었다.

"지금 뭐 하는 겁니까?"

젊은이가 대답했다.

"아저씨, 보면 몰라요? 빌어먹을 놈의 배수구를 파고 있잖아요!"

그는 저쪽 끝에서 역시 땅을 파고 있는 젊은이에게 다가가 물었다.

"지금 뭐 하는 겁니까?"

젊은이는 그를 향해 함박웃음을 지으며 대답했다.

"하나님께 봉헌할 예배당을 짓고 있는 중입니다."

두 사람은 하는 일은 같아도 태도는 전혀 달랐다.

성품 형성에는 하나님을 사랑하고 경외하는 심령이 필요하다. 솔로몬은 이렇게 말했다.

"여호와를 경외하는 것이 지식의 근본이거늘 미련한 자는 지혜와 훈계를 멸시하느니라"(잠 1:7).

따라서 부모는 보물을 캐내듯, 이것을 열심히 찾아내야 한다. 다시 솔로몬의 말을 들어보겠다.

"은을 구하는 것 같이 그것을 구하며 감추어진 보배를 찾는 것 같이 그것을 찾으면 여호와 경외하기를 깨달으며 하나님을 알게 되리니"(잠 2:4-5).

집에서 배우는 아이들은 매일매일 가정에서 지혜 찾는 법을 배워야 한다. 어떤 아이가 예수님을 구세주로 영접할 때, 그는 하나님 나라에서 영적으로 새로이 태어난다. 바로 이 지점에서 아이가 평생 가꾸어가야 할 영적 성장 과정이 시작된다. 그러므로 경건한 인성발달이야말로 당신이 자녀의 인생을 통해 맺을 가장 중요한 열매이다. 하지만 중요한 만큼 경건한 인성을 가꾸는 일은 고되고 어렵다. 그도 그럴 것이, 이 세상과 육체에 속한 것들이, 그리고 사탄이 우리 자녀의 경건한 성품이 자라지 못하게 합심하여 대적하기 때문이다. 사도 바울은 말했다.

"우리의 씨름은 혈血과 육肉을 상대하는 것이 아니요 통치자들과 권세들과 이 어둠의 세상 주관자들과 하늘에 있는 악의 영들을 상대함이라"(엡 6:12).

이러한 사탄의 세력이 자녀의 심령과 영혼을 지배하기 위해 언제나 벼르고 있다. 그들은 오직 당신의 자녀에게서 하나님에 대한 사랑과 성령이 주시는 성품을 강탈하려 하고 있다.

경건한 인성은 예수 그리스도와의 깊은 관계에서 솟아나므로, 당신은 자녀에게 기도하는 것과 말씀 묵상하는 것, 성경암송하는 것, 하나님 말씀에 순종하는 것, 그리스도를 믿는 좋은 친구를 사귀는 것의 중요성을 지속적으로 가르쳐야 한다. 그뿐만 아니라 당신 자신이 '증인'으로서 자녀의 귀감이 되어야 한다. 당신은 자녀에게 하나님 사랑하는 법을 가르쳐야 하며, 일상에서 신령과 진정으로 하나님을 갈구하는 법을 가르쳐야 한다. 그래서 당신 자녀가 예수 그리스도와 깊고도 한결같은 관계를 발전시켜 나갈 때에 경건한 인성을 지닌 성인으로 성장하게 된다.

교수과정

여기서 잠시, 교수과정에 대해 성경이 어떻게 설명하고 있는지 살펴보는 것이 유익할 것 같다. 성경은 '가르침', '훈련'을 나타내는 데 몇 가지 핵심 용어를 사용한다. 그중 히브리어로 '카낙'(chanak)이란 말이 있는데, 이 말은 "훈련하다", "봉헌하다", "폭을 좁게 만들다"라는 의미를 지닌다. 이 용어는 신명기 20장 5절(2회 등장), 열왕기상 8장 63절, 역대하 7장 5절, 잠언 22장 6절 등 구약에 5회나 등장한다. 이 말의 고대 어원은 "폭을 좁게 만들다", "억제하다"라는 뜻을 가지고 있다. 이 용어를 교수과정에 적용한다면, 부모가 자녀의 행로를 제한해야 한다는 의미를 함축한다. 성경은 자녀가 올바른 방향으로 나아갈 수 있게 부모가 책임을 지고 돌봐야 한다고 가르친다. 자녀가 제멋대로 선택한 길로 아무렇게나 가게 내버려 두어서는 안 된다. 자녀들이 옛 본성에 따라 걸음을 옮기기 전, 부모는 그들을 올바른 길로 안내하고 그 길로 걷게 해야 한다. 부모는 자녀의 길을 "좁게 만들어야 한다", "제한해야 한다." 왜냐하면 "생명으로 인도하는 문은 좁고 길이 협착"(마 7:14)하기 때문이다.[134]

"마땅히 행할 길을 아이에게 가르치라(chanak) 그리하면 늙어도 그것을 떠나지 아니하리라"(잠 22:6).

이때 '카낙'이란 용어에 성전이나 아이를 "봉헌하다"라는 의미가 있다는 것을 앞에서도 보았다. 구약의 성전 봉헌 의식은 아이를 하나님께 봉헌하는 의식과 여러 면에서 관계가 있는데, 특히 어렸을 때에 아주 일찍 봉헌한다는 점에서 더욱 그렇다. 유일한 차이점이라면 어린이를 봉헌하는 경우, 성전 봉헌 의식과 달리 일회성 의식으로 끝나는 게 아니라 지속적으로 이루어진다는 것이다.[135]

성경에서 교수과정을 일컫는 데 사용한 다른 용어는 '샤난'(shanan)이다. 이 말은 "날카롭게 하다", "설득하다", "반복하여 가르치다"라는 의미이다. 부모가 일상에서 반복적으로 하나님 말씀을 가르칠 때, 아이는 경건한 가치와 기준을 가장 효율적으로 배운다. 신명기 6장 6절과 7절은 부모들에게 이러한 책임을 분명히 전달하고 있다.

"오늘 내가 네게 명하는 이 말씀을 너는 마음에 새기고 네 자녀에게 부지런히 가르치며 집에 앉았을 때에든지 길을 갈 때에든지 누워 있을 때에든지 일어날 때에든지 이 말씀을 강론할 것이며."

하나님은 일상생활 가운데, 모든 기회를 적절히 활용하여 경건한 가르침과 훈련을 해야 한다고 명하셨다. 부모는 자녀 스스로 하나님의 길로 걸을 수 있을 때까지 기독교의 진리를 반복해서 가르쳐야 한다.[136]

성경에서 교수과정을 일컫는 데 사용한 또 다른 용어로 '라마드'(lamad)가 있다. 이는 "철저한 훈련을 통해 가르치다"라는 의미를 갖는다(신 4:10 ; 11:9 참조). '라마드'는 가축을 모는 곤봉(호 10:11)을 묘사하는 데, 신병을 훈련하는 것(대상 5:18)을 묘사하는 데 사용되었다. 곤봉은 가축들을 찔러, 방향을 제시하는 데 사용되던 예리한 막대기이다. 비유적으로 말하면, 부모 또한 자녀들을 찔러, 경건의 길로 몰아가야 할 필요가 있다는 말이다. 병사들은 만약에 있을지 모르는 전투에 대비하여 강도 높은 훈련을 받는다. 우리는 모든 그리스도인들이 사탄과 치열하게 영적으로 싸우고 있는 중임을 잘 알고 있다. 그러므로 우리 자녀들 또한 전투에 대비하는 병사처럼 강도 높은 훈련을 받아야 한다.[137]

또한 성경 전반에는 하나님께서 부모에게 가르치는 권위를 주셨다는 사상이 흐르고 있다. 부모는 본디 가르치는 권위를 소유하고 있었다. 사도들이 "각 사람을 그리스도 안에서 완전한 자로 세워야 할"(골 1:28) 권위를 부여받았듯이, 부모 또한 자녀들을 양육할 권위를 부여받았으며 그로 인한 최종 결과에 대해서도 책임을 져야 한다. 세상 그 누구도 부모 대신 이 엄청난 책임을 대신할 수 없다. 인성교육의 효율을 극대화하려면, 첫째, 일상의 훈련을 통해 가르쳐야 하며, 둘째, 생활에 적용해야 하며, 셋째, 부모가 모범을 보여야 하며, 넷째, 기타 모든 훈련과 융합되어야 한다. 부모 말고 또 누가 이런 자격 요건을 충족시킬 수 있다는 말인가?

부모가 망망대해에 떠 있는 무인도처럼, 사회적인 정황을 깡그리 무시한 채, 독불장군식으로 가르쳐야 한다는 이야기가 아니다. 부모는 지역사회의 건강한 시민으로서, 무엇보다 그리스도의 몸의 지체로서 자녀 가르치는 사명을 감당해야 한다. 홈스쿨링이 가정을 중심으로 돌아갈 뿐 아니라 가정 바깥에까지 확대되는 교육적 노력임을 기억해야 할 것이다.

홈스쿨을 시행하는 부모는 자녀들의 기독교적인 인성발달과 하나님 사랑에 초점을 맞추어야 한다. 기독교 교육은 이 두 가지에서 비롯되었으며, 그것을 중심으로 돌아가고, 그것으로 끝이 나기 때문이다. 이 두 가지가 모든 지식의 원천이며 극치이다. 홈스쿨을 시행하는 부모가 응당 인성발달과 하나님의 사랑에 우선순위를 부여할 때 그 보상으로 큰 유익을 얻게 될 것이다.

본보기를 보여라

'백문百聞이 불여일견不如一見'이라고 한다. 여러 차례 말로만 듣기보다 한 번 보는 것으로 어린이는 더 많이 배운다. 대부분의 부모가 좋은 뜻으로 자녀에게 견고한 가치와 그리스도인의 성품의 중요성을 역설하지만, 그 가르침에 버금가는 생활은 보이지 못하는 경우가 많다. 부모는 말로 가르치기보다 행동으로 보여주는 것이 훨씬 더 중요하다는 사실을 깨달아야 한다.

만일 어떤 아버지가 아들에게 매일의 묵상과 기도에 대해 장황하게 설교하면서 정작 자신은 묵상하지 않고, 기도하지 않는다면, 과연 그 아들이 아버지의 장황한 설교에 큰 의미를 둘까, 아니면 모순되는 행동에 더 큰 의미를 둘까? 만일 어떤 엄마가 딸에게 외적인 아름다움보다 내면의 아름다움이 더 중요하다고 말하면서 정작 자신은 마사지나 피부관리에 과도한 비용과 시간을 소비한다면, 과연 그 딸이 무엇을 배울까? 어떤 부모가 자녀들에게 TV 시청은 시간 낭비라고 역설하면서 정작 부모 자신은 하루에도 몇 시간씩 TV 앞에 앉아 시간을 보낸다면, 과연 그 자녀들이 무엇을 배울까? "원숭이는 본 대로 따라 한다"라는 말이 있다. 물론 당신 자녀가 원숭이는 아니지만, 그들 역시 본 것을 흉내 내게 되어 있다. 가르친 대로 실천하여 공허한 말을 내뱉는 부모가 되지 않도록 경계하라. 가장 효과적인 교육, 지속적으로 효과를 발휘하는 교육 형태는 바로 '실물교육'이다.

한편 어린이가 영적으로는 전혀 성장하지 않으면서 지적으로만 성장하는 경우가 있는데, 이는 부모가 가르치는 믿음과 가치를 자녀가 진심으로 믿지 않으며, 그저 제 부모의 귀를 즐겁게 하기 위해 앵무새처럼 지껄일 때 발생한다. 일례로, 어떤 아이가 요한복음 3장 16절을 거침없이 암송하지만, 그 속에 담긴 하나님의 사랑에 대해서 전혀 모르는 경우가 있을 수 있다. 에베소서 4장 32절 말씀을 줄줄 외지만, 늘 고약한 심보를 드러내며 친구들을 용서하지 않는 일이 일어날 수 있다. 여기에는 사탄의 교묘한 장난이 숨어 있다. 영적으로 미진한 상태에 머물러 있는 자녀가 제 부모의 영적 행동을 흉내 내기만 하는 경우가 발생할 수 있다는 것이다. 기독교의 가치와 확신을 입으로 뇌까리기만 하는 것은 우리의 교육 목표가 아니다. 자녀의 성품과 생활방식을 철저히 변화시켜 하나님의 뜻에 순응하는 성품과 생활방식으로 바꾸는 것이 우리의 교육 목표이다.

이 모든 것이 당신의 우선순위가 무엇인지, 당신의 교육 목표가 무엇인지에 좌우된다. 당신은 매우 총명하지만 영적인 아름다움이 결여된 자녀를 원하는가? 아니면 총명할 뿐 아니라, 진정으로 하나님을 사랑하고 경외하는 자녀를 원하는가? 당신은 홈스쿨링으로 자녀에게 이 두 가지 자질을 다 가르칠 수 있다.

오늘날 공교육에 많은 문제가 노출되고 있다. 그중 한 가지 이유가 바로 헌법 어느 조항에서도 찾아볼 수 없는, 소위 '교회와 국가의 분리의 벽'이다. 학교에서 기독교를 퇴출시키자는 게 초창기 학교 설립자들의 의도는 아니었을 것이다. 그러나 요즘 부모는 "학교에서는 지식을 가르치고, 교회에서는 마음을 가르쳐야 한다"라는 선전에 세뇌당하고 있다. 하지만 어떻게 지식과 마음이 따로 갈 수 있는가? 이 두 가지가 분리된다면, 저녁 시간과 주말에 부모가 아무리 자녀들을 재교육시킨다고 한들, 목회자가 주일 아침에 아무리 가르친다 한들, 학교에서 일주일의 엿새를 친구들과 같이 보내는 아이들이 어떻게 될까? 결국 그들은 또래집단의 압력과 영향력 하에 훨씬 더 많은 것을 배우게 될 것이 자명하다. 그렇다면 어쩔 수 없는 가치관의 혼재가 일어난다. 하나님 말씀과 부모의 모범이 공조하여 기독교 가치관을 교육하고 이를 더욱 공고히 한다는 것은 홈스쿨의 크나큰 이점이다. 바로 여기서 경건한 교육이 시작된다.

　학습이란 아이가 다양한 원천으로부터 다양한 정보를 흡수하는 지속적인 과정이다. 이 과정에는 오감五感이 총동원된다. 그러나 기독교를 믿는 부모는 자기 자녀가 세상 흉내 내는 것을 결코 바라지 않는다. 따라서 부모는 자녀의 환경을 적절히 단속해야 한다. 자녀들에게 부정적 영향을 끼칠 수 있는 환경 요건을 아래에 몇 가지로 요약해보았다. 이 여섯 가지 영역을 적절히 통제하고 억제하기 바란다.

- TV, 비디오 시청
- 친구관계
- 책과 음악
- 오락거리
- 주로 가는 곳
- 장난감과 소지품

　자녀에게 경건한 인성을 가르치는 데 필수 조항이 있다. 그것은 가르친 그대로 모범을 보여야 한다는 것이다. 자녀에게 무엇을 요구하기 전, 당신이 먼저 그렇게 해야 한다. 다윗은 시편에서 "내가 완전한 마음으로 내 집 안에서 행하리이다"(시 101:2)라고 말했다. 한편으로 말로 가르치며 다른 한편으로는 행동으로 본을 보여야 한다. 거기에 덧붙여 자녀를 위해 기도해야 한다. 모든 부모는 제 자녀를 위해 하나님의 보살핌과 인도를 구하며 무릎 꿇는 시간을 가져야 한다. 그렇지 않고서야 주의 교양과 훈계로 자녀를 양육하라고 명하신 에베소서 6장 4절의 명령을 어떻게 수행할 수 있을까? 부모의 기도시간은 교육과정에 결정적인 요인으로 작용한다. 자녀에게 효율적으로 지식을 가르칠 만한 지혜를 달라고 주님께 열심히 구하라.

효율성을 위한 체계화

홈스쿨을 시행하는 부모는 계획과 조정에 친숙해야 한다. 교육과정 체계화에 능한 부모는 홈스쿨링이 결코 어려운 과업이 아님을 알게 될 것이다. 물론 교육과정을 체계화한다는 게 그리 쉽지만은 않다. 하지만 최선의 노력을 기울일 만한 충분한 가치가 있다. 시행착오도 겪을 것이다. 하지만 그것으로 일보 전진할 수 있다. 설령 홈스쿨링이 아니더라도, 자녀를 키우면서 시행착오를 겪지 않는가? 판단착오를 일으킨다 해도, 그런 실수를 통해 자녀를 좀 더 이해하게 되고, 관계가 더욱 돈독해지는 계기로 삼을 수 있다. 홈스쿨링은 '완벽'을 요구하지 않는다. 다만 일정한 정도의 체계화를 요구한다. 이것만 구비하면 성공은 보장된 것이나 다름없다.

우선 학용품을 체계화하라. 교과서, 연습장, 공책, 삼각자, 가위, 연필, 종이, 크레용, 물감, 풀 등 자주 사용하는 학용품을 특별히 한 곳에 모아두라. 어느 물건이 어디에 있는지 잘 알기 때문에 자녀가 기쁜 마음으로 물건을 가져올 것이고, 수업 후 학용품 정리도 스스로 할 수 있을 것이다. 플라스틱 상자나 장난감 통을 학용품 상자로 활용하는 것도 좋겠다.

수업 장소를 정하라

수업 환경이 좋을수록 학습 효과는 배가된다. 일정한 장소와 위치를 정하는 것이 집에서 배우는 아이들에게 필요한 '학습 일체화' 과정상 매우 유익하다. 홈스쿨을 시행하는 많은 부모들은 특정한 방을 교실로 정하고, 책상, 소형 칠판, 지구본, 지도, 국기 등 수업에 필요한 가구와 재료를 구입한다. 이것을 모두 구비해두는 것도 유익하지만 단호한 의지만 있다면, 식탁이나 들고 나를 수 있는 밥상만 있어도 무방하다. 집안 어디를 교실로 정하든, 분위기를 산만하게 하는 불필요한 소음이 적은 곳, 조명이 밝은 곳이 좋다.

커리큘럼을 정하라

커리큘럼을 확정하기 전, 자녀의 학습 스타일과 기질을 충분히 고려해야 한다. 아이가 시각적인 것을 좋아하는지, 청각적인 것을 좋아하는지, 아니면 동적인 것을 좋아하는지 잘 파악해두어야 한다. 어떤 아이는 보면서 잘 배우고, 다른 아이는 들으면서 잘 배우고, 또 다른 아이는 직접 행동해보고 잘 배운다.

몇 개의 숫자(1에서 8까지면 충분하다)만 가지고도 당신 자녀의 장단점을 쉽게 테스트할 수 있다.

첫째, 숫자를 뒤섞어가며 자녀에게 임의로 읽어준다. 그다음, 들은 숫자 그대로 말하게 하라. 8개의 숫자 가운데 몇 개를 맞추었는지 기록하라.

둘째, 숫자를 섞어 임의로 공책에 기록한다. 자녀에게 잠시 보여준 다음, 본 숫자 그대로 적게 하라. 위와 마찬가지로 몇 개를 맞추었는지 기록하라. 불러주는 숫자를 듣고 더 많이 맞춘 아이는 청각적 인지능력이

우수하며, 공책에 쓴 숫자를 보고 더 많이 맞춘 아이는 시각적, 공간적 인지능력이 우수한 것이다.[138]

그러나 자녀의 학습 스타일이 바뀔 수도 있고, 복합적으로 몇 가지 스타일을 동시에 가지고 있는 아이도 있을 수 있다는 것을 유념하라. 이런 범주는 유익한 참고자료가 될 뿐이지, 명백한 판단기준이 되는 것은 아니다.

커리큘럼 결정은 홈스쿨링의 가장 중요한 영역 중 하나이다. 여기 저기 자문을 구해 선배들의 커리큘럼을 참고하는 것도 잊지 말아야 한다. 그들과 이야기하며 그들 커리큘럼의 장단점에 대해 토론하라. 커리큘럼을 정하기 전에 커리큘럼에 대해 배울 수 있는 모든 것을 배우도록 해야 한다. 서점이나 홈스쿨링을 후원하는 단체, 선배 홈스쿨 부모들을 통해 많은 정보를 얻을 수 있을 것이다. 그러나 '완벽한' 커리큘럼이란 존재하지 않는다는 것을 기억하라. 또 잘못된 커리큘럼을 선택하여 자녀를 망쳐놓는 일 같은 것도 없을 터이니 너무 염려하지 말라. 이제 교재 선택을 중심으로 커리큘럼에 대해 살펴보자.

일반적으로 커리큘럼은 네 가지 범주로 나뉜다.
- **전통적인 커리큘럼** - 학교 교과서를 사용하는 학습 방법이다. 전통적 커리큘럼의 이점은 형제자매가 교재를 물려가며 재사용할 수 있다는 것이다. 단점은 이런 교과서와 부교재들은 전형적으로 교실 수업에 사용하도록 고안되고 구성되었다는 것이다. 어떤 부모는 홈스쿨을 하면서 학교 교과서를 그대로 사용하면, 수업 분위기가 매우 경직된다고 말한다. 왜냐하면 교과서가 교사의 간섭이나 강의 중심으로 편성되어

있기 때문이다.

- **개인의 능력에 맞게 학습하는 커리큘럼** - 이 커리큘럼은 전통적인 커리큘럼과 비교하여 교사에 대한 의존도가 상대적으로 낮다. 이 학습 방법은 과목별로 다양하게 제공되는 워크북(미국에는 과목별로 교과서에 워크북이 딸려 나온다. 일종의 수련장 혹은 문제집 정도로 생각하면 되겠다 - 역자 주)을 중심으로 학습하는 것이다. 이 커리큘럼의 장점은 손쉽게 사용할 수 있는 워크북 덕택에 누구나 쉽게 시작할 수 있다는 점이다. 또한 워크북이 대체로 몇 주 혹은 몇 개월 단위로 끝마치도록 구성되어 있어 그 과정을 따라가는 학생들이 책을 뗄 때에 적지만 무시할 수 없는 성취감을 맛볼 수 있다. 그러나 단점은 워크북의 재활용이 불가능하고, 일단 워크북이 끝나면 부모가 교사와 학생으로서의 일상의 상호작용을 멀리하고 스스로 알아서 공부하라고 방치하는 유혹에 빠지기 쉽다는 것이다.

- **단위 학습 커리큘럼** - 단일한 주제나 화제를 학습하기 위해 몇 가지 학문적 부문을 통합 혹은 병합하는 교수 계획법이다. 단위 학습의 장점은 제대로 계획되었을 경우, 다양한 과목을 개별적으로 가르칠 때보다 교수 시간이 상대적으로 줄어든다는 점이다. 학생들은 한 가지 특정 주제나 연구 분야에 다양한 과목을 접목해보면서 마냥 신기해한다. 단점은 이런 학습을 계획하는 데 엄청난 시간과 노력이 요구된다는 점이다.

- **부모가 고안한 커리큘럼** - 부모가 위 세 가지 방법을 동시에 혼합하거나 유기적으로 합하여 사용할 수 있다. 이 학습 방식의 장점은 부모가 자기 자녀에게 딱 맞는 학습 방법을 그때그때 주문 제작하듯, 맞추어 실시할 수 있다는 점이다. 예를 들어, 어떤 출판사는 수학과 역사가 강하고, 다른 출판사는 어학과 과학이 강할 수 있다. 그럴 때 부모는 나

름대로 최상의 교재를 선택하여, 자녀를 위한 커리큘럼을 구성할 수 있다. 나는 개인적으로 이 방법을 선호하고 또 시행하고 있다. 이 방법의 단점은 자녀에게 딱 맞는 커리큘럼을 짜기까지 시행착오를 거치는 일이 불가피하다는 점이다.

그렇다면, 당신은 어떤 커리큘럼을 선택할 것인가? 이 문제를 결정하기 전에, 몇 가지 고려할 사항이 있다.

- 당신이 고려하고 있는 커리큘럼이 기독교적인 특성을 갖고 있는가?
- 교사와 학생을 위해 잘 체계화되어 있는가?
- 개인학습을 위해 고안된 것인가 아니면 그룹 학습을 위해 고안된 것인가?
- 교사 편람과 교수 계획표를 이용할 수 있는가?(단체에서 커리큘럼을 지원받는 경우)
- 만일 모든 교재를 동일 출판사에서 구입할 경우, 해당 출판사에서는 모든 과목을 교수하는 데 필요한 종합 계획 같은 것을 제공하는가?(미국은 홈스쿨링이 고도로 발달한 만큼, 홈스쿨링 교재와 커리큘럼을 전문적으로 취급하는 출판사도 많고, 해마다 각지에서 홈스쿨링 교재와 커리큘럼을 전시하는 박람회도 열리고 있다. 국내의 경우, 홈스쿨링 관련 단체들을 중심으로 만들어진 일부 교재가 있으며 상용화된 교재는 홈스쿨출판사 DCTY(꿈을 이루는 사람들)에서 개발된 코너스톤 커리큘럼이 있다 - 발행인 주)
- 건강한 도덕과 성품을 뒷받침하고 있는가?

- 다른 홈스쿨 부모들에게도 널리 인정받고 있는가?
- 그것을 사용할 경우, 학생들은 시험을 어떻게 치르게 되나?
- 적은 비용으로 교육 목표를 달성할 수 있는가? 질 좋고 값싼 교재는 얼마든지 구할 수 있다.
- 문제지가 충분한가? 복잡하기만 하고 성과가 없는 것은 아닌가?
- 설명이 쉽고 간략하게 잘 되어 있는가?

당신이 사용하기 가장 편한 커리큘럼을 선택하여 시작하라. 개인적으로 권한다면, 초등학교 2학년 자녀를 데리고 처음 홈스쿨을 시작하는 부모의 경우, 위 네 가지 범주 중 두 번째 '개인의 능력에 맞게 학습하는 커리큘럼'을 선택하라고 권하고 싶다. 그러나 한 번 선택한 커리큘럼을 끝까지 고수해야 하는 것은 절대 아니다. 한 해, 두 해 실시해본 뒤 그 효율성을 재평가할 수도 있다. 특별한 경우가 아니라면, 대부분의 부모와 마찬가지로 여러 가지 교재를 혼합하는 방식을 택하게 될 것이다.

교재와 기타 교육자료 구입에 드는 비용은 천차만별이다. 교과서를 중심으로 학습하는 전통적 커리큘럼은 '개인의 능력에 맞게 학습하는 커리큘럼'보다 상대적으로 비용이 덜 먹힌다. 특히 형제자매가 여럿인 경우, 교과서를 물려가며 사용할 수 있기 때문에 더욱 그렇다. 하지만 후자의 경우, 부모가 수업 준비를 하는 데 그리 많은 노력을 기울이지 않아도 된다는 이점이 있다. 그러나 처음 시작할 때에는 비용을 고려하기보다 당신에게 딱 맞는 커리큘럼을 선택하는 게 주효하다. 그렇지 않다면 중도에 포기하기 십상이다.

팀워크의 비밀을 배워라

팀워크란 가정 내에 가능한 인적 자원을 최대로 활용하는 것을 말한다. 무슨 일이든 한 사람이 단독으로 하면 쉽게 지치고 고단하다.

물론 엄마가 팀의 핵심이다. 대부분의 가정에서는 엄마가 가르치는 짐을 맡는다. 통계를 보아도 홈스쿨을 시행하는 가정 가운데 엄마가 교사 역할을 하는 가정이 88퍼센트를 넘고 있다.[139] 엄마는 홈스쿨을 지원하는 단체들로부터 도움을 받을 수 있고, 다른 엄마들과 정보 교환을 하며 힘을 얻는다. 홈스쿨링이 엄청난 시간과 헌신을 요한다는 점은 의심의 여지가 없다. 그러나 그 열매는 힘들었던 수고와 인내의 땀을 식히고도 남을 만하다. 엄마도 사람이니 체력적으로 한계를 느낄 때가 있다. 이때 역시 우선순위의 설정이 무엇보다 필요하다. 특히 어린 동생들을 키워가며 홈스쿨을 시행하는 엄마라면 더 그렇다. 때로는 홈스쿨을 병행하느라 가사 활동을 완벽히 해내지 못하는 경우도 발생한다. 따라서 아빠가 이 부분에 특별한 관심을 가지고 엄마를 도와야 한다. 이것이 바로 팀워크의 비밀이다.

장성한 자녀들도 팀의 일원이 될 수 있다. 자고로 동생은 형이나 언니의 행동과 태도를 모방하는 성향을 지니고 있기 때문에 형이나 언니는 학습 보조자로서 중요한 역할을 수행할 수 있다. 따라서 부모는 장성한 자녀들을 가능한 한 활용해야 한다. 장성한 자녀는 이제 당신이 놀랄 만한 풍부한 지식과 식견을 갖추었다. 그들은 동생의 질문에 답할 수 있을뿐만 아니라, 부모에게 학습 방향과 개념을 설명해줄 수 있다. 예전에 터득한 독자적인 공부 습관, 태도, 성품 등의 특징을 동생에게 선보일 수도 있다.

그러나 형이나 언니가 부모를 대신하여 교사의 자리를 차지하면 안된다. 그럴 경우, 어린 동생은 엄마 아빠와 함께하는 중요한 시간을 빼앗기고 결국 학습에 장애를 일으키고 만다. 특히 홈스쿨을 시행하는 부모는 자녀에게 설거지, 철 지난 옷 정리하기, 식사 준비, 청소 등의 가사 책임을 교육의 일환으로 연결할 수 있어야 한다. 물론 서투른 자녀에게 집안일을 맡기느니 차라리 부모 손으로 신속하게 해치우는 편이 백 번 편하다. 그러나 장기적인 안목에서, 지금 투자한 시간이 당신 가정을 매우 효율적으로 운영되는 가정으로 만들어줄 것이다.

아빠는 한 가정의 가장으로서 자녀를 적절히 훈련시키는 최종 책임을 져야 한다. 아빠는 생계유지를 위해 새벽부터 밤늦게까지 일해야 한다는 핑계로 자녀교육 책임을 엄마에게 떠맡기는 경향이 있다. 한편 엄마는 하루 종일 집에 있기 때문에 학생에게 필요한 일관성을 유지하며 자녀를 가르칠 수 있다. 그러나 엄마 혼자 이 모든 일을 감당하기에는 매우 벅차다. 따라서 엄마는 '아빠 선생님'에게 도움을 요청해야 한다. 이 부분에 대해서는 다음 장에서 상세히 살필 것이다.

결론은 단 하나, 모든 가족이 팀을 이루어 가르치는 일에 동참한다면, 엄마 아빠의 일이 훨씬 가볍고 쉬워질 것이다. 어린 동생들은 엄마 아빠의 관심과 지도 외에 형과 언니의 관심까지 덤으로 얻게 되며, 장성한 자녀들 또한 동생들을 가르치면서 지식을 강화하고, 타인에 대한 배려를 쌓아갈 수 있다. 한마디로, 팀워크는 모든 가족에게 유익하다. 교육과정을 통해 가족의 단결과 우애, 사랑을 견고히 다지게 되는 것이다. 그뿐만 아니라 상호간 협조하고 존중하는 분위기를 일굴 수 있다.

다단계 교수법

집에서 두 명 이상의 자녀를 가르치는 부모는 다단계 교수법의 중요성을 인식해야 한다. 다양한 연령, 다양한 학년의 자녀들을 가르치기 위해서는 더 많은 수고와 계획이 필요하다. 이것이 결코 불가능한 것은 아니다. 어쨌든 이것이 초창기 교육을 출범시키는 데 기여한 '방 한 칸짜리' 교육 방법론이었던 것은 분명하다. 당신은 자녀 각자에게 관심과 시간을 쏟아야 한다. 그러려면 손이 여섯 개라도, 몸이 세 개라도 부족하다. 그러나 '체계화'를 통해 당신은 모든 자녀들에게 뿌듯한 행복감을 안겨줄 수 있을 뿐만 아니라 교육적 성과를 거둘 수도 있다. 물론 문제가 없으리라 장담하지는 않는다. 그러나 다음 두 가지 기본 원칙을 충실히 따르면, 다단계 교수법을 훨씬 더 쉽게 전개할 수 있다.

첫째, 가능한 한 많은 과목을 공동으로 가르쳐라.

과학, 체육, 역사, 인성발달 등은 학년 구별 없이 공동으로 수업해도 크게 무리가 없는 대표적인 과목이다. 특히 과학 실험은 모든 가족이 흥미롭게 참여하는 가족 행사가 될 수 있다. 과학 수업 시간에 어린 동생들은 덥다, 춥다, 건조하다, 습하다, 바람이 몹시 분다, 바람이 없다 등 기본적으로 날씨 구별하는 법에 대해 학습한다. 그동안 동생보다 학년이 높은 형이나 언니는 풍속과 풍향을 측정하는 간이 실험 도구를 만든다(말이 거창하지 사실은 바람개비 정도). 체육도 과감하게 공동으로 실시하여 건전한 경쟁심과 협동심을 기를 수 있는 계기로 삼는다. 따스한 가정환경에서 체육수업을 받는 아이는 운동과 신체활동을 더욱더 즐기게 된다. 물론 형과 공동수업을 하는 경우, 어린 동생들이 이해하지 못할 어려운 내용이 나올 수도 있다. 그럴 때라도, 동생들은 형, 언니와 함께 있는 것만으로도 큰 행복과 기쁨을 느낀다. 예를 들어, 이제 막 구구단을 외기 시작한 1학년 동생은 형의 두 자리 곱셈을 이해하지 못하지만, 연습장에 임의로 숫자를 적으며 그 상황을 즐길 수 있다. 공동수업의 핵심은 학년이 다른 자녀는 주의력 집중도나 이해력이 서로 다르다는 점을 부모가 이해하고, 그에 따라 각자에게 서로 다른 기대치를 갖는데 있다.

둘째, 공동수업을 진행할 수 없는 경우에는 당신의 시간과 관심을 생산적으로 분할하라.

예를 들어, 고학년 자녀에게는 스스로 수행할 과제를 내주고, 그동안 저학년 자녀에게 일대일 수업을 실시하는 것이다. 이럴 때에는 저학년 자녀에게 더 많은 시간과 관심이 쏠리게 된다. 한편, 이따금 시험을 내서 어떤 아이에게 특별한 관심이 필요한지 여부를 판단하는 것도 중요하다. 당신이 모범을 보여준다면, 고학년 자녀들은 시간을 효율적으로 관리하고 쓰는 법을 배워서 당신이 잠시 자리를 비우더라도 게으름을 피우거나 하지 않게 된다. 이런 태도는 고학년 자녀가 인생의 다양한 상황을 자율적으로 평가하는 데 큰 도움이 되며, 덤으로 건강한 성품을 닦을 수 있는 기회도 된다. 따라서 고학년 자녀의 감정과 욕구에도 늘 세심한 관심과 주의를 기울여야 한다.

시험과 기록유지
11계명에 해당될 만큼 중요한 한 가지가 "너는 기록을 잘 해두라"라는 말이다. 이를 명심하라. 매우 드문 일이겠지만, 어느 날 교육청 관계자가 찾아와 불쑥 질의서를 내밀며 조사에 응해달라고 요청하는 일이 생길 수도 있다. 이럴 때, 전국 단위로 시행되는 학업성취도 평가 성적, 엄마가 작성한 성적표, 출석부, 공부한 자료 등 기록을 잘 정리해두고 있다면, 신뢰할 만한 증거자료를 제출할 수 있다. 이런 기록은 법정에서 (홈스쿨과 관련된 각종 청문회에서) 당신이 홈스쿨의 정당성을 변호하는 데 매우 귀중한 자료가 된다. 더욱이 대학 입학을 위한 서면 자료로 매우 귀중하다.

홈스쿨을 시행하는 부모는 매년 전국 단위로 시행되는 표준 학업성취도 평가(미국에서는 해마다 3월에서 5월 즈음에 초등학교 2학년에서 고등학교 2학년을 대상으로 전국 단위 학력평가시험을 치른다. 우리나라에서도 해마다 시市 학력 평가, 도道학력 평가를 실시하는데 해당 교육청 관계자, 혹은 각급 학교 교장과의 협의를 거쳐, 이에 응시할 수 있다 - 역자 주)에 자녀를 응시시킬 필요가 있다. 이런 시험을 통해 자녀의 학문성이 발달하고 있는지, 같은 또래 아이들과 비교했을 때 어느 정도 수준인지 점검할 수 있다. 또 취약한 과목과 우수한 과목을 가려낼 수 있다. 시험은 공부에 박차를 가해 자녀들의 학습능력을 고취시키고 배운 것을 다시 기억해내게 함으로써 기억력을 강화시킨다. 이처럼 시험도 전체적인 교육과정의 일부이다. 따라서 홈스쿨을 시행하는 부모는 연례적으로 실시되는 학업성취도 평가에 자녀들을 응시시키고 시험 결과를 기록, 유지 보관해야 한다. 이런 기록은 홈스쿨 과정을 마치고 다시 학교에 들어가거나 대학에 입학할 때, 혹은 청문회에 서게 될 때, 매우 귀중한 자료가 된다.

홈스쿨 자녀들에게 표준 학업성취도 평가가 과연 필요한지 그렇지 않은지에 대해서는 여러 가지 의견들이 엇갈리고 있다. 그러나 장기적인 안목에서 시험 결과를 정리해둘 필요가 있고, 자녀의 학업 수준을 나타내는 지표들을 제대로 이해할 필요가 있다. 이런 관점에서 본다면, 시험에는 단점보다 장점이 훨씬 더 많다는 게 나의 개인적인 견해이다. 학교에 다니는 학생들도 그렇지만, 집에서 배우는 학생들 가운데 대학을 지망하는 학생들도 SAT(Scholastic Aptitude Test)나 ACT(American College Test) 등 수능시험을 치러야 한다(우리나라의 수능시험이 단일화되어 있는 것과 달리, 미국은 SAT와 ACT로 이원화되어 있다. 대부분의 대학들이 두 가지 가운데 하나의 성적을 입학사정에 요구하고 있다 - 역자 주). 표준 학업 성취도 평가 시험을 치러본 경험이 있는 학생들은 이러한 유형의 시험 방식에 이미 익숙해 있어 수능시험에도 당황하지 않을 것이다.

시험과 관련해서 두 가지 주의할 사항이 있다.

첫째, 시험 결과를 토대로 자녀와 다른 학생들을 비교하면 안 된다.

시험에는 은밀한 위험이 도사리고 있다. 부모가 오직 시험 결과만을 근거로, 홈스쿨의 효율성과 성공 여부를 부당하게 판단할 수 있기 때문이다. 시험 결과를 지나치게 강조하면, 자녀의 자아 가치에 부정적인 영향을 끼칠 수도 있다. 현명한 부모라면 시험 결과를 토대로 홈스쿨의 성공 여부를 판단하는 것이 아니라 당초 교육 목표를 토대로 판단한다. 현명한 부모는 시험 결과가 모든 것을 설명하는 것은 아니라는 점을 잘 알고 있다. 때로는 총명한 아이들이 시험을 잘 못 보는 경우도 있다. 시험은 기껏해야 학문적 예리함을 측정할 뿐이다. 시험으로 자녀의 마음과 영혼까지 측정하지는 못한다. 따라서 시험을 전체적인 가치 평가 기준

중 일부로 보는 것이 바람직하다. 부모는 기본적인 교육 목표, 자녀의 일간 주간 학습 성취도, 전반적인 자아 존중감, 인성발달 정도 등을 포함하는 다양한 요인에 근거하여 홈스쿨의 성공 여부를 판단해야 한다. 시험 결과와 더불어 이 모든 요인을 결부해보았을 때, 자녀의 현재 상태에 대해 정확한 정보를 얻을 수 있다.

둘째, 부모가 자녀에 대해 내리는 평가보다 자녀 스스로 내리는 평가가 훨씬 더 중요하다.

자녀가 자신의 정신, 마음, 영혼을 바라보고 자신의 발전 상태에 대해 스스로 평가하도록 해야 한다. 또 부모는 자녀에게 우선순위를 평가하는 법을 가르쳐야 한다. 부모는 자녀에게 하나님 말씀에 근거하여 자신의 가치를 평가하는 것이 얼마나 중요한지 가르쳐야 한다. 당신의 자녀를 잘 인도하여 다음과 같은 질문을 던지게 하라.

하나님 보시기에 나는 어떤 존재인가? 내 삶의 목표는 무엇이고, 이 세상에서 내가 수행할 역할은 무엇인가? 나는 지금 그 목표를 향해 꾸준히 전진하고 있는가? 나는 지금 영적으로 성장하고 있는가? 하나님을 사랑하고 있는가? 나는 학업을 포함해서 모든 일에 최선을 다하고 있는가?

자녀가 이 질문에 자신 있게 대답할 수 있다면, 자신의 학업 상태에 대해서도 기꺼이 평가할 것이요, 그에 따르는 합당한 조치도 내릴 수 있을 것이다.

극단적으로는 다음 두 가지를 조심하라. 시험을 피하는 것도, 시험 결과를 지나치게 강조하는 것도 모두 바람직하지 않다. 평가는 교육과정에 필수적이다. 따라서 당신과 자녀 모두 시험을 기쁜 마음으로, 즐길 수 있는 체험으로 받아들이는 법을 배워야 한다. 그러면 시험에 몇 가지 유익이 있다는 것도 발견하게 될 테니까.

규율과 예의범절

홈스쿨을 시행하는 부모는 개인적으로, 또는 문화적으로 매우 중요한 규율, 예의범절, 존경심 등을 회복할 수 있는 기회를 맞는다. 다른 모든 지식 형태와 마찬가지로, 이 역시 학습된 행동이다. 따라서 부모는 자녀에게 예의범절을 가르쳐야 한다.

어린 자녀들은 세상이 그들을 중심으로 돌아간다고 생각한다. 그러나 차츰 성장하면서 규율의 중요성을 배우게 된다. 규율은 영적, 신체적, 사회적, 정신적 영역 등 모든 영역에서 필요하다. 영적인 측면에서 어린이는 매일의 경건 시간이 갖는 영적 가치를 배우고, 그것을 게을리했을 때의 위험성에 대해서도 배워야 한다. 신체적인 측면에서 어린이는 편식하지 않는 법, 적당히 운동하는 법, 개인위생을 철저히 지키는 법을 배워야 한다. 인스턴트 음식만 먹고 몸을 잘 움직이지 않을 때는 어떤 결과가 초래되는지 배워야 한다. 정신적인 측면에서 어린이는 지식에 공짜가 없다는 것을 배워야 한다. 기본적으로 필수적인 지식 이상의 지식을 얻으려면, 시간을 내서 읽어야 하고 써야 하고 질문해야 한다는 것을 깨달아야 한다. 사회적인 측면에서 어린이는 좋은 친구와 나쁜 친구, 바람직한 장소와 그렇지 못한 장소를 구분하는 법을 배워야 한다. 합당한 사회성이 무엇인지 배워야 한다.

그런데 이 네 가지 영역을 하나로 묶는 끈이 있다. 어린이가 자기 시간의 주인이 되어야 한다는 것이다. 시간은 매우 귀중하다. 우리는 모두 하루 24시간을 균등하게 분배받았다. 그러나 시간이란 너무 빨라, 자칫 낭비하기 십상이다. 성경은 때가 악하니 세월을 아껴야 한다(엡 5:16 참조)라고 말한다. 어떤 사람들은 하나님께 받은 24시간을 가지고 놀랄 만한 업적을 이룬다. 반면 어떤 사람들은 똑같은 24시간을 가지고 아무 것도 이루지 못한다. 자기 시간의 주인이 되려면 먼저 우선순위를 어떻게 설정해야 하는지 배워야 한다. 당신이 자녀에게 시간 관리하는 법을 제대로 훈련시키기만 한다면, 당신의 자녀는 최고의 시민으로 성장할 것이다. 물론 여기서도 당신의 모범이 필요하다.

아무래도 현대인의 삶에서 예의범절이란 완전히 망각된 것이 아닌가 한다. 오죽하면 식사 예법을 잘 배운 아이, 공손한 태도를 익힌 아이, 노인을 공경할 줄 아는 아이, 에티켓을 지키는 아이를 만났을 때, 우리 마음이 마치 청량음료를 마신 것처럼 시원할까? 예수께서는 어디를 가나, 무슨 일을 하나 최상의 예의범절을 보이셨다. 그러니 예수님을 따르도록 자녀를 가르쳐라. 무례하고, 버릇없는 망나니와 어울리고 싶은 사람은 아무도 없을 것이다. 성경은 이렇게 말한다.

"채찍과 꾸지람이 지혜를 주거늘 임의로 행하게 버려 둔 자식은 어미를 욕되게 하느니라"(잠 29:15).

태어날 때부터 무례한 사람은 없다. 자라면서 무례해지는 것이다. 남편들에게 질문하겠다. 당신은 아이들 보는 앞에서 아내의 요리 솜씨나 외모를 칭찬해본 적이 있는가? 이런 식의 단순한 행동이 아이들에게 '아빠는 엄마를 존중한다'라는 사실을 일깨워준다. 사려 깊음, 관대함, 온화함, 모범적인 태도를 가르치는 부모는 자녀를 위해 최고의 유익을 선

사하는 것이나 진배없다. 왜냐하면 자녀가 인생의 험난한 길을 헤쳐 나
갈 때, 그것만큼 유익한 도구는 없기 때문이다. 여기서도 잊지 말아야
할 한 가지가 있다. 당신이 자녀들의 거울임을 기억하라.

견학과 과외활동

견학은 홈스쿨링 과정에서 매우 중요하고 흥미로운 부분이다. 견학
할 곳이 도서관이든 연극 공연장이든 박물관이든 유적지이든 공장이든,
어린이는 기억에 남는 이런 체험을 통해 잔뜩 고무된다. 당신은 견학을
교육과정의 일부로 인식해야 한다. 엄마 아빠가 견학을 인도할 수도 있
고, 홈스쿨을 시행하는 다른 가족들과 연대하여 그룹으로 견학을 할 수
도 있다. 어떤 경우이든, 이런 식의 나들이가 교육과정을 더욱 의미 있
게 만든다. 견학이라고 해서 반드시 특별 행사 성격을 띠어야 하는 것은
아니다. 일상적인 가족활동의 연장으로 수행할 수 있다. 심지어 은행,
구두수선소, 동물병원 방문 등 일상의 나들이도 체험학습이 될 수 있다.
이런 경험을 일기에 기록하게 하라. 그것이 자녀의 학습 능력을 강화하
는 데 도움을 줄 것이다. 그런 곳에서 사진을 찍거나, 현장을 그림으로
그리게 하거나, 소감을 글로 기록하게 하는 것도 좋은 방법의 하나이다.

과외활동 또한 무시할 수 없는 부문이나 지나치게 강조할 필요는 없
다. 동네에 있는 교습소에서 성악이나 악기 교습을 받게 할 수도 있을
것이며 YMCA나 생활체육관, 구청의 여성회관 등에서 제공하는 발레,
수영, 미술, 공작 프로그램을 활용할 수도 있겠다. 그 외에도 과외활동
분야는 매우 다양하고 광범위하다(우리나라의 경우, 어머니들이 대개 고
학력인데다 가정 학습지 교재가 잘 개발되어 있고, 미술학원이나 음악학원

등 각종 사설 학원이 많아 예능교육의 짐을 덜 수 있다는 점을 들어 오히려 홈스쿨을 시행하기에 적합하다고 보는 견해도 있다 - 역자 주). 이 역시 연구여행과 마찬가지로 전체적인 교육 프로그램의 일부로 인식해야 한다. 이런 활동을 통해 자녀들은 많은 것을 깨우칠 수 있다. 또 교육과정을 마무리하는 훌륭한 기회가 되기도 한다.

성적표 작성

홈스쿨 부모들에게 성적표 작성은 선택 사양이다. 만일 성적표가 자녀의 학습의욕 증진과 전반적인 교육 목표에 도움이 된다면, 학교에서 하듯 성적표를 작성할 수 있겠지만 오히려 부정적인 학습 환경을 조성한다면, 굳이 성적표를 작성할 필요는 없다. 하지만 고등학교 과정까지 홈스쿨을 실시하는 경우, 대학 입학을 위한 서류 전형(미국의 대학도 우리나라 대학과 마찬가지로 고교 내신과 수능시험을 기준으로 입학사정을 실시한다 - 역자 주)을 염두에 둔다면 성적표는 무시할 수 없다. 성적표 역시 시험 절차와 마찬가지로 전반적인 교육과정의 일부분이라고 생각해야 한다. 만일 성적표를 작성하여 자녀의 불안감이 증대된다면, 공란에 장려할 사항과 칭찬할 사항을 간략하게 기입함으로써 자녀의 의욕을 고취시키는 방법을 사용할 것을 권한다.

학기와 학년

홈스쿨링의 핵심은 생활을 통한 교육을 강조하는 것이다. 따라서 굳이 학교 주기를 따를 필요는 없다. 집에서 교육하는 독특한 강점 중 하나가 연중 학습 효과를 극대화할 수 있다는 점이다. 여름은 옥외 실험을 하거나 원예를 배우는 데 최적이다. 홈스쿨 부모는 방학 기간에도 효율적으로 학습을 진행할 수 있다. 학습을 일 년 중 10개월 동안만 이루어지는 활동으로 생각해서는 안 된다. 학습이란 성숙을 향해 나아가는 자녀들과 인생을 준비하는 어린이들에게 지속적인 체험이 되도록 해야 한다. 홈스쿨 부모는 이 점에 주안점을 두고 계획을 세워야 한다.

홈스쿨 부모 가운데 학습 일정과 휴가 일정을 학교의 학기 주기에 맞추는 예가 있다. 그렇게 해야 자녀들이 별나다는 느낌과 소외감을 피할 수 있다고 믿기 때문인 것 같다. 학교가 방학하면 홈스쿨도 방학하고, 학교의 학기가 시작되면 홈스쿨도 시작한다는 개념만 갖고 있지 않다면, 그렇게 해도 큰 지장은 없다. 또 어떤 부모는 일 년 내내 수업을 진행할 경우, 한 과정을 떼기까지 시간적인 여유가 생기므로 그만큼 부담이 덜어진다고 말한다. 어떻게 생각하든 더운 여름이나 추운 겨울에도 홈스쿨 수업이 진행되어야 한다는 점만은 기억하기 바란다. 성품 교육과 성경암송 교육은 단 하루라도 중단해서는 안 된다.

어린 동생들이 있는 경우

홈스쿨링을 고려하고 있는 부모 가운데, 어린아이들 때문에 걱정하는 이들이 많은 것으로 알고 있다. 그러나 어린 동생들이 있는 많은 가정에서 아무런 방해도 받지 않고 성공적으로 홈스쿨을 시행하고 있다는 것을 알게 된다면 기쁨을 금치 못할 것이다. 왜 그런가? 홈스쿨 가정에서 어린 동생들은 학습의 방해 요인이 아닌 기쁨과 축복이기 때문이다. 물론 때로는 나이 어린 자녀들 때문에 인내심이 바닥나는 일도 일어난다. 하지만 핵심은 그들의 욕구를 충족시켜주면서도 얼마든지 홈스쿨을 시행할 수 있다는 점이다.

　예를 들어, 형을 가르치는 동안 어린 동생을 옆에서 조용히 놀게 할 수 있다. 블록 쌓기나 모형 조립하기 등 창의성을 증진시키고 운동 신경을 개발하는 장난감을 주어도 좋다. 그러나 컴퓨터 게임이나 비디오 게임기 등 무익한 장난감을 주는 것은 바람직하지 못하다. 때로는 그들이 방을 너무 어지럽혀 당신이 치우지 않으면 안 되는 경우도 발생한다. 그런 경우에는 잠시 휴식을 취하거나 형에게 수학 공식이나 성경을 암송하게 하는 등의 조치를 취할 수 있다. 아니면 당신이 방을 치우는 동안, 큰소리로 국어책을 읽도록 하는 방법도 있다. 어린 동생이 낮잠을 잘 때, 당신은 그 시간을 최대로 활용해야 한다. 어린 동생이 있는 가정에서 홈스쿨링을 한다는 것은 만만치 않은 도전이다. 그러나 도저히 승산 없는, 불가능한 도전은 결코 아니다.

고등학생 자녀의 홈스쿨링

　대부분의 부모들이 이 대목에서 움츠러든다. "과연 내가 고등학교 과정을 가르칠 수 있을까?", "난해한 수학Ⅱ, 지구과학, 물리, 화학 등을 제대로 가르칠 수 있을까?" 자문하며 회의에 빠진다. 그러나 겁먹지 말라. 물론 이런 과목들이 어렵지 않다는 것은 아니다. 어렵다. 그것도 무척 어렵다. 하지만 당신이 해낼 수 없는 불가능한 영역은 결코 아니다. 단호한 의지와 결단력만 있다면, 당신은 해낼 수 있다. 연구하며 자녀와 함께 배워라. 정 힘에 부치면, 홈스쿨링 부모들의 모임이나 홈스쿨링 지원 단체에서 실시하는 공동수업, 개인 가정교사나 사설 학원의 힘을 빌릴 수도 있을 것이다.

고등학생들은 어느 정도 독립적인 학습 능력을 갖추고 있다. 이 점을 최대로 활용하기 바란다. 학습 계획과 일정 등을 효율적으로 작성하여 자녀가 그것을 잘 지키고, 하루의 학습 내용을 일지에 기록하도록 훈련시켜라. 그렇지 않으면, '나태'라는 도둑이 찾아와 자녀의 자율적인 학습 능력을 훼방할 것이다. 주간, 월간, 분기 학습 목표를 명확히 설정하라. 그리고 자녀의 학습 태도와 학습 일지를 검토하여 목표를 향해 순항하고 있는지 점검하라.

10장에서는 고등학교 과정까지 홈스쿨링을 해야 하는 이유를 16가지로 제시했다. 추후 신중히 검토해보기 바란다.

홈스쿨 코업(Homeschool Co-op)

홈스쿨을 시행하는 부모는 '홈스쿨 코업'(우리나라에서도 홈스쿨을 시행하는 부모들이 일종의 조합 형태로 단체를 조직하여 상호 협조하고 있다. Co-op : Co-operation의 준말 - 역자 주) 혹은 오두막 교육에 참여할 수 있다. 사실 이 두 가지는 명칭만 다를 뿐, 같은 단체를 일컫는 말이다. 명칭을 통일해서 그냥 홈스쿨 코업이라 칭하겠다. '홈스쿨 코업'이란 한 두 가정 이상이 서로 연합하여 공동으로 홈스쿨을 시행하는 것을 말한다. 전형적인 학교 교육과 가정의 개인 교육을 접목한 것으로 보면 되겠다. '나 혼자?'라는 느낌으로 다소 소외감이 드는 부모들에게는 홈스쿨 코업이 바람직한 해결책이 될 것이다.

대체로 몇몇 가정이 서로 교육을 지원하기 위해 단결하여, 홈스쿨 코업을 구성하는 것이 일반적이다. 적절한 과정을 거쳐 합리적으로 운영될 경우, 홈스쿨 코업은 따스하고 고무적인 교육 환경을 제공한다. 부모는 혼자가 아니라는 점에 큰 위안을 받는다. 또한 여러 부모들이 다양한 과목을 분담할 수 있다는 이점이 있다. 특히 외국어, 지구과학, 물리, 화학 등 전문적인 지식이 요구되는 과목을 학습할 때에 매우 유익하다.

홈스쿨 코업에서는 부모들이 각자의 전공이나 관심 분야를 살려 교수 책임을 분담할 수 있다. 어떤 부부는 역사를 전담하고, 다른 부부는 과학을 전담하고, 또 다른 부부는 수학을 전담하는 식이다. 혹은 연령 대에 따라 자녀들을 나누어 책임질 수도 있다. 어떤 부부는 8세에서 10세, 다른 부부는 11세에서 13세의 자녀들을 분담하는 식이다. 이런 장점에 힘입어 소규모 코업의 수가 날로 증가하는 추세에 있다. 또한 홈스쿨 코업에서는 과거 학생들을 전문적으로 가르쳤던 경험이 있는 부모들 가운데 한두 사람을 선정하여, 코업 차원에서 유급 교사로 채용하기도 한다. 만일 외부에서 교사를 초빙해야 할 경우, 요모조모 잘 따져서 과연 그가 홈스쿨링에 전념할 수 있는지 세심하게 살펴야 한다. 그러나 코업의 구성원으로 소속된 부모 가운데서 유급 교사를 채용하는 것이 무엇보다 바람직하다. 그래야 부모들이 수업 진행을 최적으로 통제할 수 있기 때문이다. 어떤 코업은 학생 수가 20명 이상으로 불어나기도 하는데, 학생수가 많을수록 교육의 효율성이 저하된다는 점을 잊지 말아야 한다.

대부분 홈스쿨 코업들은 수업 장소로 가정 교실을 선호한다. 가정에서 수업하는 경우, 학생에게 적절한 공간이 배분될 수 있는지 고려해보아야 한다. 학생들이 그날 수업할 과목을 가르칠 부모의 집에서 돌아가며 수업할 수도 있는데 이런 방법은 학생들을 혼란스럽게 하고, 주의력을 산만하게 할 우려가 있어 가능한 한 지양하는 게 좋다. 따라서 코업 구성원의 집 중에서 제일 큰 집에서 규칙적으로 수업하는 것이 가장 좋다. 만일 학생 수를 적정선으로 계속 유지할 수 있다면, 학생들이 따스한 가정환경에서 다른 아이들과 교제하며 큰 유익을 얻을 수 있을 것이다.

어떤 코업은 교회를 이용하기도 한다. 만일 교회를 평일에 다른 용도로 사용하지 않는다면, 많은 교회에서 홈스쿨 코업에 기꺼이 협조하리라 기대된다. 교회는 충분한 의자, 적절한 조명, 칠판, 환기 시설, 휴식 공간 등 환경 요건을 고루 갖추고 있어서 홈스쿨 수업 장소로 나무랄 데가 없다. 더욱이 학생 수가 많을 때, 널찍한 교회의 중립적인(이 집도 저집도 아닌 모두의 집이기에) 공간이 학습 환경에 큰 도움이 될 것이다. 여러 부모가 연합하여 홈스쿨을 시행한다면, 각종 실험기구, TV와 비디오, 현미경 등 단독으로 구입하기에는 다소 부담이 되는 교육 장비들을 공동으로 구입할 수도 있다.

장기 목표와 단기 목표

목표 없이 홈스쿨을 시행하는 것은 곧 행선지를 모르면서 여행하는 것과 같고, 키 없이 항해하는 것과 같다. 또한 목표와 계획을 세우되, 우리를 인도하시는 하나님께 의지하여 계획을 세워야 한다(잠 16:9 참조). 사실 당신의 자녀는 당신이 인도하는 길로 가게 되어 있다. 만일 당신이 지금 자녀를 어디로 데려가고 있는지 잘 모른다면, 언제 목적지에 도달할지 어찌 알 수 있으며, 설령 목적지에 도달한다 한들 그곳이 목적지인지 어떻게 확신할 수 있겠는가? 목표에는 궁극적으로 도달해야 할 마지막 지점에 해당하는 장기적 목표와 장기적인 목표에 도달하기 위해 달성해야 할 단기적 목표, 이 두 가지가 있다.

목표를 설정하는 과정에는 세 가지 사항이 포함되어야 한다.

첫째, 목표는 명확해야 한다.

안개 낀 듯 희뿌연 목표는 좌절과 혼동을 가져올 뿐이다. 사실 그런 것들은 목표라고 할 수도 없다. 기껏해야 이상 혹은 소망일 뿐이다. 당신의 교육 목표를 구체적으로 명확하게 확정하라. 당신은, 당신 자녀가 어떤 지식, 어떤 기술, 어떤 태도, 어떤 경건한 자질을 개발하기 바라는가? 성경의 어떤 교리를 자녀에게 가르치기 원하는가? 성경의 어떤 개념을 자녀에게 가르치기 원하는가? 각 과목의 학문적 목표는 무엇인가? 일간, 주간 학습 계획이나 목적을 말하는 게 아니다. 일 년을 기준으로 당신 자녀가 습득해야 할 지식, 개념, 능력, 성품 특징을 명확히 확정하라는 의미이다. 처음 시작할 때는 일 년 목표를 세우는 것이 좋다. 그다음 점차 3년 목표, 5년 목표, 10년 목표 등으로 범위를 확대해 나갈 수 있다.

학문적 목표 달성 여부는 연간 실시되는 표준 학업성취도 평가를 통해 쉽게 확인할 수 있다. 그러나 인성발달, 하나님에 대한 사랑 등 다른 목표는 시험을 통해 확인할 수 없다. 그러므로 부모가 마음속으로 판단하는 수밖에 없다. 목표 설정은 그렇게 어려운 과업만도 아니다. 학문적 목표와 관련해서, 홈스쿨의 교육 목표와 학교의 교육 목표를 비교 검토하고 싶다면, 교육청에 자문을 구하거나 교육인적자원부 홈페이지에 접속, 필요한 자료를 얻을 수도 있다. 이를 토대로 세심한 계획을 세우는 방법도 생각해볼 만하다. 그렇지만 계획 수립 과정, 목표 설정 과정을 지나치게 부담스러워하지는 말라. 그것은 단지 도구일 뿐, 목을 죄는 족

쇄가 되면 안 된다.

중요도에 따라 목표의 목록을 작성하라. 이것이 가장 중요하다. 인성 발달과 태도 발달, 주요 과목을 가르치는 데 대부분의 시간을 사용하라. 당신은, 당신의 자녀가 정확히 무엇을 배우기 원하는가? 당신은, 당신 자녀가 평생 어떤 지식과 어떤 태도를 몸에 지니기 원하는가? 당신은 하나님 말씀에 따라 우선순위를 정해야 한다. 하나님 말씀은 하나님과 인간에 대한 사랑을 키워나가는 것을 절대적으로 강조하고 있다. 목표 가운데는 그것을 달성하기까지 무한정 시간을 요하는 것들도 있다. 일례로, 경건한 인성과 태도의 싹을 틔우는 데 몇 년이 걸리고, 그것이 만개하는 데는 평생이 걸린다. 경건한 인성과 태도 발달이 목표 설정 과정의 핵심이기는 하지만 그것은 평생의 과업이다. 그렇기 때문에 성급히 서둘러서는 안 된다. 자녀의 나이와 영적 성숙도에 따라 유연성을 가져야 한다. 학습이란 교실에서만 이루어지는 게 아니다. 학습은 평생에 걸친 체험이다. 잊지 말라!

둘째, 목표와 목적은 글로 기록되었을 때 최고의 효율을 발휘한다.

목표를 명확하게 기록하지 않으면, 그것을 달성할 수 있는 가능성이 매우 희박해진다. 이것은 어쩔 수 없는 인간 본성의 한계이다. 목표를 글로 옮기면 다섯 가지 유익한 점이 있다.

첫째, 목표가 마음속에서 확고해지고 더욱 현실적으로 느껴진다.

둘째, 자신이 진지하다는 것을 확인해준다.

셋째, 교육과정을 체계화하는 데 유익하다.

넷째, 자신감을 느낄 수 있다.

다섯째, 교수과정이 훨씬 용이해진다.

목표를 기록한다고 해서 거창하게 생각할 것은 없다. 그저 일 년에 한 번, 목표를 종이에 기록하고, 필요한 경우 수정할 사항을 수정하면 된다. 목표가 너무 상세할 필요도 없다. 그러면 목표 설정 과정이 고역스럽다. 행선지를 분명히 밝혀줄 만큼 구체적인 지도 역할을 할 수 있는 정도가 적당하다. 도서관, 서점, 홈스쿨링 관련 단체, 홈스쿨 부모들의 모임, 인터넷, 교육청 등 도움이나 조언을 얻을 수 있는 수단을 최대로 활용하여 가능한 한 많은 정보를 입수하되, 홈스쿨의 목표는 홈스쿨을 실시하는 당사자 자신이 직접 작성하도록 하라. 그렇게 해야만 전체적인 교육과정에 당신이 주체가 되어 능동적으로 참여할 수 있고, 우선순위를 분류하는 과정이나 자녀의 개인적인 필요에 맞게 응용하는 과정에도 차질 없이 만전을 기할 수 있다. 이것은 홈스쿨링의 독보적인 장점 가운데 하나이다. 아래 초등학교 1학년을 위한 연간 목표를 견본으로 제시했다. 연간 교육과정의 방향성을 유심히 관찰해보기 바란다.

장기 목표

인성발달과 관계된 목표

- 경건한 성품의 명칭을 익힌다.
- 사랑, 관심, 인내의 성품을 발달시키는 데 집중한다.
- 예수께서 생활을 통해 어떤 성품들을 보여주셨는지 익힌다.
- 다른 지식과 기술을 습득하기에 앞서 경건한 성품을 형성하는 것이 왜 중요한지 이해한다.

성경과 관계된 목표

• 신구약 성경의 핵심 인물들에 대해 배운다.

• 성경 66권, 각 책에 대해 배운다.

• 구약과 신약에 나오는 주요 일화를 배운다.

• 성경암송 계획을 짠다.

읽기와 관계된 목표

• 자음과 모음을 익힌다.

• 장음, 단음을 익힌다.

• 이중모음을 익힌다.

• 혼합자음을 익힌다.

• 주어진 글을 읽고 전체의 개요를 요약하는 법을 익힌다.

수학과 관계된 목표

• 100까지 헤아리는 법을 배운다(2의 배수, 5의 배수에 따라 100까지 헤아리는 법을 포함).

• 아라비아 숫자를 식별하는 법을 배운다.

• 숫자를 크기대로 배열하는 법을 배운다.

• 기초적인 덧셈, 뺄셈을 배운다.

• 두 자리 수와 세 자리 수를 구별하는 법을 배운다.

• 시계 보는 법, 시간 계산법을 배운다.

• 간단한 덧셈, 뺄셈 응용문제를 배운다.

• 동전과 지폐의 차이, 화폐 단위에 대해 배운다.

쓰기와 관계된 목표

• 띄어쓰기, 맞춤법을 배운다.

• 연필 쥐는 법을 배운다.

• 공책 정리하는 법을 배운다.

• 문장을 깔끔하고 단정하게 쓰는 법을 배운다.

과학과 관계된 목표

• 과학이 무엇인지 배운다.

• 하나님 말씀이 모든 진리의 원천임을 배운다.

• 오감이 무엇인지, 우리가 그것들을 어떻게 이용하는지 배운다.

• 날씨와 계절에 대해 배운다.

• 과학이 기본적으로 어떤 부문으로 나뉘는지 배운다.

• 바람직한 위생 습관을 들인다.

역사와 관계된 목표

• 역사가 무엇인지, 역사가 주는 교훈이 무엇인지 배운다.

• 세상의 창조와 인류 역사의 시작과 관련하여 하나님 말씀이 모든 역사적 사실의 원천임을 배운다.

• 가정, 교회, 사회, 국가에 대한 기본적인 사실을 배운다.

• 추수감사절, 부활절, 성탄절의 중요성에 대해 배운다.

• 개인과 가정이 사회의 주춧돌임을 배운다.

단기 목표

단기 목표란 장기적인 목표 달성에 이바지하는 단기적 세부사항들을 말한다. 아래 초등학교 1학년을 위한 한 주간의 성경공부, 수학공부 과정의 단기 목표를 견본으로 제시했다.

이번 주 성경공부 목표

- 요한복음 3장 16절 암송하기
- 사울의 회개 이야기를 읽고 말하기
- 구원이 무엇인지 설명하기
- 성경공부 교재 23쪽에서 29쪽 풀기
- 바울의 전도여행 일정 살펴보기

이번 주 수학공부 목표

- 1에서 100까지 큰 소리로 헤아리기
- 간단한 덧셈 문제 풀기
- 문제집 8쪽에서 15쪽 풀기
- 시계 보는 법 익히기

장, 단기 목표 설정은 교수과정 전반과 한 해의 교육과정을 체계화할 것이다. 이런 중요한 계획 설정 단계가 결여된다면, 홈스쿨링은 정말 어려운 과업이 된다.

셋째, 달성 가능한 목표를 세워야 한다.

당신이나 당신 자녀에게 도저히 비현실적이고, 달성 불가능한 목표를 세운다면, 둘 다 좌절해 마침내 홈스쿨링을 포기하게 될 것이다. 만일 지나치게 광범위하거나 혹 지나치게 어려운 목표를 설정했다고 판단되는 경우, 수정과 변경을 주저하지 말라. 목표란 당신을 구속하기 위해 있는 것이 아니다. 교육의 목적과 방향과 지침을 분명히 함으로써 당신을 자유롭게 하기 위한 것이 바로 목표 설정의 목표이다.

TV

요즘 TV와 유선방송 방송사들이 전국 각지 모든 가정의 안방과 거실에 불쾌하고 추잡한 전파를 송출하고 있다. 방송매체의 불건전한 프로그램들이 홈스쿨 자녀들에게 미치는 영향은 특히나 더욱 유해하다. 비극적인 일이지만, 어린이들이 학교에서 보내는 시간보다 TV 앞에서 보내는 시간이 더 많다고 한다. 19세 학생들을 대상으로 조사한 결과, 그들이 지금까지 학교에서 보낸 시간이 평균 1만3천 시간인데 비해 TV 앞에서 보낸 시간은 1만6천 시간인 것으로 나타났다.

한 조사에 따르면, 어린이들은 주간 30시간에서 31시간 동안 TV를 시청하는데 이것은 자는 시간을 제외한 단일 활동으로 가장 많은 시간을 차지한 것이라고 한다.[140] TV가 없는 가정의 아이들이 오히려 학습 빈곤 상태에 빠진다는 주장은 과장이자 거짓이다. 캘리포니아 대학에서 중학교 1학년부터 고등학교 3학년까지 50만 명을 대상으로 조사를 실시한 결과, TV 시청과 학습 빈곤 사이에는 밀접한 상관관계가 성립한다는 사실이 밝혀졌다. 그들이 발견한 밀접한 상관관계란 TV를 많이 보는

학생일수록, 공부를 못한다는 것이다.[141]

방송매체란 특정 사회의 문화를 형성하는 이미지를 공식화하는 기능을 한다. 그렇다면 이렇게 질문하고 싶다. 모든 국민들의 혼을 쏙 빼놓는 연속극, 각종 오락 프로그램의 내용을 결정하는 이가 누구인가? 작가와 연출자일 것이다. 그렇다면, 그들은 어떤 사람들인가? '대중 정책 연구소'에서 실시한 일련의 계발 여론조사는 그들이 어떤 종류의 사람인지 보여주고 있다.

- 작가와 연출자의 50퍼센트가 무신론자였다.
- 어떤 종교든지, 한 달에 한 번 정도 종교 모임에 나가는 사람은 7퍼센트를 밑돌았다.
- 동성연애를 나쁘지 않다고 보는 사람이 80퍼센트를 넘었다.
- 필요한 경우, 낙태 수술을 해도 좋다고 말한 사람이 97퍼센트를 넘었다.
- 75퍼센트는 스스로 정치적 무정견자無定見者라 칭했다.
- 간통을 죄라고 인정한 사람이 17퍼센트밖에 되지 않았다.[142]

과연 이런 사람들에게 국민의 생각을 통제할 권한을 주고 싶은가? 그들의 기만과 거짓으로부터 당신의 가족을 지켜야 한다는 생각이 들지 않는가? 성경 말씀처럼, 우리는 모든 생각을 사로잡아 그리스도에게 복종토록 해야 한다(고후 10:5 참조)는 생각이 들지 않는가? TV의 장점에 대해 변호하는 말들이나 떠들썩한 엉터리 과대 선전을 조용히 잠재우고 나면, TV에 시간과 정력을 낭비할 가치가 없다는 것을 객관적으로 확인할 수 있을 것이다.

TV가 뉴스, 역사 기행, 자연과 종교 다큐멘터리 등 유익한 프로그램을 제공한다는 주장은 그런 프로그램을 엄격히 제한하는 방송사의 현실에 비추어볼 때 설득력을 잃는다. 정말로 정직한 사람들이라면, 그렇게 딱딱한 프로그램은 거의 보지 않는다고 시인할 것이다. 대부분의 시청자들이 무슨 프로그램을 보는지 실제 통계에서 분명히 나타난다. 설령 당신이 훌륭한 휴머니즘 영화나 고전 만화영화 재방송만 시청하겠다고 결심했다 하더라도, 다음 세 가지 사실을 피할 수는 없다.

　첫째, 당신은 속옷, 몸에 꼭 끼는 청바지, 피임약, 술 등 온갖 것을 선전하는 광고를 통제할 수는 없다.

　방송매체를 통해 쏟아져 나오는 광고의 종류만 해도 무려 3십5만 가지에 이른다고 한다. 우리의 아이들이 그 모든 광고에 무방비로 노출되어 있는 것이다. 방송사들은 시청자가 채널을 고정하도록 하기 위해 낯 부끄러운 장면을 유난히 강조하며 심야 성인영화를 예고한다. 그들은 매력적인 남녀가 열정적으로 사랑을 나누는 장면을 내보내면서 "오늘 밤 11시, 놓치지 마십시오!"라는 문구를 곁들인다. 더욱이 주류 제조업체들은 앞 다투어 알코올 소비를 미화하는 광고로 시청자들을 융탄 폭격한다. 당신의 자녀들이 이런 광고를 주목하고 있다. 혹자는 "그런 광고를 무시하면 그만이다"라고 가볍게 말하면서 이 문제를 간단히 처리하려 한다. 정말 그렇게 쉽게 무시할 수 있을까? 과연 광고주들이 아무런 결과도 얻지 못하는 허튼 광고를 만들기 위해 수천만 원을 투자한다고 생각하는가? 그들의 온갖 감언이설과 유혹으로부터 마음과 정신을 지켜내는 일은 그렇게 만만하지 않을 것이다.

둘째, TV 시청률은 특정 프로그램을 시청하는 사람들의 수에 의해 결정된다.

그 프로그램을 시청하는 사람이 많을수록 엄청난 이윤이 발생한다. 결국 시청자들이 그 프로그램을 존속시키고, 그 프로그램을 만드는 제작자들을 먹여 살리는 셈이다. 당신이 어떤 프로그램을 시청한다면 그것은 제작사의 손에 돈을 쥐여주는 것이나 다름없다. 반대의 경우도 마찬가지이다. 당신은 TV 시청을 절제함으로써 시청자의 위력을 행사할 수 있다. 프로그램 제작사들은 이를 잘 알고 있다.

셋째, 당신이 TV 앞에서 보낸 시간은 본래 가족들과 보내야 할 귀중한 시간이다.

TV는 가족들이 서로 대화하는 시간을 빼앗고 가정에 유해한 가치를 전달한다. 현대 가정에서 하루 평균 6시간 45분간 TV를 시청한다는 보고가 있다. 그렇다면 성인이 되어 죽을 때까지 일평생 7만5천 시간을 TV 앞에서 허비하는 것이다.[143] 미국인의 경우, 보통 사람이 매년 TV에서 정사 장면을 보는 횟수가 거의 9,230회에 달하며, 그 가운데 81퍼센트가 혼외정사라고 한다. 18세 정도면, 벌써 TV에서 살인 장면을 1만8천 회나 보게 된다는 보고도 있다.[144] 이처럼 TV는 폭력과 살인과 부정한 성관계와 추잡한 욕설로 물들어 있다.

사정이 이렇다 보니, 추악한 인간의 심령은 점점 더 더러워질 수밖에 없다. 그래서 잠언 말씀에 "모든 지킬 만한 것 중에 더욱 네 마음을 지키라 생명의 근원이 이에서 남이니라"(잠 4:23)라고 한 것이 아닌가? 예수께서도 "속에서 곧 사람의 마음에서 나오는 것은 악한 생각 곧 음란과

도둑질과 살인과 간음과 탐욕과 악독과 속임과 음탕과 질투와 비방과 교만과 우매함이니 이 모든 악한 것이 다 속에서 나와서 사람을 더럽게 하느니라"(막 7:21-23)라고 말씀하셨다.

특히 홈스쿨 부모와 자녀들은 TV를 더욱더 경계해야 한다. 일반적으로 말해서 TV 시청은 시간 낭비에 불과하다. 온 가족이 TV에 시선을 고정한 채 명한 표정으로 저녁 시간을 허망하게 보내기보다는 책을 읽는다든지, 놀이를 한다든지, 하나님 말씀을 읽는다든지, 기도한다든지, 운동한다든지, 산책하며 대화하는 게 더 바람직한 시간 활용법이 아닐까? 나는 TV 수상기를 없애는 게 홈스쿨 부모와 자녀들에게 모든 면에서 유익하다고 믿는다. 당신 가정에서 TV를 추방하면, 가족들이 대화하고 교통할 시간이 충분해지며 갖은 유혹과 탈선도 미연에 방지할 수 있다. 한 걸음 양보해서, TV를 꼭 시청해야 한다면, 부모가 프로그램을 엄선하여, 정한 시간에만 시청하도록 해야 할 것이다. 이런 가정생활이 자녀들에게 규율과 절제를 가르친다. 그러나 무엇보다 중요한 것은 자녀들이 부모의 본보기를 통해 가장 많이 배운다는 점을 다시 한번 명심하는 것이리라.

TV 중독

우리가 TV 중독자들(그 가운데는 기독교인들도 다수 포함되어 있는데)이 들끓는 시대에 살고 있음을 시인해야 한다. 모든 중독자들이 그렇듯, 자기가 TV 중독자임을 자인하는 사람은 거의 드물다. TV 중독은 홈스쿨에 치명적인 영향을 끼친다. 그러므로 TV 중독의 징후에 대해 살펴보면서 과연 당신이 중독자인지 정상인인지 스스로 진단해보기 바란다.

- 중독에 대한 강한 부정. "언제든 원하면 끌 수 있어요!"라고 큰소리치지만 내심 찔린다.
- 하루 종일 TV를 켜고픈 충동에 시달린다.
- TV를 보며 쉬려는 욕구를 매일 느낀다.
- 한 번 보기 시작하면 끄지 못한다. 몇 시간도 좋고, 반나절도 좋다.
- 일주일 동안 TV를 보지 않았을 경우, 무력증, 괜한 짜증, 권태 등 금단 증세에 시달린다.
- TV에 대해 조절이 안 되는 자신이 때로 가엾게 느껴진다.

가장 좋은 방법은 온 가족이 한 달 동안 TV를 보지 않기로 약속하는 것이다. 만약 그 기간 동안, 당신 가족 가운데 위에서 말한 징후를 보이는 사람이 있다면, 그는 분명 심각한 TV 중독자이다. 실제로 그런 일이 발생할 경우, TV 시청을 단속하는 것만으로는 부족하다. 이를 계기로 유혹의 불씨를 완전히 제거하는 조치가 필요하다.

결론

홈스쿨을 시행하는 부모들의 수가 많은 만큼, 그 방법론 또한 다양하다. 당신이 이 책을 읽는 동안에도 수많은 운용 기법, 아이디어, 응용 방법이 창안되고 있다. 그것을 모두 모아 한 권의 책으로 담는 것은 불가능하다. 또 그럴 필요도 없다. 어떤 가정에서 유용한 방법이 다른 가정에서는 삐걱거리며 불협화음을 일으킬 수도 있기 때문이다. 하지만 홈스쿨링 방법론의 핵심을 요약하면 이렇다.

첫째, 당신이 하는 모든 일에 하나님의 지혜와 인도하심을 구하며 열심히 기도하라.

둘째, 자녀들에게 경건한 생활방식과 태도를 가르치고 싶다면, 당신이 먼저 본을 보여라.

셋째, 시작할 때 설정한 목표를 향해 정진하되, 시행착오를 두려워하지 말라.

넷째, 자녀와 가족들의 욕구에 딱 맞는 현실적인 일정을 계획하라.

다섯째, 다른 홈스쿨 부모들과 정기적으로 만나 정보를 교환하라.

홈스쿨링이 생활의 모든 체험을 통합하는 지속적인 학습과정이 되어야 한다는 것을 기억하라. 학습은 꼭 교실에서만 이루어지는 게 아니다. 따라서 동네 슈퍼마켓에서 장을 보는 일이 덧셈과 뺄셈, 백분율을 배우는 어린 자녀에게 좋은 수학적 도전이 될 수 있다. 부엌은 과학 실습실이 될 수 있다. 야영은 대자연과 접촉하는 귀중한 과학 수업이 될 수 있다. 만일 당신이 이번 장에 제시된 내용에 사랑과 창의성을 더해 그것을 성실하게 적용해나간다면, 당신이 발휘하게 되는 능력과 재능, 그리고 효율성에 당신 자신이 가장 먼저 놀라게 될 것이다. 그러나 무엇보다 주님 안에서 기뻐하도록 자녀를 가르쳐라. 당신 자녀가 모든 길에서 하나님을 인정하도록 가르쳐라. 이것이야말로 부모가 평생을 통해 성취해야 할 가장 귀한 일이다.

6장 아빠가 적극적으로 참여해야 한다

아빠는 홈스쿨링에 적극 참여해야 한다. 왜냐하면 아빠의 삶이 자녀들에게 하나님의 진리를 비추는 거울이 되어야 하기 때문이다. 하나님은 아버지를 불러, 말씀의 진리를 비추도록 하셨다.

나는 전국 각 지역을 여행하며 홈스쿨 관련 모임에서 강연한다. 그러다 보니, 홈스쿨 엄마들이 불평하는 소리를 종종 듣는데 그들의 불평은 대체로 비슷하다. 아빠가 홈스쿨에 적극적으로 참여하지 않는다는 것이다. 홈스쿨 엄마들은, 아빠들이 그들의 요청에 따라 마지못해 관여하기보다 적극적으로 참여해주기 원하고 있었다. 아빠들이 홈스쿨에 적극적으로 참여해야 하는 이유 여덟 가지를 제시해보겠다.

첫째, 아빠는 한 가정의 가장으로서 자녀교육을 책임져야 한다.

성경은 "이는 남편이 아내의 머리 됨이 그리스도께서 교회의 머리 됨과 같음이니 그가 바로 몸의 구주시니라"(엡 5:23)라고 말하고 있다. 만일 화성인이 당신 집 마당에 착륙해 당신 자녀에게 "네 대장에게 날 데려가 달라!"라고 말한다면, 당신의 자녀는 외계인을 누구에게 데려올까? 당신일까? 아니면 당신의 아내? 가장의 신분이란 감당해야 할 짐도 무겁고 책임도 막중한 위치이다. 마치 두 어깨에 쌀가마를 지고 사는 것과 같다. 그러나 요즘 많은 아빠들이 그 책임을 회피하고 있다.

당신의 자녀가 사립, 공립, 교구학교, 홈스쿨을 막론하고 어떤 학교에 다니든, 자녀가 무얼 배우는지 당신은 하나님 앞에서 그것을 책임져야 한다. 가장의 책임을 저버리고 도망치던 일부 아빠들이 요즘 이러한 사명을 절실히 깨닫기 시작했다. 이제 그 경건한 아빠는 매일 매일 자녀들을 감독할 때에 이 책임을 훨씬 더 잘 감당할 수 있다는 것도 깨닫고 있다.

당신이 한 가정의 가장이라고 해서 실수하지 말란 법은 없다. 더욱이 당신의 사소한 실수가 가족들 눈에는 더욱 크게 보일 수도 있다. 그러나 그런 실수 때문에 막중한 책임을 맡은 자로서 임무 수행에 차질을 빚어서는 안 된다. 홈스쿨 가정의 아빠들도 다른 가정의 아빠들과 마찬가지로 실수를 저지른다. 그러나 그것이 곧 당신이 나쁜 가장이라든가, 홈스쿨을 할 만한 가장으로서 자격이 없다는 것을 의미하는 것은 아니다. 토머스 에디슨도 전구를 발명하기 전, 무려 1만 번의 실수를 저질렀다고 하지 않는가?

아빠의 지도력은 엄마의 역할을 훨씬 더 수월하고 즐겁게 만든다. 성경에서 말하듯, 아빠가 한 가정의 영적 지도자 위치에 있기 때문이다. 가정을 이끌어가지 않는 아빠는 본의 아니게 자녀들이 가는 길에 장애가 될 수 있다. 지도력이란 당신이 지금 어디로 가고 있는지 분명한 방향을 인식하고, 가족들을 그리로 이끄는 것이다. 만일 선장이 배가 어디로 향하는지 모른다면 다른 누가 그것을 알랴! 당신 가정의 진로를 표시하라. 옛 속담에 "목적지가 없는 배엔 바람도 불어주지 않는다"라는 말이 있다. 아무리 노련한 조종사라도 안개가 심하면 착륙하지 못한다. 명확한 비행 계획에 따라 움직이기 때문이다. 아무리 경험이 많은 건축가라도 청사진 없이 집을 짓지는 않는다. 아빠들이여! 당신 가정에 청사진을 제시할 이는 바로 당신이다.

하나님은 아버지를 한 가정의 우두머리로 여기신다. 따라서 아버지는 자녀들이 주님 안에서 배우고 성장하도록 책임지고 이끌어야 한다. 당신의 자녀들이 영적으로 성숙하도록 도전하라. 자녀들이 경건생활과 성경암송을 잘하고 있는지, 증인으로서의 사명을 올바로 감당하는지 한편으로 점검하고 다른 한편으로 적극 지원하라.

둘째, 아빠의 삶은 자녀들에게 하나님의 진리를 비추는 거울이 된다.

하나님은 아버지들을 불러, 말씀의 진리를 비추도록 하셨다. 자고로 사람의 됨됨이가 그의 말과 행동을 결정하는 법이다. 한 인간의 성품은 그와 하나님과의 관계에서 형성된다. 당신이 하나님과의 관계 결여로 부족한 성품을 지녔다면, 혹시 얼마간 그것을 은폐할 수도 있겠지만 직장과 가정생활을 통해 조만간 당신의 사람됨이 드러나게 된다. 당신이 어떤 인생을 사느냐는 문제는 당신이 하나님과 교제하고 있는가, 하나님 말씀을 접하고 있느냐로 결정된다. 만일 당신의 자녀가 하나님 말씀에 굶주리기 원한다면, 방법은 간단하다. 당신이 먼저 하나님 말씀에 굶주리면 된다. 퇴근해서 집에 돌아오면 배가 고프다. 그럴 때 감자 한 개와 옥수수 몇 알, 콩 몇 개로 배를 채우겠는가? 접시 가득 음식을 담아 배불리 먹을 것이다. 마찬가지이다.

만일 당신의 자녀를 하나님 말씀의 진리의 빛에 비취고 싶다면, 당신이 먼저 하나님 말씀에 갈급해 하는 모습을 보여야 한다. 어떤 아빠는 아침에 일어나자마자 20분에서 30분가량 하나님 말씀을 묵상한 다음에야 비로소 아침 식탁에 앉는다고 한다. 자녀들에게 얼마나 훌륭한 본보기가 될까? 시편 말씀에 "이에 그가 그들을 자기 마음의 완전함으로 기르고"(시 78:72)라는 말씀이 있다. 홈스쿨링은 자녀들에게 말씀의 진리를 비추고, 마음의 성실함으로 그들을 기를 수 있는 최적의 기회이다. 가장 기본적인 교수방법이 바로 본을 보이는 것임을 명심하기 바란다.

셋째, 아빠의 참여가 자녀들이 경건한 인성을 닦고, 형성해나가는 데 도움이 된다.

앞에서 누차 언급했듯이, 이것이 교육의 가장 중요한 핵심이다. 지식교육에 실패했더라도 인성교육에 성공했다면, 당신의 홈스쿨링은 성공이다. 곧게 뻗은 화살을 가지고 표적을 맞히는 일은 그리 어렵지 않다. 그러나 구부러진 나뭇가지를 꺾어 그것을 화살로 사용한다면, 화살은 그리 멀리 가지 못한다. 그 이유가 무엇인가? 화살이 곧은 모양을 하고 있지 않기 때문이다. 마찬가지이다. 자녀의 성품을 곧게 하고 그들이 하나님께서 세우신 표적에 도달하도록 돕는 것은 아빠의 책임이다. 아빠는 자녀의 인성 형성에 긍정적이든 부정적이든 결정적인 역할을 한다.

넷째, 아빠가 개인 교습을 통해 자녀들에게 진리를 전수해야 한다.

당신 혼자 진리를 아는 것만으로는 부족하다. 당신은 자녀들에게 진리를 전해야 한다.

"여호와께서 증거를 야곱에게 세우시며 법도를 이스라엘에게 정하시고 우리 조상들에게 명령하사 그들의 자손에게 알리라 하셨으니 이는 그들로 후대 곧 태어날 자손에게 이를 알게 하고 그들은 일어나 그들의 자손에게 일러서"(시 78:5-6).

릴레이 경주의 핵심은 배턴(baton) 전달에 있다. 당신 가정에서는 하나님 말씀이 잘 전달되고 있는가? 여호수아 세대는 다음 세대에 하나님 말씀을 전달하지 않았다. 그 결과, 다음 세대는 하나님께 등을 돌리고 말았다. 당신은 매일 주어지는 기회를 최대한 활용하여, 자녀들이 합당한 채비를 갖추도록 도와주어야 한다. 이를 위해 홈스쿨은 완벽한 보조자 역할을 수행할 것이다. 아버지들이여! 당신 자녀에게 기도하는 법, 성경 읽는 법, 전도하는 법, 다른 사람들과 교제하는 법을 가르치는 것은 당신 책임이다. 비록 나이 어린 자녀들이라도, 이처럼 단순한 믿음 형성 과정은 수월하게 배울 수 있다. 그리고 자녀들이 점차 장성함에 따라 더욱 복잡한 과목과 문제를 교육할 수 있을 것이다. 신학교육을 받지 않았더라도, 당신 능력으로 초보적인 수준의 변증학과 성경 원리를 가르칠 수 있다. 교회 목회자나 부교역자들에게 도움을 청하라. 자녀를 가르치고도 남을 만큼 충분한 정보를 얻을 수 있을 것이다. 그리고 다음 말씀을 명심하기 바란다.

"그러므로 우리가 그리스도의 도의 초보를 버리고 죽은 행실을 회개함과 하나님께 대한 신앙과 세례들과 안수와 죽은 자의 부활과 영원한 심판에 관한 교훈의 터를 다시 닦지 말고 완전한 데로 나아갈지니라"(히 6:1-2).

눈치 빠른 독자들은 내가 지금 스승과 제자관계를 근간으로 하는 일대일 개인 교수법에 대해 이야기하고 있다는 것을 알아차렸을 것이다. 아버지들이여! 개인 교수법이라는 잊혀진 교육 기법을 회복하기 위해 마음과 정성을 다하기 바란다. 지난 세월, 개인 교수법이야말로 주요 학습 방법론이자 통상적인 학습 방법론이었다는 사실을 기억하라. 우리 조상들은 집에서 개인 교수법으로 자녀들을 일일이 가르쳤다. 그들은 자녀들에게 직업이 무엇인지, 그것을 어떻게 수행할 것인지, 경건한 성품의 본질이 무엇인지, 가치 형성이 무엇인지, 사회에서의 의무와 책임이 무엇인지 가르쳤다.

그러나 오늘날, 개인 교수 형태는 거의 사라져가고 있다. 학교는 그렇다 치고, 이제는 가정에서조차 잊혀져가고 있다. 왜냐하면 현대 가정의 절대다수의 아이들이 하루 낮 시간 대부분을 부모와 떨어져 지내는 데다가 그나마 부모와 만나는 저녁 시간이 되어도 그들 사이의 의사소통 시간이라곤 평균 8분에서 11분밖에 되지 않기 때문이다. 학생과 교사들이 교실 밖에서 만나기 어려워진 제도권 교육에서도 개인 교수법은 잊혀진 지 이미 오래다. 장인들이 기술자에게 밀려나는 제조업계에서도 점차 개인 교수법이 사라지고 있다. TV 설교, 강단 설교, 전체를 대상으로 한 집단 프로그램이 일대일 방식의 전인격적인 훈련을 대신해가는 교회에서도 개인 교수법이 잊혀져가고 있다. 일대일의 규칙적인 접촉을 통해 제자를 영적으로 성숙하게 하는 교육 기법이 완전히 사라진 것이다.

만일 가정과 교회와 사회를 더욱 성숙하게 하고, 그 속에서 사는 사람들의 성품을 더욱 경건하게 만들기 원한다면, 필히 개인 교수법을 재발견해야 한다. 성경에 등장하는 모든 신앙의 위인들은 개인 교수법을 통해 훈련받았다. 모세는 여호수아를, 나오미는 룻을, 엘리야는 엘리사를, 엘리사벳은 마리아를, 예수님은 제자들을, 바나바는 바울을, 바울은 디모데를, 브리스길라와 아굴라는 아볼로를 개인적으로 지도했다. 오늘 우리에게는 가정에서부터 시작하여 점차 그 영역을 확대하며 기꺼이 다른 사람을 개인적으로 가르쳐줄 경건한 사람들이 절실히 필요하다.

개인교사는 선한 본보기를 보이고 꼼꼼히 감독하면서 제자를 가르친다. 그는 규율, 격려, 교정, 책임감 부여 등 제자가 개인적으로 필요로 하는 영역에 도움을 준다. 개인 교수법의 목표는 규율을 강조하며, 모든 생활 영역에서 제자로서 예수 그리스도를 위한 잠재력을 극대화하고 발달시켜나가는 데 있다. 개인 교수법으로 자녀를 가르치는 아빠는 성경 읽는 법, 기도하는 법, 전도하는 법, 예배하는 법, 순종의 삶을 사는 법을 가르칠 뿐 아니라 자녀가 성숙할 때까지 훌륭한 귀감으로 본을 보이는 삶을 살아야 한다.

우리의 귀감이신 예수 그리스도는 열두 제자를 가르치셨다. 예수께서 대중들을 전혀 가르치지 않은 것은 아니지만, 대중보다는 열두 제자를 가르치는 데 중점을 두시고 마침내 대중들까지 구원받게 하셨다. 예수께서는 자신이 세상에 계시지 아니하더라도, 자신이 시작한 일을 능히 수행할 수 있는 헌신적인 인물들을 전략적으로 훈련시키셨다. 예수께서는 문자 그대로 자기 삶을 그들에게 쏟아부으셨다. 예수께서는 공생애 사역 기간이 길어질수록 제자들과 더 많은 시간을 보내셨다. 특히 세상을 떠나실 무렵, 대부분의 시간을 제자들과 함께 보내셨다.[145] 이렇게 그리스도께 개인 교습을 받은 제자들이 엇나간 세상을 돌이키고자 하신 스승의 계획을 지속시킬 수 있었던 것이다.

우리 사회의 문제는 개인주의가 팽배한 데 반해 책임감이 부재하다는 것이다. 목회자들 가운데도 개인적으로 제자훈련을 받은 경험이 있는 사람은 극히 드물다. 설령 그렇더라도, 어떤 목회자들은 영적으로 대등해진 목회자끼리 스승과 제자의 관계를 계속 유지할 필요가 뭐냐고 반박한다. 그러나 이렇게 목회자들 사이에 스승과 제자의 개념이 희박해지고, 그에 따라 서로가 서로에 대해 책임지는 끈끈한 관계가 사라져가기 때문에 교회 지도자들이 종종 죄에 빠지는 것이다. 자존심 때문이든, 무지의 소치이든, 스승이 부족하든 이처럼 목회자를 영적으로 혼자인 외로운 늑대로 만드는 관행이 교회에 스며든 것은 사실이다.

그러나 홈스쿨링 아빠들에게는 이렇게 완전히 잊혀진 교수법을 회복할 수 있는 기회가 있다. '개인플레이'는 그 정도면 족하다! 하나님은 구원받은 백성들이 상호 작용하며 서로를 책임지기 원하신다. 하나님은 스승과 제자의 관계를 근간으로 하는 일대일 개인 교수법과 제자훈련 방식을 원하신다(잠 13:10,14,18,20 ; 15:31 ; 20:5 ; 24:26 ; 27:17 ; 롬 12:10-11 ; 살전 2:18 참조). 그리스도께서 보이신 본을 따라야 마땅하다. 오직 이 길을 따를 때에 '개인플레이'의 함정에서 빠져나올 수 있다.

일대일 개인 교수법은 가정과 교회와 사회를 견고히 하는 최상의 검증된 교수법이다. 제임스 돕슨James Dobson(소아과 전문의이자 가족 전문 심리학자로서 52개의 개별 가정사역단체로 구성된 '포커스 온 더 패밀리'(Focus on the Family)의 창설자이자 총재이다. 그는 국내에 출간된 저서 「귀한 자식일수록 회초리를 들라」(규장)를 통해 자녀의 고의적인 반항에 즉각적인 체벌이 필요하다고 단호히 말한 바 있다 – 역자 주), 찰스 스윈돌Charles Swindoll(미국에서 가장 영향력 있는 설교자 중 한 사람이다 – 역자 주), 브루스 라슨Bruce Larson(뉴저지 메디슨 대학의 정치학 교수 – 역자 주), 테드 엥스톰Ted Engstrom(청소년 사역과 상담 분야의 교계 지도자 – 역자 주) 등 현재 생존하는 인물들은 개인 교수법을 통해 훈련받은 성공한 그리스도인의 몇몇 예에 불과하다. 아빠들이여! 당신은 제자훈련을 받은 적이 있는가? 그런 적이 없다면, 당신의 영적 스승이 되어줄 만한 성숙한 그리스도인을 찾아보라. 그래서 스승에게 배운 것을 자녀에게 전수하는 기쁨과 특권을 맛보기 바란다. 당신 아들과 딸의 스승이 되기 바란다.

다섯째, 엄마의 권위를 강화하는 데 도움을 주어야 한다.

한번은 어떤 가정을 방문한 적이 있었는데 버릇없는 꼬마가 제 엄마더러 '멍청아!'라고 소리치는 게 아닌가? 아빠가 그 말을 듣고 즉시 달려가 꼬마에게 따끔하게 야단을 쳤다. 아빠가 없을 때에 이런 일이 발생할 수도 있는데 그렇다면 아빠는 집에 돌아와 엄마의 권위를 세워주어야 한다. 홈스쿨링을 한다면 이런 과정이 반드시 필요하다.

여섯째, 엄마에게는 아빠의 도움이 필요하다.

엄마는 가르치는 일, 허드렛일, 식사 준비, 싸우는 애들 뜯어말리기, 어린 동생 돌보기 등 할 일이 너무 많다. 따라서 아빠가 도와야 한다. 집안일을 제법 잘하던 어떤 남편이 어느 날, 병원을 찾아와 의사에게 말했다.

"요즘 들어 부쩍 집안일을 하기 싫은데 건강상 무슨 문제가 있나 싶어서요…."

의사가 진찰을 마치자 그 남자가 또 말했다.

"쉽게 설명해 주세요!"

의사가 대답했다.

"그럼 쉽게 말씀드리지요. 당신은 지금 게으름을 피우고 있습니다!"

그러자 그 남자가 말했다.

"좋습니다. 그럼 이제 아내에게 들려줄 전문적인 소견을 말씀해 주시지요!"

이 책을 읽고 있는 아빠들 가운데 이런 남편은 없으리라 믿는다. 당신은 가능하다면 모든 힘을 다해 홈스쿨 교사인 아내를 도와야 한다. 당신의 아내에게는 당신의 도움과 적극적인 참여가 절실히 필요하다.

일례로, 아빠가 역사, 성경공부, 인성발달 등 가르칠 수 있는 과목을 몇 개 선택해서 직접 자녀들을 가르치는 것이 매우 중요하다. 이런 과목은 아빠의 일정에 맞추어 조종하기 쉽고, 저녁시간이나 주말에도 충분히 가르칠 수 있다. 이것은 아빠가 한 가정의 제사장으로서 영적 책임을 수행하는 일과도 연관이 있다. 하나님께서 당신에게 오직 주의 교양과 훈계로 자녀를 양육하라는 임무를 주셨기 때문이다(엡 6:4 참조). 과학, 체육 등의 과목도 일주일에 한두 시간 정도 시간을 내서 가르칠 수 있을 것이다. 이처럼 아빠가 홈스쿨링 과정에 어느 정도 참여하면 엄마의 짐을 훨씬 덜어줄 수 있을 뿐 아니라 홈스쿨링 과정 전반을 감독하고 지원하는 가장의 역할까지 충분히 수행할 수 있게 된다.

일곱째, 아빠가 참여하면 가족 간 친밀성이 더욱 돈독해진다.

당신이 교육과정에 참여할 때, 당신은 아내와의 사이가 더욱 친밀해진다. 내가 알기로, 홈스쿨링은 가장 희생적인 행위 가운데 하나이다. 대부분의 엄마들이 밖에 나가 사회활동하기를 선호하는 반면, 홈스쿨 엄마들은 전통적 가정의 고결함을 유지하기 위해 성실히 노력한다. 당신은 고집 센 꼬마들, 얼굴에 더덕더덕 밥풀을 묻히고 돌아다니는 어린 자녀들 틈에 파묻혀 자기를 희생하면서 기꺼이 그들을 사랑하고 가르치는 아내의 희생정신을 높이 사야 한다. 당신 아내가 하루 종일 안달하고, 보채고 칭얼대는 애들 틈에서 악전고투하는 반면, 당신은 대부분의 시간을 점잖은 어른들과 함께 보낸다. 따라서 퇴근 후 집에 돌아왔을 때, 아내를 격려하고, 지원하고, 더욱 사랑하고, 그 헌신적인 사랑을 칭송하는 게 마땅하지 않을까?

홈스쿨링에 진정한 관심을 보여라. 당신의 참여로 결혼생활은 더욱 견고해지며, 친밀도를 높이는 촛불은 더욱 활활 타오르게 될 것이다. 또한 당신이 홈스쿨링에 적극적으로 참여할 때, 자녀들과 정서적 친밀함을 형성하고 유지하는 데 큰 도움이 될 것이다. 이런 가정이 어떻게 행복하지 않을 수 있을까!

여덟째, 도덕적 순결 정신을 함양하기 위해 아빠가 참여해야 한다.

아빠가 아빠 자리에 있는 것은 자녀들의 도덕적 탈선을 막기 위한 방패막 또는 울타리가 된다. 성경의 관점에서 인생의 여러 가지 사실을 설명하고, 온화한 마음으로 자녀들을 수용하여 그들이 집 밖에 나가 다른 것을 찾지 않도록 하는 것, 이성과 일대일로 교제할 때의 유혹에 대해 자상하게 설명하는 것이 모두 아빠의 책임이다. 나는 서양식 데이트보다 성경의 구애 방식을 더 선호한다.

데이트, 약혼, 결혼에 대한 세상의 접근방식은 하나님의 질서에 반한다. 세상 사람들의 사랑은 외모를 주시하는 것으로 시작된다. 그러다가 육체적, 감정적인 관계가 깊어진다. 그러면 서로 결혼을 고려한다. 반면 우정과 구애와 결혼으로 이어지는 하나님의 질서에서는 먼저 우정을 통해 정신적인 일체감이 조성된다. 그다음 약혼으로 영혼의 일체감을 형성하고 마지막으로 결혼이란 결속을 통해 육체적으로 하나가 된다.

기독교를 믿는 청소년들은 데이트에 따르는 도덕적 위험을 감수하지 않고도 경건한 친구들과 멋진 사교생활을 누릴 수 있다. 기독교 청소년들의 사교란 친교와 우정과 교제의 차원에서 다른 믿는 친구들과 그룹 단위로 시간을 함께 보내는 것을 말한다. 기독교 청소년들의 사교는 세상 사람들의 데이트와 달라, 그 근저에 그리스도인의 확신을 재확인하고, 예수 그리스도를 믿는 믿음을 강화시키고자 하는 동기가 있다.

믿는 아빠들은 데이트에 내재하는 도덕적 위험 요소들을 의식하고 '기독교적 사회성'이란 대원칙 아래 자녀를 교육시켜야 할 책임이 있다. 첫 번째로 말하고 싶은 원칙은 청소년 자녀들을 몇 시간씩 혼자 외출하게 내버려 두지 말라는 것이다. 당신의 자녀가 자칫 실족할 수 있기 때문이다. 청소년들의 사교는 마땅히 그룹 차원으로 진행되어야 한다. 어쩌면 당신 자녀가 "아빠는 저를 믿지 못해요?"라고 반문할지 모른다. 그러면 이렇게 대응하라.

"그래, 못 믿는다. 아빠는 나 자신도 못 믿는걸? 무슨 말인지 알겠니?"

우리는 모두 육체의 유혹에 너무나 약하다. 따라서 스스로 지키기 위해 안전장치를 마련해야 한다. 바울도 디모데에게 "청년의 정욕을 피하라"라고 훈계하지 않았는가?

아빠는 자녀에게 이성과의 신체 접촉을 유발할 수 있는 상황을 피하라고 가르쳐야 한다. 우리 문화 곳곳에 배어 있는 성적性的 자극 요소가 십 대들의 성적 충동을 부추기고 있다. 십 대들은 가볍게 손을 잡는 것만으로도 성적으로 흥분한다. 이런 유혹을 뿌리치는 최상의 방법은 그럴 소지가 있는 환경을 미연에 방지하는 것이다. 아빠는 그것을 자녀들에게 가르쳐야 한다.

아빠들이여! 자녀들이 가정환경 안에서 이성 친구를 사귀도록 가르쳐라. 만일 18세 된 당신의 딸이 남자친구를 좋아하고 있다면, 주말이나 휴일 낮에 집으로 초대하라. 그래서 가족들과 어울려 놀게 하되, 단둘이 있는 시간을 갖게 하지 말라. 가족 모두 딸의 남자친구와 함께 볼링을 치러 가도 좋고 야외로 나들이를 가도 좋다. 특히 고등학생의 경우, 남녀 청소년이 단둘이 있어야 할 특별한 이유는 없다. 당신 자녀의 이성 친구를 집으로 초대해 그(혹은 그녀)로 하여금 당신 가족 모두를 소중히 여기게 하고, 가족 전체와 교제하도록 하는 과정을 확립하라. 두 사람이 서로 가족을 중심으로 교제하게 하라. 이것은 절대적으로 중요하다. 이렇게 할 때에 각 가정은 십 대 자녀들의 감정을 적절히 조절하는 안전장치 역할을 하게 될 것이다.

아빠들이여! 자녀가 자기 행위에 대해 아빠 앞에서 책임질 수 있는 관계를 형성하고 유지하라. 부모, 목회자, 믿는 친구들 앞에서 자기 행동에 대해 책임지는 것이 얼마나 중요한지 자녀에게 가르쳐라. 홈스쿨에서는 이런 도덕철학을 용이하게 강화시킬 수 있다. 만일 당신의 아들이나 딸이 예수 그리스도의 자녀임을 고백했다면, 그런데 누가 그들에게 도덕적 순결성에 대해 질문했다면, 그들은 하늘과 땅을 우러러 부끄럼 없이 답변할 수 있어야 한다. 그들은 부모와 동료의 선의의 도전을 기꺼운 마음으로 받아들이고, 거기에 숨김없이 반응해야 한다. 기독교인의 삶은 자물쇠가 채워진 비밀 일기장이 아닌 활짝 열린 도서관의 책과 같아야 한다. 도덕적 순결성에 관해 질문받는 것이 꺼려진다면 이미 거기에 문제가 있는 것이라고 자녀에게 설명하라. 그리스도인의 책임이란 이토록 철저한 것이다.

추상적인 기본 원칙만 강조하는 것은 전형적인 데이트에 필수적으로 따라오는 유혹이나 자기방어 부재 현상을 극복하기에 역부족이다. 자녀들의 행동을 본질적으로 제어하지 못하는 피상적인 원칙만 내세우는 교육은 허풍선이 교육이다. 말로만 "도덕적으로 순결해야 된다"라고 하고 십 대 자녀가 이성친구와 어디서 무엇을 하든 개의치 않는다면 화를 자초하게 될지도 모른다. 당신 자녀는 자기가 있는 그 장소와 환경의 영향을 받을 수밖에 없다. 자녀들을 데이트에 내보내고 나서 도덕적 순결을 걱정할 게 아니라, 애당초 자녀를 그런 상황에 두지 말아야 한다. 아빠들이여! 십 대 자녀들에게 새로운 사고방식을 가르쳐라.

자녀들에게 이성교제의 기본 규칙과 도덕적으로 자기를 지키는 법을 가르쳐라. 다음에 제시하는 네 가지 질문은 당신 자녀가 옳은지 그른지 판단하기 어려운 상황에 처했을 때, 스스로에게 자문해봄으로써 옳은지 그른지 결정할 수 있도록 도움을 주기 위한 것이다.

- 이것이 신체적으로, 정신적으로, 영적으로 내게 유익한가?
- 이것이 내게 건전한 영향을 끼칠까?
- 이것이 그리스도께서 십자가에서 흘린 피를 부끄럽게 하는가?
- 이것이 하나님의 이름을 영화롭게 하는가?

성경적인 구애

'구애'라는 단어의 일반적 의미와 내가 말하는 뜻에는 다소 차이가 있다. 내가 뜻하는 구애란, 일종의 결혼 준비 단계로서 성경에 기초한 접근 방식이다. 구애는 단순한 사귐이 아니다. 상대의 성품에 대한 진지한 평가, 진지한 의사결정 과정이 요구된다. 따라서 인격적으로 성숙한 사람들만이 이런 과정을 밟을 수 있다. 미혼 청년들이 다음 일곱 가지 사항을 제대로 이해했을 때, 성경적인 구애 준비가 되었다고 말할 수 있을 것이다.

- 평생의 반려자로 합당한 배필을 달라고 하나님께 기도했을 때.
- 사교 과정에 안전장치가 필요한 것처럼 구애 과정에도 안전장치가 필요하다는 것을 이해했을 때. 이성과 단둘이 있는 시간, 유혹을 유발할 만한 기회를 피하라. 육체적 정욕을 일으킬 만한 상황을 만들지 말라.
- 처음부터 끝까지 부모가 관여해야 한다는 것을 이해했을 때. 부모의 승인, 특히 경건한 아버지의 승인을 받도록 하라. 이는 당신이 인격적으로 성숙했고, 합당한 권위를 수용할 수 있음을 알리는 증거가 된다. 기도하며 배우자를 찾는 과정에 부모가 관여해야 한다.
- 어떤 행사에 참석하기 전, 꼼꼼한 일정표를 부모에게 제출하는 자세를 갖추었을 때. 행사 참석을 허락해준 부모 앞에서 자기의 모든 행동에 대해 책임질 자세가 되었을 때.
- 하나님 말씀에 기초하여, 하나님의 인도하심을 따라 자신을 위한 목표와 기준을 설정했을 때.
- 구애 과정의 기본적인 목적이 영의 일체성을 이루는 것임을 이해했을

때. 부부가 영적으로 하나 될 때에 비로소 지속적인 결혼생활이 보장된다. 육체적 관계 형성이 아니라 영적, 정서적, 사회적 관계 형성에 초점을 맞춰라.

• 당신과 동일한 도덕관을 갖고 있는 거듭난 그리스도인과 교제해야 한다는 것을 기억할 때. 성경은 "너희는 믿지 않는 자와 멍에를 함께 메지 말라 의와 불법이 어찌 함께 하며 빛과 어둠이 어찌 사귀며 그리스도와 벨리알이 어찌 조화되며 믿는 자와 믿지 않는 자가 어찌 상관하며"(고후 6:14,15)라고 했다. 그리스도 안에서 하나 되는 것이 가장 지속적이고, 가장 심오한 관계의 토대이다. 특히 결혼을 전제로 한 관계에서는 더욱 그렇다.

아빠는 하나님께서 주신 자녀들을 도덕적, 영적 위험으로부터 보호해야 하며, 그들에게 도덕적 순결을 교육해야 하며, 데이트에 내재해 있는 위험과 성경적 구애의 유익에 대해 가르쳐야 한다. 여기서는 구애에 대해 이 정도의 간략한 설명으로 마치겠다. 하지만 이것이 한 알의 밀알이 되어, 당신이 열심히 기도하며 이 주제를 더욱 폭넓게 연구하는 계기가 되었으면 하고 바란다. 하나님께서 당신에게 지혜를 주셔서 당신 자녀를 올바른 방향으로 인도하시리라 확신한다(코트십에 관련한 추천도서로는 '하나님은 웨딩플래너(미션월드)', 'No 데이팅(두란노)'이 있다 - 발행인 주).

홈스쿨링과 국가의 장래
나는 홈스쿨링이 국가의 장래를 위해 큰 몫을 하리라 확신한다. 하나님께서 홈스쿨링 가정을 통해 두 가지 큰 역사를 이루고 계시기 때문이다. 홈스쿨 부모와 자녀들은 공교육을 지배하고 있는 인본주의 자유주의자들과 싸워 실추된 도덕 가치를 회복시키는 데 촉진제 역할을 할 수 있다.

첫째, 아빠는 자기 자녀가 지도자가 될 수 있으리라는 기대감을 갖고 자녀를 교육해야 한다. 너무나 비현실적인 기대치를 자녀에게 강요하라는 의미가 아니다. 어릴 때부터 멍청하다는 말을 들으며 자란 아이는 커서도 정말 멍청해진다. 학교에서 진화론을 통해, 인간이 동물의 후손이라고 배운 아이들은 정말 동물처럼 행동한다. 반면 집에서 홈스쿨을 통해 지도자가 될 수 있다고 배운 아이들은 정말로 지도자로 성장한다. 아빠들에게 촉구하겠다. 자녀를 양육하되, 모세와 같은 지도자로 양육하라! 청장년을 막론하고 피폐한 도덕성, 성적 가치 혼란, 자기중심주의, 자아 존중감의 실종, 향락주의, 공직자의 타락 등으로 심하게 일그러진 우리 문화를 하나님께 되돌릴 세대를 당신이 양육해야 한다. 지금 전국 각지 홈스쿨 가정에서 장차 국가를 짊어지고 갈 미래의 지도자들이 쑥쑥 자라고 있다.[146]

둘째, 어떤 국가의 국민이 하나님과 올바른 관계를 가질 때, 하나님께서 그 나라와 민족을 변화시켜 주신다는 것을 당신 자녀에게 가르치고 믿게 하라. 홈스쿨 부모들은 장기적인 안목과 자세를 견지해야 한다. 요즘 TV가 그리스도인들의 가치를 혼란스럽게 하고, 그들의 태도와 자세를 여러 방면에서 심각하게 왜곡시키고 있다. 그 가운데 하나가 바로 성급함 또는 조급증이다. 우리는 무슨 문제이든 속전속결로 해치워야 직성이 풀린다. 더욱이 고도로 발달한 현대 기술문명은 이런 조급증을 부채질하고 있다. 우리에게 가장 절실하게 필요한 것은 장기적인 안목이다.[147] 급할수록 돌아가란 말도 있지 않은가? 징검다리를 놓는다는 의식이 필요하다. 우리 손으로 사회의 부패상을 되돌릴 수는 없지만, 우리 자녀들이 그 임무를 수행하도록 터전을 닦을 수는 있기 때문이다. 출애굽 세대는 약속의 땅에 들어가지 못했지만 그 후손들은 젖과 꿀이 흐르는 약속의 땅을 밟았다. 옛말에도 "업힌 자가 업은 자보다 더 멀리 본다"라는 말이 있다. 우리 사회의 문제를 자녀들에게 그대로 물려주지 말자. 무거운 짐은 우리 어깨에 짊어지고 그 대신, 자녀들이 미래의 비전을 갖도록 훈련시키자.

부모는 하나님의 청지기이다. 따라서 부모는 하나님께서 위탁하신 소중한 하나님의 소유물을 성실히 양육할 책임이 있다.

7장　홈스쿨링 이렇게 시작하라

홈스쿨링의 성패는 규율에 달려 있다 해도 과언이 아니다. 당신과 자녀의 일정 계획표를 정확하게 작성하라. 일정한 시간에 일정한 장소에서 학습하는 습관을 들여라. 학습은 가능하면 낮 시간에 진행하는 것이 좋다. 특히 아침 식사 후, 오전 시간이 매우 적절하다.

인간의 모든 행위 양태는 그의 우선순위에 따라 결정되게 마련이다. 성경은 경건한 자녀를 양육하는 것이 부모의 제일가는 우선순위가 되어야 한다고 못 박고 있다. 그러나 많은 부모들이 엉뚱하게도 재산축적, 명예, 출세, 남들의 이목, 체면, 허세, 쾌락 추구 등에 우선순위를 두고 있다. 그러나 부모의 제일가는 우선순위는 마땅히 자녀이어야 한다.

하나님 앞에서 부모의 의무를 다하라

성경은 부모가 자녀양육이라는 최고의 사명을 성취하려면, 네 가지 의무를 수행해야 한다고 말한다.

첫째, 부모는 '그들의 자녀를 사랑하시는 하나님의 사랑'을 그들에게 반사해야 한다.

부모는 하나님 보시기에도 기쁜 사랑과 온기와 자상함으로 자녀를 감싸 안아야 한다. 하나님이 보여주신 사랑, 서로의 이해, 희생정신이 가정생활의 핵을 이루어야 한다.

둘째, 부모는 자녀들에게 필요한 것을 공급해야 한다.

부모가 공급해야 하는 것은 영적인 자양분, 물질적 필요, 정신적, 정서적 발달 등 모든 것을 포괄한다. 이런 영역에서 부모가 자녀에게 필요한 것을 공급할 때, 자녀는 그에게 반드시 필요한 안정감, 보호, 공동체 의식, 영적 힘을 얻게 된다.

홈스쿨링을 시행할 만한 충분한 여력이 있는 부모들이 물질적인 걱정 때문에 지레 포기하는 경우가 종종 발생한다. 맞벌이를 중단하고, 엄마나 아빠 중 하나가 집에 있어야 한다는 이유로 경제적인 수입이 줄어들까 걱정하기 때문이다. 그러나 대부분의 경우, 엄마가 일을 그만두어도 가정 경제에 심한 타격을 입지는 않는다.

어떤 연구조사에서, 엄마가 밖에서 일한다고 해도 가정경제에 큰 도움이 되는 것은 아니라는 조사 결과를 발표하여 세간의 주목을 받은 적이 있다. 엄마 수입의 거의 절반 정도가 탁아비용, 교통비, 식사비, 화장품, 옷값, 각종 세금 등 엄마가 일을 하는 데 드는 부대비용으로 지출되기 때문이다.[148] 맞벌이하는 엄마들은 자녀와 결속하는 중요한 기회를 스스로 내팽개쳤을 뿐만 아니라 홈스쿨의 기회마저 잃은 것이다. 엄마가 집에 있는 것을 많이 본 아이가 정서적으로 안정된다는 일련의 연구 결과도 있다.

셋째, 부모는 자녀를 전인격적으로 교육해야 할 의무가 있다(잠 22:6 참조).

이것은 부모의 어깨 위에 놓인 부정할 수 없는 책무이다. 심지어 다른 사람이 당신 자녀를 가르칠지라도, 자녀에 대한 책임은 당신이 져야 한다. 교육의 결과에 대한 책임도 물론 당신이 져야 한다. 전인격적 교육이란 모든 과목을 통합한다. 하지만 그중에서도 영적 훈련이 자녀에게 전달되는 모든 지식의 중추가 되어야 한다. 학교가 학생들에게 인본주의와 자유주의 사상을 무더기로 쏟아붓고 있음을 감안할 때, 홈스쿨 부모는 더욱더 많은 시간을 자녀와 함께 보내야 한다.

넷째, 부모는 자녀를 사랑으로 제자훈련시켜야 할 책임이 있다.

자녀를 성경에 따라 제자훈련시키려면, 부모가 성경에 따라 자녀를 인도하고, 교정하고, 징계하고, 칭찬하고, 아이를 위한 훌륭한 모범이 되어야 한다. 제자훈련이란 본질적으로, 자녀가 사랑하는 마음으로 하나님과 부모에게 기꺼이 순종하며, 자신을 통제하며 책임감을 키우는 데까지 성장하는 것을 말한다. 적절한 제자훈련은 부모에게도 그에 상응하는 보상을 준다. 성경은 다음과 같이 말한다.

"네 자식을 징계하라 그리하면 그가 너를 평안하게 하겠고 또 네 마음에 기쁨을 주리라"(잠 29:17).

부모가 이런 의무를 다할 때, 비로소 홈스쿨링이 제 자리와 제 목적을 찾게 된다. 만일 당신이 이 책을 읽으며 부모의 책임을 다른 사람에게 위탁하는 대신, 홈스쿨링을 시행하는 쪽으로 마음이 끌렸다면, 다음 일곱 가지 단계에 따라 시작하기 바란다.

홈스쿨링 시작하는 법

1단계 / 최종적으로 결정하기 전, 진지하게 기도하라.

성경은 "악인은 정의를 깨닫지 못하나 여호와를 찾는 자는 모든 것을 깨닫느니라"(잠 28:5)라고 말했다. 전능하신 하나님께 지혜를 구하여 홈스쿨링이 당신에게 적합한지 확인하라. 누구나 홈스쿨링을 할 수 있는 것이 아니기 때문이다. 모든 부모가 자녀의 학업과 성품에 대해 염려한다. 그러나 그렇다고 모든 부모가 거기에 최우선순위를 두거나, 그것을 위해 자기를 희생하며 헌신하는 것은 아니다. 이런 자세가 부족한 부모가 홈스쿨을 시행한다는 것은 자녀를 기만하는 일이다.

2단계 / 읽어라, 조사해라.

홈스쿨링이란 주제에 대해 정통하라. 읽으면 지식이 생기고, 지식은 당신 생각이 옳은지 그른지에 대해 확신을 준다. 홈스쿨링 관련 서적들을 탐독하라. 그러면 홈스쿨링을 시작하는 법, 전개해나가는 법에 대해 더욱더 풍족한 깨달음과 아이디어를 얻을 수 있다. 물론 이 책도 그런 책 가운데 하나이다. 서적, 잡지, 인터넷 등 정보를 얻을 수 있는 수단을 모두 활용하여 가능한 한 많은 정보를 수집하라. 2단계를 완료하기 전, 3단계로 성급하게 넘어가지 말라. 혹 홈스쿨링 관련 세미나나 연수 프로그램이 있다면 꼭 참가하도록 하라. 여기 연중 상설로 개최되는 연수 프로그램 세 가지를 소개하겠다(미국 홈스쿨링 세미나에 참석하기 원하는 독자들을 위해 미국 프로그램도 몇 가지 소개하겠다 - 역자 주).

- Christian Life Workshops by Gregg Harris (Tel : 1-800-225-5259)
- Home School Legal Defense Association (Tel : 1-703-882-3838)
- Institute in Basic Life Principles by Bill Gothard (Tel : 1-708-323-7073)

한국에서 개설되는 대표적인 홈스쿨 관련 세미나와 연수 프로그램

- 홈스쿨 베이직 세미나 (연중 정기적으로 개설되는 홈스쿨 세미나)
- 3인 3색 자녀양육 세미나 (학습편, 훈육편)
- 성경적 부모표 영어 스쿨
- Home School Conference (매년 1월 개최되는 홈스쿨가족 연수 프로그램)
 – 주최: 홈스쿨지원센터 Tel. 050-5504-5404 | http://imh.kr

3단계 / 선배 홈스쿨 부모들과 대화하라.

선배 홈스쿨 부모란 2년 이상 홈스쿨을 시행하고 있는 부모들을 일컫는다. 그들은 당신이 홈스쿨을 시작하는 데 필요한 정보를 제공해주며 영적, 정서적으로 후원해줄 것이다. 특히 직접 경험한 귀중한 통찰도 함께 나누어줄 수 있다. 그렇기 때문에 그들과의 대화가 필수적이다. 가능하면 많은 사람들을 만나라. 성경은 말한다.

"의논이 없으면 경영이 무너지고 지략이 많으면 경영이 성립하느니라"(잠 15:22).

4단계 / 학습 환경을 체계화하라.

아이들은 질서와 규율이 잘 잡힌 환경에서 잘 배울 수 있다. 시작할 때부터 이것을 확고히 가다듬지 않으면, 중도에 좌절을 겪게 된다. 당신이 가정에서 권위가 있는지, 자녀들이 순종과 복종이란 성경의 원칙을 제대로 이해하고 있는지 다시 확인하라. 아마 이것이 첫 수업이 될 것이다. 반항적인 아이는 가르치기 힘들다. 하지만 질서와 규율이 잘 정비된 환경에서라면, 아장아장 걷는 아이일지라도, 수업 시간을 방해해서는 안 된다고 하는 제 행동의 한계선을 배울 수 있다. 당신이 자녀들에게 무엇을 원하는지 명확히 설명하고, 그에 따라 책임 있는 행동을 하도록 가르쳐라.

생활 계획표를 작성하면, 홈스쿨을 시행하는 데나 가사 업무를 처리하는 데 매우 유익하다. 계획표를 작성하면, 아이가 가사를 도울 때, 공부할 때, 놀 때를 정확히 구별할 수 있다. 물론 계획표대로 지나치게 경직되어 움직일 필요는 없다. 홈스쿨링의 최대 장점 가운데 하나가 유연성을 기를 수 있다는 점이기 때문이다. 그러나 가능한 한, 계획표대로 일정을 진행하여 그것이 아이들 몸에 배도록 하는 것이 좋다.

그다음으로 학습을 위한 최적의 조건으로 가정을 체계화해야 한다. 어떤 사람들은 천성적으로 조직적이지 못하며, 생활이 단정치 못하다. 그러나 당신이 그런 경우라도 너무 염려하지 말라. 진지한 기도, 약간의 계획, 부모와 자녀 사이의 대화, 상호 책임성만 있다면, 홈스쿨을 위해 환경을 체계화하고 자신을 통제하는 능력을 기를 수 있다.

학습 환경 또한 중요하다. 우선 교실로 사용할 방을 정하고, 책상, 의자 등을 구비하여 작은 교실을 꾸미는 게 좋다. 아니면 식탁도 좋다. 어떤 곳에서 수업을 하느냐보다 한 장소에서 일관성 있게 학습을 진행할 수 있느냐 하는 게 더 중요하다.

그러나 당신을 훌륭한 교사로 만들어줄 필수 학습자재를 구비하는 점에서만큼은 주저하지 말기 바란다. 몇 가지를 열거해보겠다.

• 교안
• 도표와 포스터(각종 성경 도표, 한글 및 영어 알파벳 자모음 도표 등)

- 성경공부 자료(성경사전, 성경지도, 성구사전 등)
- 백과사전을 포함하여 참고할 서적들(중고서점에 가면 싼 가격에 구입할 수 있다)
- 월간 계획표(가족 행사, 홈스쿨 행사 등을 기록한다)
- 게시판(성적표, 각종 상벌 현황, 기타 제반 사항을 게시한다)
- 컴퓨터(자판 익히기, 인터넷 검색, 문서 편집기 사용법, 특히 문서편집 기능은 평생을 두고 사용하게 되므로 잘 가르쳐야 한다)

5단계 / '홈스쿨의 법적 옹호를 위한 연대'(Home School Legal Defense Association)**에 가입하라.**

이 단체는 홈스쿨을 시행하는 부모들의 법적 이익을 변호하기 위한 유료 회원 단체이다. 미국은 수십 년간의 법정 공방 끝에, 1993년 50개 주 전역에서 홈스쿨의 합법성을 인정했다. 하지만 홈스쿨 부모들이 의무교육을 위반하고 자녀들을 학대하고 있는지 확인한다는 명목으로 교육청 관계자들이 불쑥불쑥 집을 찾아오는 경우가 있다. 이때 질의서를 내밀거나 청문회 참석을 요구하며 부모를 괴롭히기 때문에 이런 단체가 활동하고 있다(한국의 경우, 다른 나라에 비해 홈스쿨을 시행하는 부모들의 수도 적고, 홈스쿨링으로 법적 분쟁이 일어난 전례가 없으나 현행 교육법이 홈스쿨링의 합법성을 부정하고 있는 상태이므로 부모들이 법적인 문제로 고심하는 경우가 적지 않다. 특히 학교에 학적을 남겨놓은 채 홈스쿨링을 하는 경우, 장기 무단결석을 이유로 학교 측의 괴롭힘을 받는 사례가 종종 발생한다. 아직은 홈스쿨 부모들이 홈스쿨 관련 단체나 홈스쿨 코업을 통해 서로 고통을 토로하는 정도에 그치고 있다. 그러나 앞으로 홈스쿨링 운동이 확대되면 이런 단체의 역할이 반드시 필요하리라 전망된다 – 역자 주).

6단계 / 당신 자녀의 학습 성향에 따라 적절한 커리큘럼을 선정하라.

　적절한 교재, 적절한 커리큘럼 선정은 홈스쿨 교육과정의 중요한 부분이다. 그러나 커리큘럼이 홈스쿨의 모든 것을 좌우하는 것은 아니다. 홈스쿨 부모들은 커리큘럼을 언제든 변경할 수 있다. 판단 착오를 일으킬까 너무 두려워하지 말라. 완벽한 커리큘럼이란 존재하지 않는다. 더욱이 커리큘럼을 잘못 선정했다고 해서 당신이 자녀를 망치거나 하는 것은 아니니까 크게 염려할 필요는 없다. 당신이 아무리 책을 많이 읽고, 아무리 조사를 많이 했더라도 자녀에게 딱 맞는 학습 프로그램을 정착시키는 데는 시행착오가 불가피하다.

　커리큘럼을 언제든 변경할 수 있다는 점을 기억하라. 커리큘럼은 신성한 돌판에 새겨진 불변의 원칙이 아니다. 이 책의 5장에서 논했던 네가지 범주의 커리큘럼, 즉 전통적 커리큘럼, 개인의 능력에 맞게 학습하는 커리큘럼, 단위 학습 커리큘럼, 부모가 고안한 커리큘럼을 기억하고 그 가운데 당신의 교수 방식과 성향에 잘 맞는 것, 당신 자녀에게 적용했을 때, 최대의 효율을 나타낼 수 있는 적절한 것을 선택하여 당신 자녀를 위한 '맞춤 교육'을 실시하는 데 만전을 기하도록 하라(미국의 경우, 홈스쿨 교재와 커리큘럼, 교안, 교사 편람 등을 전문적으로 판매하는 출판사들이 다수 존재할 뿐 아니라, 홈스쿨 교재와 커리큘럼 박람회 등 유용한 행사가 수시로 개최되고 있다. 그러나 국내 상황은 그렇지 못하다. 서적, 인터넷, 홈스쿨 부모들의 모임 등을 통해 필요한 정보를 입수해야 한다는 한계가 있다 – 역자 주). 중요한 것은 커리큘럼이 아니라 그것을 어떻게

응용하느냐 하는 것이다. 커리큘럼을 확정하기 전, 다음 네 가지 질문을
던지도록 하라.

- 커리큘럼의 중점이 무엇인가? 작문? 실험? 기억력 증진? 체험 학습?
  학력 증진? 아니면 이 모든 것?
- 두 자녀 이상을 가르칠 계획인가? 그렇다면 당신이 지금 고려하고 있는
  커리큘럼이 교수과정을 능률적으로 만들까 아니면 더 복잡하게 만들까?

- 당신은 창의력이 있는 편인가? 복잡한 커리큘럼이 좋을까 아니면 간략한 것이 더 좋을까?
- 커리큘럼이 교사의 강의 중심인가 아니면 학생의 자율적 학습 중심인가? 어느 것이 나한테 잘 맞을까?

처음 시작하는 부모들은 커리큘럼 선정 과정에 무척 애를 먹는다. 그러나 반드시 감수할 수밖에 없는 부분이다. 하나님의 인도하심을 구하며 지혜롭고 현명하게, 합리적으로 잘 판단하기 바란다.

7단계 / 홈스쿨 부모들의 모임에 가입, 적극적으로 활동하라.

홈스쿨을 시행하기로 최종 결정을 내렸다면, 즉시 홈스쿨을 지원하는 단체 혹은 홈스쿨 부모들의 모임에 가입하여 활동하라. 그런 단체들이 어디 있는지 잘 모른다면, 인터넷의 도움을 받아라. 그런 모임을 통해 어떤 도움을 받을 수 있는가? 같은 길을 가는 부모(이들이야말로 가장 큰 힘이 되는데), 각종 회합, 정기 간행물, 공동 연구여행, 공동 수업, 스포츠, 연극, 각종 문예활동, 사회활동, 봉사활동 등 일일이 나열하자면 끝이 없다. 같은 길을 가는 동지들의 격려와 지지가 홈스쿨링의 목표를 이루는 데 최선의 도움을 줄 것이다.

이렇게 일곱 가지 단계를 따르며 홈스쿨을 시작하라. 이 일곱 가지 단계를 착실히 순차적으로 따를 때, 큰 유익을 얻을 수 있다. "최선을 다하라. 그리고 있을 수도 있는 실수에 대해 너무 두려워하지 말라"라는 점을 반드시 기억하라. 실수로부터 자유로운 인간은 없다. 홈스쿨을 몇 년씩 해오고 있는 노련한 부모들도 종종 실수를 저지른다. 당신은 처음 첫 해와 그다음 해에 당신의 교수 스타일, 교수 방법론, 일정, 당신과 당신 자녀의 필요에 딱 맞는 커리큘럼 등 실로 많은 것을 배우게 될 것이다. 그리고 시간이 가면서 커리큘럼, 교수 방식, 수업 일정에 변화를 추구하며 창의적으로 임하게 될 것이다. 당연한 순서라고 생각한다. 당신 가정에 딱 맞는 '맞춤 교육' 형태가 미리 나와 있는 것이 아니기 때문이다. 더욱이 어떤 가정, 어떤 아이에게 딱 맞는 교육방식이 다른 가정, 다른 아이에게까지 딱 맞을 수는 없다. 그래도 괜찮다. 아니 그래야 한다. 홈스쿨링은 천편일률적인 획일화 교육에 반대한다. 당신 자녀의 재능과 능력에 맞추어 교육을 실시하는 데 그 목적이 있기 때문이다.

자녀가 이미 학교에 다니는 경우, 자퇴하는 법

일반 부모들이 홈스쿨 부모를 바라보는 시선은 그리 곱지 않다. "어떻게 애들을 학교에 안 보낸다지?" 하며 고개를 갸우뚱거린다. 홈스쿨링의 진가를 모르기 때문이다. 아무튼 그들의 시선이 두려워서라기보다 자녀를 학교에서 가정으로 자연스럽게 이동시키기 위해 방학을 이용하여, 자퇴 수속을 밟는 것이 좋다. 자퇴 이유를 물으면, 홈스쿨링이 이유라고 자신 있게 답하라. 부모가 자녀를 가르치는 것은 천부적 권리이다. 당신 자녀의 이름을 학적부에서 지워달라고 당당히 요청하라. 몇 주 후, 거만한 교육 공무원이 당신 집 초인종을 울리기 원하지 않는다면, 그렇게 하는 것이 바람직하다. 각 지방의 교육구청에 따라 홈스쿨 부모에게 관대한 곳도 있고, 지나치게 간섭하려는 곳도 있으니 그들이 찾아올 것에 대비해, 적절한 준비를 해두는 것이 좋다.

홈스쿨링을 위해 해야 할 일과 해서는 안 되는 일

해야 할 일

- 엄마 아빠가 모두 홈스쿨링에 찬성해야 한다.
- 자녀에게 홈스쿨링의 이유에 대해 설명해야 한다. 홈스쿨을 시작하는 데 자녀의 허락이 필요한 것은 아니지만 구체적으로 설명하여 납득시켜야 교육적 효과를 기약할 수 있다.
- 엄마와 아빠 모두 홈스쿨링에 적극적으로 참여해야 한다. 특히 아빠는 어떤 식으로든 홈스쿨링에 참여하고 후원하여 가장의 본분을 다해야 한다. 엄마에게 모든 책임을 떠넘기는 것은 부당하다. 최고의 효율을 기하려면, 엄마 아빠의 공조 체제가 반드시 필요하다. 아빠는 엄마의 교수과정을 돕고 신체적, 정신적으로 엄마를 뒷받침해야 한다. 아빠가 모든 책임을 엄마의 연약한 어깨에 지우는 것은 온당치 못하다. 아빠는 홈스쿨링 과정에 적극적으로 관여하여, 가능한 한 모든 지원을 아끼지 말아야 한다. 이것이 아빠들의 기본적인 책무이기 때문이다.
- 시간을 투자해야 한다. 아무리 솜씨 좋은 장인이라도, 충분한 시간과 정성을 쏟을 때에 비로소 훌륭한 작품을 만들 수 있는 법이다. 마찬가지이다. 부모 또한 바람직한 결과를 얻기 원한다면, 홈스쿨링에 필요한 시간을 투자해야 한다. 특히 맞벌이 부부의 경우, 부모 중 한 사람(엄마이든 아빠이든)은 맞벌이를 중단하고 홈스쿨링에 전념하며 진지한 노력을 기울여야 한다. 경제 여건상, 맞벌이를 중단할 수 없다면, 홈스쿨링 말고 다른 대안을 고려하는 것이 바람직하다.
- 체계화하라. '체계화'가 성공적인 홈스쿨링에 결정적인 역할을 한다.

모든 생활을 체계화해야만 홈스쿨링 말고 다른 중요한 일들도 훨씬 수월하게 수행할 수 있다.

- 의연한 태도를 지녀야 한다. 당신이 홈스쿨링에 무관심해지거나 혹 좌절할 경우, 당신 자녀는 그것을 즉각 감지할 것이다. 그것이 자녀의 학습 의욕에 부정적인 영향을 끼칠 것은 자명하다. 따라서 당신은 일관적인 태도를 견지해야 한다. 당신의 태도는 자녀에게 즉시 전달된다.

- 엄격한 규율을 유지하라. 홈스쿨링의 성패는 규율에 달려 있다 해도 과언이 아니다. 당신과 자녀의 일정 계획표를 정확하게 작성하라. 일정한 시간에 일정한 장소에서 학습하는 습관을 들여라. 학습은 가능하면 낮 시간에 진행하는 것이 좋다. 특히 아침 식사 후, 오전 시간이 매우 적절하다.

- 융통성을 가져라. 이 말이 위 내용과 모순되는 듯 들릴지 모르지만 사실은 그렇지 않다. 당신은 지금 집에서 아이를 가르치고 있다. 따라서 나이 어린 동생, 전화, 초인종, 뜻밖의 방문객 등으로 수업이 중단되는 경우를 충분히 예상할 수 있을 것이다. 이런 일이 발생할 경우, 수업 일정이 조금 늦춰지더라도 빼먹지는 말라. 융통성도 규율의 일부이다.

- 당신 가정의 목표를 명확하게 설정하고 성경의 우선순위를 지속적으로 주시하라. 목적지가 분명하지 않다면, 목적지에 다다랐는지 어떻게 확인할 수 있을까? 명확한 목표는 바로 성공으로 안내하는 지도가 된다. 당신 가정의 우선순위가 무엇인지 명확하게 고지하라. 그러면 그에 따라 의사결정 과정도 한결 수월해질 것이다.

- 홈스쿨링을 지원하는 단체 혹은 홈스쿨 부모들의 모임에 참여하라. 어색한 적응 과정이 끝나면, 홈스쿨 부모 모임에서 당신이 해야 할 역할이 무엇인지 모색하라. 다른 부모들과 협조하는 가운데 당신의 능력도

향상될 것이다.

- 기록을 잘해두라. 이번 장^章 서두에서 자세히 밝혔듯이, 각종 기록을 잘 보관하는 것 또한 책임 있는 홈스쿨링의 일부이다.

- 홈스쿨링이 당신의 일상과 가사 업무에 변화를 일으킬 것이라고 기대하라. 아침에 일어나기 무섭게 학교로 달려가 오후 늦게야 돌아오던 자녀들이 하루 종일 집에 있다면, 엄마의 일상은 분명 그 전과 확연히 달라질 것이다. 따라서 몇 가지 변화(매우 유익한 변화일 것이라 확신하는데)를 충분히 예측해두어야 한다.

해서는 안 되는 일

- 경솔한 자세를 보이지 말라. 분명한 결심도, 계획도, 전망도 없는 상태라면, 불쑥 자녀를 자퇴시키는 경솔한 행동을 해서는 안 된다. 시간을 두고 가장 효율적이며 생산적인 방법을 연구하라. 여름 방학이 자퇴하기에 최적의 시기이다. 남들 시선이 두려워 은밀하게 아이들을 학교에서 빼오는 게 아니다. 자녀들이 불필요한 주목을 받지 않도록 배려하는 조치이다.

- 교재와 커리큘럼 선정에 만전을 기하라. 선배 홈스쿨 부모들이 어떤 교재와 어떤 식의 커리큘럼으로 자녀들을 가르치는지 신중히 검토하고 조사한 후에 당신의 커리큘럼을 확정해도 늦지 않다. 굳이 비싼 교구나 교재를 구입하지 않더라도 홈스쿨링을 효율적으로 시행할 수 있는 방법은 얼마든지 있다.

- 아이들의 반응에 얽매이지 말라. 물론 대부분의 자녀들이 홈스쿨링을 하자는 부모의 제안에 반대하지 않을 것이다. 그러나 초등학교 고학년 자녀를 대상으로 처음 홈스쿨링을 시작하는 경우라면 자녀가 반발

할 가능성도 있다. 그렇다고 윽박지르거나 포기하지 말고, 홈스쿨링의 목적과 의도를 상세히 설명하여 먼저 납득시키는 것이 좋다. 처음에는 다소 적응 과정이 필요하겠지만, 당신이 모범을 보인다면 자녀는 잘 따라올 것이다. 자녀의 교육을 책임질 사람은 당신이지 자녀가 아님을 명심하라. 때로는 자녀의 유익과 미래의 행복을 위해 부모 차원에서, 자녀가 원하지 않는 결정을 내릴 수도 있다.

• 완벽을 추구하지 말라. 특히 나이 어린 동생이 있는 경우라면 더 그렇다. 당신 가정이 홈스쿨링을 시작하기 전후가 같으리라고 기대한다면 그것은 오산이다. 만일 실제적인 증거를 제시하며 이 말의 오류를 입증한다면, 그런 부모에게 머리 조아려 경의를 표하고 싶다. 대부분의 부모는 엄청난 기대를 갖고 홈스쿨링을 시작한다. 그러나 현실의 모습은 이상과 다르다. 따라서 조급하게 서둘지 말라. 한술 밥에 배부른 법은 없다. 특히 아빠들에게 당부하고 싶다. 아내는 결코 기적을 만들어내는 초인이 아니다. 당신 아내도 지금 최선을 다하고 있으니, 홈스쿨링을 시행하며 부족한 점이 드러나더라도 너그러이 이해하며 지원사격을 아끼지 말도록 하라.

• 다른 사람들이 당신의 열정을 알아주지 않는다고 실망하거나 좌절하지 말라. 홈스쿨을 시행하는 다른 부모들과 교제하며 확신을 더욱 키워가야 하는 이유가 바로 여기에 있다.

8장 할아버지 할머니의 지원이 필요하다

홈스쿨 자녀들은 경건을 배운다. 조부모인 당신은 이것을 정말 중요하게 여기는가? 당신은, 당신 손자 손녀들이 주님의 교양과 훈계로 자라기를 바라는가? 그렇다면 이 목적을 성취하는 데 홈스쿨링을 통한 방법보다 더 확실한 방법은 없다는 사실을 분명히 인식하라.

나는 수많은 홈스쿨 부모들과 대화하는 중에 조부모들이 홈스쿨링에 부정적이든, 긍정적이든 지대한 영향을 끼친다는 사실을 발견했다. 조부모들은 홈스쿨 자녀들을 더욱 견고하게 세우고 그들을 격려하는 데 다른 누구보다 큰 몫을 할 수 있다. 물론 조부모들 가운데는 그들의 손자 손녀를 집에서 교육하는 일에 무관심한 사람들도 적지 않다. 그것은 홈스쿨링의 의미와 목표를 제대로 이해하지 못했기 때문이다. 따라서 이 장에서는 조부모들이 홈스쿨링 과정을 적극 지원해야만 하는 10가지 이유에 대해 살펴보려고 한다. 친할아버지, 친할머니, 외할아버지, 외할머니가 있다면, 함께 이 글을 읽어보기 바란다.

만일 당신의 아들딸이 홈스쿨을 시행하기로 결정했다면, 그것은 신중한 고민 끝에 내린 결정일 것이다. 아마 당신의 아들딸도 쉬운 결정이 아니었을 것이다. 물론 대다수 학교에 다니는 아이들이나 사회의 주된 조류를 감안해볼 때, 그것은 분명히 대단한 용단이다. 그들이 자녀를 학교에 보내지 않고, 집에서 가르치기로 결심한 것은 부모로서 그들의 헌신과 자기희생을 나타내는 대목이다. 손자 손녀에게 부모로서 지극한 관심과 사랑을 보여준 아들딸을 자랑스럽게 여겨도 좋을 것이다. 당신의 아들딸은 우리 사회에 만연한 물질주의적 탐욕을 추구하지 않고 숭고한 사명을 감당하기로 선택했다. 요즘 사생활을 즐기기 위해 자녀를 낳지 않겠다는 젊은이들이 늘고 있고, 더욱이 자신의 자유를 누리기 위해, 마치 외판사원 내몰듯, 이제 막 걷기 시작한 아이들을 놀이방이며, 어린이집, 유치원으로 내몰고 있는 부모가 얼마나 많은가? 이런 시대에 홈스쿨을 시행하기로 결단했다는 것은 그들이 영적, 도덕적으로 단단히 무장된 신앙의 용사임을 입증하는 징표이리라. 쾌락으로 물든 세상 가운데 당신의 아들딸은 가치를 소중히 여기는 엘리트로 우뚝 서 있다.

당신의 아들딸은 심사숙고 끝에 홈스쿨을 시행하기로 결단했다. 이제 할아버지 할머니로서 당신이 홈스쿨을 적극 지원해야 하는 타당한 이유 10가지를 소개하겠다.

첫째, 당신은 아직까지 이 나라 청소년들의 교육을 책임지고 있기 때문이다.

당신의 나이가 얼마이든, 당신이 고등학교를 졸업했든 아니면 중학교 밖에 나오지 못했든, 당신은 청소년들을 교육해야 할 책임을 갖고 있다. 청소년들이 양질의 교육을 받을 수 있도록 어른들이 도와야 하는 것이다. 이 나라의 장래는 청소년들의 어깨 위에 달려 있다. 이 세상에서 가장 강인하고 강력한 군대는 바로 청소년 군대이다. 왜냐하면 오늘 우리가 감당하는 모든 일들을 내일 그들이 감당하게 될 것이기 때문이다. 오늘의 교육적 위기 상황에 당신이 적극 나서지 않는다면, 현재 청소년들을 물들이고 있는 사상이 언제 어디서 심각한 사회 문제로 표면에 떠오를지 모를 일이다. 옛말에 "요람을 흔드는 손이 세상을 지배한다"라는 말도 있지 않은가? 당신은 그 손이 누구의 손이 되어야 한다고 생각하는가?

둘째, 당신은 종교의 자유, 양심의 자유, 사생활의 자유 등을 보장한 헌법 정신을 믿고 있기 때문이다.

대부분 민주국가의 헌법은 국민들의 기본권을 보장하고 있다. 국가의 안녕과 질서, 공공의 치안 유지를 위해 기본권을 최소한으로 제한하는 경우를 제외하고, 이 소중한 자유를 제한하거나 막는다면, 민주주의는 생명력을 잃을 것이다.

부모는 자녀를 가르칠 권리와 책임이 있다. 이것은 국가가 개인에게 부여한 것이 아니라, 하나님께서 부모들에게 명하신 천부적인 권리이자 의무이다. 그런데 정부가 이런 권리를 제한하고 있는 것이다. 지금 누군가의 권리가 침해당한다면, 아마 내일은 당신의 권리가 침해당할 것이다. 링컨은 언젠가 "오늘의 교육철학이 내일의 정치철학이 될 것이다"라고 말한 적이 있다. 홈스쿨 부모는 단지 하나님께서 주신 책임을 수행하고, 헌법에 명시된 기본권을 행사하려는 것뿐이다.

셋째, 당신은 대안교육에 대해 열린 마음을 가질 필요가 있기 때문이다.

역사를 돌이켜보면 양심적이고 혁신적인 인물들이 공평한 기회를 보장받았을 때 엄청난 성공을 거두었음을 알 수 있다. 혹시 새로운 일에 착수했다가 부정적이고 폐쇄적인 사고방식을 지닌 사람들을 만나 낭패를 본 적이 있는가? 홈스쿨 부모는 지금 당신의 지지와 격려를 절실히 필요로 하고 있다. 가장 의지할 만하다고 믿은 사람들이 도통 관심도 보이지 않고, 적극적으로 뒷받침해주지 않았을 때, 홈스쿨을 시행하기로 결단한 그들이 얼마나 낙심할지 상상해보라.

국가는 부모에게 자녀교육의 형태를 선택할 기회를 부여해야 한다. 무료 의무교육 제도를 탓하려는 게 아니다. 또 의무 교육제도가 이 나라 발전에 기여한 바를 무시해서도 안 된다. 하지만 무료 의무교육을 강요하는 것에 대해서도 찬성할 수 없다. 단 하나의 교육제도를 강요할 때, 진정한 자유는 흔들리게 될 것이다. 당신은 국가가 통제하는 자유, 강요된 자유를 원하는가? 그것은 전제專制 정치이지 민주 정치가 아니다.

공교육이 베푸는 교육만 받아야 한다고 강요하여 자녀를 획일화하는 것은 분명 개인의 자유를 침해하는 것이다. 개인의 가치관과 기호의 다양성을 인정한다면, 교육 형태의 다양성 또한 인정해야 한다고 생각한다. 교육의 자결권自決權이 반드시 요구된다. 모든 사람을 위해 교육을 실시한다는 말은 곧 모든 사람에 의해 교육이 실시되어야 한다는 의미도 갖는다. 모든 자녀들이 평등하게 배울 권리가 있듯이, 모든 부모들이 평등하게 가르칠 권리도 있다. 만일 어떤 정부가 이를 인정하지 않는다면, 그 정부는 인간의 기본권을 침해하는 정부가 된다.

우리는 복수주의複數主義 교육을 주장해야 한다. 거기에는 여러 가지 목표의 여러 가지 방법이 공존한다. 다양성 가운데 통일성이 있다. 건전한 경쟁이 있다. 모름지기 독점은 침체를 낳게 된다. 이제 교육도 다양한 의견이 통하는 경쟁의 장場이 되어야 한다.

당신의 자녀가 부모로서 홈스쿨을 선택했다고 해서 그것을 당신에 대한 모욕으로 받아들이지는 말라. 당신이 그들을 교육했던 방식을, 그들이 거부하거나 평가절하하려는 것이 아니다. 옛날의 학교와 오늘의 학교는 아주 많이 다르다. 세월이 흘렀기 때문이다. 과거 진리로 통하던 것이 오늘의 학교에서는 진리로 통하지 않고 있다. 요점은 오늘의 교실에서 바람직한 결과를 바랄 수 없다는 데 있다. 홈스쿨링은 그 문제를 해결하기 위한 하나의 대안이다. 따라서 당신 자녀들의 결정을 무례로 받아들이지 말기 바란다.

넷째, 당신의 자녀들이 당신의 도움을 절실히 필요로 하기 때문이다.

이 세상 어느 누구도 당신만큼 당신의 자녀를 정서적, 심리적, 영적으로 지지해줄 수 있는 사람은 없다. 당신은 다른 그 누구도 갖지 못할 소중한 기회를 목전에 두고 있다. 거꾸로 생각해도 마찬가지이다. 만일 당신이 그들을 외면한다면, 그들이 받게 될 정서적, 심리적 상처는 매우 클 것이다. 홈스쿨링은 사랑과 지원이 필요한 도전적인 과업이다. 자녀를 사랑하는 부모라면, 기꺼이 자녀를 돕기 바란다.

다섯째, 당신의 손자 손녀들이 당신의 도움을 절실히 필요로 하기 때문이다.

손자 손녀들이 할아버지 할머니에게 말을 하지 않아 그렇지, 그들은 제 부모가 홈스쿨링을 결정해서 사람들의 곱지 않은 시선을 견디고 있다는 사실을 잘 알고 있다. 당신의 자녀는 당신이 도와주지 않는다고 해도, 홈스쿨을 결행할 것이다. 그렇다면 이왕 하는 홈스쿨링이니 손자 손녀들의 홈스쿨링을 즐거운 체험으로 만들어주고 싶은 마음은 없는가? 참여하라. 그래서 손자 손녀들의 교육에 한몫 하는 할아버지 할머니가 되기 바란다.

여섯째, 홈스쿨링은 이미 효율성이 입증된 교육 방법론이기 때문이다.

홈스쿨 학생들의 학업성취도는 매우 놀랍다. 사실, 전국의 학업 성취도 평가에서, 홈스쿨 학생들의 평균 점수가 학교에 다니는 아이들의 점수보다 30점이나 더 높게 나왔다. 우수한 학력 말고도, 홈스쿨 학생들의 장점은 매우 많다. 창의력, 열심, 가족에 대한 존중, 부모의 권위를 수용하는 자세, 예의범절, 도덕 가치 등 모든 면에서 학교에 다니는 아이들보다 뛰어나다는 증거가 있다. 과연 누가 이런 가치를 부정하겠는가? 굴러들어온 복을 걷어차지 말라. 시작이 반이라는 말이 있다. 당신의 자녀가 홈스쿨을 시행하기로 결단했으니, 이미 절반은 성공한 셈이다.

일곱째, 당신은 손자 손녀의 경건한 인성발달을 바라기 때문이다.

홈스쿨링으로 배출해낸 역사상 위대한 지도자와 발명가들처럼 훌륭한 성품을 기를 수 있다. 미국의 초대 대통령 조지 워싱턴, 영국 수상 윈스턴 처칠, 독일의 물리학자 아인슈타인, 프랑스의 철학자 파스칼 등 홈스쿨링으로 교육받은 인물들의 이름을 나열하자면 끝이 없다. 홈스쿨링으로 길러진 이런 덕성을 지닌 당신의 손자 손녀들이야말로 다른 아이들과 확실히 구별된다. 훌륭한 품성은 자립심을 길러주며, 사악한 유혹 앞에 당당히 "안돼!"라고 말하는 능력을 키워주며, 스스로 상황을 합리적으로 판단하여 현명한 결정을 내리는 능력을 길러준다.

또한 홈스쿨 자녀들은 경건을 배운다. 조부모인 당신은 이것을 정말 중요하게 여기는가? 당신은, 당신 손자 손녀들이 주님의 교양과 훈계로 자라기를 바라는가? 그렇다면 이 목적을 성취하는 데 홈스쿨링을 통한 방법보다 더 확실한 방법은 없다는 사실을 분명히 인식하라. 이 나라를 바로 세우려면, 경건에 초점을 맞춘 기독교 교육이 토대를 이루어야 할 것이다.

여덟째, 당신의 손자 손녀들을 교육하는 황금 같은 기회를 놓칠 수 없기 때문이다.

역사적으로 보았을 때, 노인들은 항상 공경의 대상이었다. 젊은 세대들은 노인들을 우러러보았고, 현명한 지혜와 조언을 구하기 위해 노인들을 찾았다. 그러나 자기밖에 모르는 쾌락 위주의 세상은 점차 이러한 정신을 잃어가고 있다. 많은 노인들이 가정에서 설 자리를 잃고 노인정이나 공원을 배회하고 있다. 은퇴나 퇴직이 인생의 끝이 아닌데도, 우리 사회는 퇴직한 노인들을 퇴물 취급하고 있다. 그러나 홈스쿨링은 노인들에게서 지혜와 현명한 가르침을 받기 위해 노력한다. 성경에도 "젊은 자의 영화는 그의 힘이요 늙은 자의 아름다움은 백발이니라"(잠 20:29)라고 말하지 않았는가?

귀여운 손자 손녀들이 이 나라를 이끌어갈 튼튼한 재목으로 성장하기 바란다면, 당신의 풍부한 인생 경험을 손자 손녀들에게 들려주도록 하라. 손자 손녀들이 당신의 영예와 광채를 새롭게 발견하도록 하라. 당신은 그들에게 바느질, 원예, 역사, 전통음식 만드는 법, 각종 예법, 한자漢字 등을 충분히 가르칠 수 있다. 이것 말고도 조부모인 당신이 손자 손녀에게 가르칠 수 있는 과목은 많다. 당신이 어떤 재능과 은사를 받았든지, 손자 손녀들에게 물려줄 만한 것은 분명 많다. 당신이 손자 손녀를 가르치는 일에 적극적으로 참여한다면 당신은 물론 당신의 자녀와 손자 손녀 모두에게 큰 기쁨이 될 것이다.

아홉째, 당신의 손자 손녀가 실패한 공교육이 양산해내는 복제인간이 되기를 원하지 않기 때문이다.

당신이 홈스쿨을 적극 지원해야 하는 또 다른 이유는 바로 공교육의 참담한 실패상 때문이다. 대학 입시를 위한 지식 교습소로 변해버린 학교는 도덕과 가치와 공동체와 공존共存과 효도와 타인에 대한 관심을 아예 없애버렸다. 이런 암울한 현실을 직시하고 보면 우리가 공교육 제도에 대해 심각하게 재고할 때가 되었다고 생각한다. 더욱이 건전한 인간을 키워내는 교육의 터전이기를 포기한 채 대학 입시를 위한 '투쟁의 장'이 되어버린 학교에서 나라의 새싹들이 압박감과 패배 의식에 휩싸여 어두운 나날을 보내고 있다고 생각하면 한시바삐 어떤 조치를 취해야 한다는 생각이 절실해진다. 교사의 권위와 학생들의 도덕성이 땅바닥에 떨어진 지도 이미 오래다. 심각한 수위에 이른 학교 폭력과 집단 왕따로 우리의 연약한 새싹들이 두려움에 떨고 있다. 더 이상 거론하지 않아도 우리는 공교육의 실패에 대해 너무나 잘 알고 있다. 이런 제도하에 귀한 손자 손녀들을 그대로 방치할 이유가 무엇인가?

열째, 당신이 손자 손녀들을 사랑하고 있고, 그들이 잘 되기를 바라기 때문이다.

당신이 진정으로 손자 손녀를 사랑하고 있다는 것은 아무도 부정하지 못할 것이다. 그리고 여기 그것을 증명할 만한 완벽한 기회가 있다. 손자 손녀를 사랑하는 책임 있는 할아버지, 할머니라면 처음에는 다소 생소하고 다르게 보일지라도 그들을 훌륭하게 이끌어줄 확실한 교육 방식을 아낌없이 후원하고 격려할 것이다.

결론

지금까지 할아버지 할머니가 손자 손녀들의 홈스쿨을 적극적으로 지원해야 할 이유를 10가지로 소개했다. 수동적인 참여나 묵시적인 동의만으로는 부족하다.

첫째, 홈스쿨에 적극 참여하려면 먼저 홈스쿨에 관련된 자료들을 찾아 읽어야 한다. 자녀들에게 자료를 달라고 요청해서 그것을 검토한 뒤 전체적인 과정에서 당신이 감당할 수 있는 몫이 무엇인지 고려해보라.

이 책을 처음부터 끝까지 통독하는 것도 도움이 될 것이다.

둘째, 다른 집 아이들과 비교하지 말라. 특히 부정적으로 비교하는 것은 바람직하지 못하니 삼가라. 또 하나 홈스쿨링이 완벽한 교육 방법은 아니라는 점 또한 잊지 말아야 한다. 손자 손녀들의 덕성과 인격을 충분히 발달시키도록 돕는 것이 홈스쿨링의 주요 목표이기 때문이다. 교육 방법의 차이는 인정하되, 아이들을 차별하지는 말라.

셋째, 당신이 홈스쿨에 진정으로 관심을 갖고 있다는 것을 일상적인 태도와 습관, 말, 표정 등을 통해 입증하라. 이를 입증하기 위한 가장 좋은 방법은 홈스쿨을 시작한 당신의 자녀에게 당신이 할 일이 무엇이냐고 먼저 묻는 것이다.

9장   친구와 친척들을 설득하라

홈스쿨링이 하나님 말씀에 근거한 교육 방법임을 확신한다고 친구와 친척들에게 설명하라. 성경을 거부하는 불신자들일지라도, 당신의 강한 확신과 불굴의 신념을 감히 부정하지는 못할 것이다. 어떤 문화권에서든 강한 확신을 품은 사람들이 무시당하는 예는 거의 없다.

누구나 자기가 하는 일에서 남들의 인정을 받지 못하면 힘을 잃는다. 인정을 받지 못할 뿐 아니라 비난받을 때, 낙심하고 좌절한다. 일부 홈스쿨 부모들이 중도에 포기하고 자녀들을 다시 학교에 복귀시키는 이유 중 하나가 바로 여기에 있다. 대부분 홈스쿨 부모는 주변 사람들의 곱지 못한 시선을 온몸으로 견디며, 친척과 친구들만이라도 홈스쿨링에 동참해주기를 바란다. 아니 최소한 홈스쿨링에 대해 열린 마음을 가져주기 바라고 있다. 이번 장에서는 이런 문제로 고심하는 홈스쿨 부모들을 돕기 위해, 오랜 시간에 걸쳐 그 효력이 입증된, 상식적 차원의 기법 10가지에 대해 살펴보겠다.

첫째, 기도하라.

나는 기도의 능력을 믿는다. 기도가 상황을 바꾼다고 믿는다. 기도는 우리가 결코 할 수 없는 일까지도 해낸다. 사람들의 태도마저 바꾸어놓는다. 개인적인 체험을 근거로 간증하건대 내 경우, 기도로 홈스쿨링에 대해 완강히 마음을 닫고 있던 친척들의 마음이 바뀌었다. 물론 그들의 견해가 하루아침에 바뀐 것은 아니다. 그러나 꾸준히 기도하자 하나님께서 그들의 마음을 열어주셨다. 어떤 사람을 설득하기 원한다면, 다른 행동을 취하기 전에 먼저 기도하라.

둘째, 하나님 말씀으로 당신의 논리를 뒷받침하라.

하나님 말씀은 사람들의 마음을 설득하는 데 사용되는 매우 훌륭한 도구이다. 이 방법의 가장 중요한 강점은 최고의 권위에 호소한다는 데 있다. 나는 하나님보다 더 높은 분을 알지 못한다. 당신 역시 그러하리라 믿는다. 하나님은, 부모의 제일가는 우선순위가 자녀를 정신적, 영적으로 발달시키는 것이어야 한다고 말씀하셨다. 이 사실을 그들에게 차분히 설명하라.

"마땅히 행할 길을 아이에게 가르치라 그리하면 늙어도 그것을 떠나지 아니하리라"(잠 22:6)라는 말씀은 학교 교사들에게 주신 말씀이 아니라 부모들에게 주신 말씀이다. 하나님은 부모에게 두려운 책임을 맡기셨다. 자녀가 무엇을 배우든지 부모는 그것을 책임져야 한다. 물론 자녀를 가르칠 책임을 남에게 위탁할 수도 있을 것이다. 하지만 자녀교육에 대한 궁극적인 책임은 그 부모의 몫이다. 하나님 말씀에 비추어볼 때, 학교 교사들은 궁극적인 책임 당사자인 부모의 대리인이자 후보에 불과하다.

그다음, 홈스쿨링이 하나님 말씀에 근거한 교육 방법임을 확신한다고 친구와 친척들에게 설명하라. 성경을 거부하는 불신자들일지라도, 당신의 강한 확신과 불굴의 신념을 감히 부정하지는 못할 것이다. 어떤 문화권에서든 강한 확신을 품은 사람들이 무시당하는 예는 거의 없다. 만일 당신이 강한 확신을 품고, 그에 따라 일관된 모습을 보여준다면, 주변의 친척과 친구들이 그에 공감하고 당신에게 경의를 표할 것이다.

셋째, 당신이 겪었던 실수담을 먼저 이야기하라.

홈스쿨을 완강히 반대하는 사람들의 무장을 해제하고 공감대를 얻을 수 있는 최선의 방책은 바로 이것이다. 이런 식으로 말할 수 있을 것이다.

"나도 전에는 교육이란 게 정부의 책임이라고 생각했어요. 학교에 가서 지식만 제대로 배우면 됐지, 학교 교육이 내 아이의 인생에 무슨 관계가 있을까 생각했던 거죠. 하지만 이제 깨달았어요. 우리 애가 무엇을 배우든 혹 배우지 않든, 그게 모두 내 책임이란 걸 말이에요. 그랬더니 교육이란 게 전혀 다르게 보이더라고요. 그때부터 홈스쿨링에 대해 진지하게 생각하게 됐지요."

이렇게 말한다면 상대에게 상처를 주거나 화를 촉발하지 않고서도, 그 사람의 마음을 바꾸기 위해 한 걸음을 내딛게 되는 것이다.

당신이 잘못 알고 있었던 부분에 대해서도 상세히 이야기하라.

"나도 처음엔 집에서 자녀를 가르치는 부모들을 이 사회에서 편향된 별스러운 사람들로 여겼지요. 애들을 지하실이나 뒷방에 방치해놓고 하루 종일 전자오락을 시키거나 TV를 보게 하는 이상한 사람들이라고 알았어요. 그러나 이런저런 사람들을 만나보면서 사실과 다르다는 것을 알게 되었답니다. 대부분 홈스쿨 부모들은 자녀에 대해 너무나 헌신적이었어요. 진지한 자세로 모든 시간을 자녀교육에 투자하고 있더군요."

이처럼 당신의 실수와 오해를 낱낱이 털어놓아 주변 사람들의 무장을 해제하라.

넷째, 주변 사람들과 논쟁하지 말라.

모든 논쟁에서 승리하는 비법이 하나 있다. 그것은 바로 전염병을 보듯, 논쟁을 피하는 것이다. 만일 당신이 누구와 논쟁한다면, 십중팔구 그들은 자기 생각이 옳다는 고집을 더욱 굳히게 될 것이다. 당신은 결코 논쟁에서 이길 수 없다. 논쟁에서 진다면, 정말 지는 것이다. 설령 논쟁에서 이긴다 해도, 정말 지는 것이다. 그 이유가 무엇인가? 당신이 어떤 사람과 격렬하게 논쟁한 끝에 이겼다고 가정해보자. 당신은 승리감에 도취되어 기뻐할 것이다. 그러나 당신에게 진 그 사람은 기분이 어떨까? 그는 당신에게 무시당했다고 느끼며, 당신에게 열등감을 느낄 것이다. 논쟁에서 진 사람은 자존심에 상처를 입는다. 그래서 겉으로는 당신 논리에 수긍하지만, 실제로는 논쟁하기 전보다 더욱 완강히 거부하게 된다. 그렇다면 당신이 논쟁을 통해 얻은 것은 무엇인가? 옛말에 "억지로 설득당한 사람은 자신의 고집을 굽히지 않는 법이다"라는 말도 있지 않은가?

또 하나, 말을 너무 많이 하지 않도록 주의하라. 한 사람이 일방적으로 주도하는 대화는 대화가 아니다. 우리는 그것을 독백이라고 한다. 한번은 진공청소기를 둘러보기 위해 전자 대리점에 간 적이 있었다. 옆에서 다른 영업사원이 다른 손님에게 청소기를 팔기 위해 갖은 애를 쓰고 있었다. 영업사원은 어떤 제품을 가리키며 몸체와 바퀴 부분이 특수 재질로 되어 있다느니, 인체공학적으로 설계되어 작동하기 쉽다느니, 소음이 거의 없다느니, 강한 흡입력에 비해 몸체가 매우 가볍다는 등, 입에 침이 마르도록 제품 선전에 열을 올리고 있었다. 손님이 무언가 질문하려 하자 영업사원은 틈도 주지 않고 다시 제품에 대한 보충설명에 들어갔다. 그때, 그 손님의 어리벙벙한 표정이 아직도 기억난다. 약 십 분

정도 지났을까, 제품 선전을 완료한 영업사원이 손님에게 물었다.

"어떻게, 생각 있으십니까?"

그러자 그 손님이 대답했다.

"좋은 것 같네요. 이것으로 사겠습니다."

그러나 영업사원은 손님이 그 물건을 사기로 마음먹었다는 것을 아는지 모르는지 또다시 보충설명을 하기 시작했다.

"참, 필터에 대해 말씀드렸던가요?"

영업사원이 이말 저말 두서없이 지껄이는 동안, 나는 그 손님의 표정을 살폈다. 서서히 표정이 굳어지는가 싶더니 잠시 후 영업사원의 말을 가로막고 이렇게 말했다.

"미안한데요, 이만 가봐야 할 것 같네요. 봐서 내일 다시 올게요."

말을 마치고 나서 그는 불쾌한 표정을 지으며 가게 밖으로 나갔다. 영업사원은 물건을 팔기 위해 최선을 다했다. 하지만 물건을 팔겠다는 열정이 지나쳐 불필요한 말을 너무 많이 늘어놓았기 때문에 다 잡은 물고기를 놓쳐버린 것이다. 친척과 친구들에게 홈스쿨링에 대해 이야기할 때, 이런 일이 발생하지 않도록 유의하라. 어떤 사람을 당신이 바라는 결론으로 이끄는 최선의 방법은 그의 말을 경청하는 것이다. 더욱이 요즘 사람들은 자기 말하기를 좋아하지, 남의 말 듣기는 그다지 좋아하지 않는다.

다섯째, 주변 사람들의 의견을 존중하라.

홈스쿨 부모들은 교만과 독단과 독선에 빠지지 말아야 한다. "가능하면 남들보다 현명한 인간이 되어라. 그러나 당신의 현명함을 남에게 말하진 말라"라는 말이 있다. 그들과 이야기할 때에 "내가 옳다. 당신은 틀리다. 나는 안다. 당신은 모른다"라는 태도는 지양해야 한다. 만일 그들이 학교의 한쪽 단면을 내세우며 학교가 최상의 교육제도임을 주장한다 해도, "말도 안 되는 소리 말아요!", "미친 소리 말아요"라고 대꾸하지 말라. 대신 그들의 의견을 존중하며 그들이 왜 그렇게 생각하는지 질문하라. 물론 그렇다고 그들의 의견에 동조하라는 의미는 아니다. 다만 당신이 그들의 견해에 관심을 갖고 있다는 것을 보여주라는 것이다. 그들의 의견에 일면 타당성이 있다고 말해서 예민해진 경계심을 늦추도록 하라. 설령 그들이 억지 주장을 하더라도 비웃거나 놀리지 말라. 그들이 홈스쿨링에 대해 완전 무지하며, 심각하게 오해하고 있더라도 조롱하지 말라.

한번은 우리 집 아이들과 대화하다가 군사를 데리고 '평원'(plain)으로 출정하는 왕에 대해 이야기한 적이 있었다. 그러자 아들 녀석이 말을 가로막더니 불쑥 질문했다.

"아빠, 그런 옛날에 '비행기'(plane)가 어디 있어서 비행기에서 전쟁을 해요?"

웃음보가 터졌지만 입술을 꽉 물고 참았다. 비웃음이란 상대에게 상처를 주게 마련이고, 그의 질문의 샘을 막아버리기 때문이다. 다른 사람의 의견을 존중하라.

여섯째, 주변 사람들의 자녀양육 방식을 비난하지 말라.

부모들을 화나게 만드는 대회가 있다면, 난 우승할 자신이 있다. 비법을 알기 때문이다. 모든 부모는 누가 자기의 자녀양육 방식에 대해 비난할 때, 성난 파도처럼 화를 낸다. 만일 당신이 어떤 부모에게 한시바삐 자녀를 자퇴시키고 당장 홈스쿨링을 해야 한다고 말했다면, 그것은 당신이 그 부모의 잘못을 비난하는 의미가 된다. 3차 세계대전을 일으키고 싶다면 그렇게 말하라. 그러나 그럴 의도가 없다면, "자녀를 사랑한다면, 홈스쿨링을 고려해보는 게 어떻겠습니까?"라고 말하라. 이게 바로 우회전술이란 것이다. 사나운 곰을 뒤에서 공격하는 게 더 현명하지 않을까? 잠언에서도 "노엽게 한 형제와 화목하기가 견고한 성을 취하기보다 어려운즉 이러한 다툼은 산성 문빗장 같으니라"(잠18:19)라고 경고하고 있다.

그들을 비난하는 대신 긍정적인 말을 하라. "당신은 매우 자상하고 자녀교육에 관심이 많은 부모 같아요"라고 말하라. 이렇게 말을 건넴으로써 합당한 교육 대안으로서 홈스쿨링에 대해 설명할 기회를 얻을 수 있다. 그들에게 상처를 주지 않고, 그들의 분노를 자극하지 않고 그들 마음을 여는 최선의 방도는 비판과 비난을 피하는 것이다. 그다음, 그들이 홈스쿨링에 대해 잘못 알고 있는 사항들에 대해 간접적으로 주의를 환기시켜라.

일곱째, 지나치게 방어하지 말라.

많은 홈스쿨 부모들이 그들 입장을 방어하려고 애쓰고 있다. 상대에 따라 당신의 입장을 적절히 설명하되, 지나치게 방어하는 태도는 지양하라. 당신이 하나님 앞에서 궁극적으로 책임지는 것이지 그들 앞에서 책임지는 것이 아니기 때문이다. 사람들은 여러 가지 이유로 홈스쿨을 거부한다. 사람들은 대체로 현재의 만족스러운 생활 방식에 변화가 찾아올까봐, 자녀교육에 헌신할 마음이 없어서, 자기 시간을 희생하기 싫어서 홈스쿨을 거부한다. 그러나 논리적으로 자상하게 설명한다면, 그들 대부분이 홈스쿨링에 대해 마음을 열 것이다. 그러나 지나치게 방어적인 태도는 오히려 논리적인 설명에 방해가 된다. 그들이 "당신은 자녀에게서 사회성이나, 친구들과의 교제, 클럽활동, 실험 실습 할 기회를 빼앗고 있어요", "애들을 학교에 보내는 게 더 현명한 처사가 아닐까요?"라고 말한다 해도 화내지 말라. 화를 내면 그들의 마음을 열 수 없다.

여덟째, 의견이 일치하는 부분에 대화의 초점을 맞춰라.
홈스쿨링에 대해서는 말할 것도 없거니와 서로 견해를 달리하는 화제로 대화를 시작하는 것은 바람직하지 않다. 자녀에 대한 사랑, 자녀의 최고 관심사에 대한 부모의 마음, 가족 간의 대화, 가족 시간 등 서로 견해가 일치하는 주제로 대화를 시작하라. 서로 일치하는 부분에서 공감대가 형성되면, 새로운 생각과 개념을 수용하기가 한층 더 수월해진다.

아홉째, 본질적인 부분에 대해서는 상대방이 반론을 제기하기 전에 미리 자세하게 설명하라.
상대방이 "홈스쿨링은 애들의 사회성을 가로막아요", "부모가 아이들을 가르칠 자격이 있나요?"라고 반론을 제기할 때까지 기다리지 말라. 맨발로 마당을 거닐다가 풀에 베는 게 싫다면, 미리 잡초를 제거하는 것이 상책이다. 눈길에 미끄러져 엉덩방아를 찧고 싶지 않다면, 모래나 연탄재를 뿌려놓는 게 상책이다. 이렇게 말해보라.
"사람들은 부모가 자녀를 가르칠 만한 자격이 없다고들 말하죠. 그런

데 교육이란 게 과정이 중요한 거지 결과가 무슨 소용이에요?"

그렇다면, 과연 상대방은 뭐라고 대답할까? "맞아요. 결과가 무슨 상관이에요?"라고 말하며 당신 생각에 선뜻 동조할까? 아니다. 그들은 분명 "결과가 왜 중요하지 않아요?"라고 반문할 것이다. 그렇게 말하지 말고, 홈스쿨러들의 학업성취도가 학교에 다니는 아이들보다 월등히 뛰어나다는 점을 직선적으로 제시하라. 구체적인 사실 정보를 제시함으로써 반론의 여지를 남겨두지 말라.

열째, 주변 사람들에게 정보를 줘라.

대화할 때 사실에 초점을 맞춰라. '사실 정보'는 당신에게 큰 힘을 실어줄 수 있다. 따라서 가능한 한, 많은 사실 정보를 수집하여 그것으로 무장하라. 10퍼센트만 알고 있는 사람은 나머지 90퍼센트를 오해하게 되어 있다. 만일 사실 정보들에 대해 잘 모르겠다면, 이 책에 있는 갖가지 자료를 참고해도 좋을 것이다.

결론

어떤 사람을 존중하는 것은 결코 어려운 일이 아니다. 당신이 몇 가지 상식적인 규칙만 따르면, 친구와 친척들의 마음을 열고, 그들의 지지를 얻어낼 수 있다. 마지막으로 한 가지만 당부하겠다. 당신 부모와 친구, 친척들이 당신 입장을 이해하지 못하고 지원하지 않을 때 당신 마음은 심히 아플 것이다. 그러나 세상 모든 사람이 당신을 이해해주리라고 기대하는 것은 매우 유치한 생각이다. 만일 모든 사람이 홈스쿨링의 진가를 이해했다면, 그래서 마땅히 해야 하는 대로 애초부터 헌신적으로 자녀를 교육했다면, 그렇게 진리와 부합하는 교육을 실시했다면, 오늘날 교육 위기는 도래하지 않았을 것이다. 또 하나, 친구와 친척들의 마음을 열기 위해 아무리 많은 사실 정보를 전해준다 해도, 그것보다는 당신의 생활방식이 훨씬 더 큰 효과를 나타낸다는 점을 망각하지 말라.

10장 고등학교 과정도 홈스쿨링 해야 하는 이유

홈스쿨링으로 고등학교 과정까지 마치지 못할 이유는 하나도 없다. 십 대 자녀들은 초등학교 또래의 자녀들보다 이해력도 뛰어나고 독립적인 학습 능력도 우수하다. 가능하다면 고등학교 과정까지 홈스쿨링으로 교육하는 것이 바람직하다.

첫째, 초등학교 때에 시작한 홈스쿨링이 도달할 정점이 고등학교 과정이기 때문이다.

초등학교 과정만이라도 홈스쿨링 하는 것이 전혀 하지 않는 것보다는 훨씬 낫다. 하지만 그것만으로는 십 대 자녀에게 기독교 가치관을 세워 주기에 미흡하다.

예수께서는 열두 제자를 선발함으로 지상사역을 시작하셨고, 그들과 더불어 사역을 마치셨다. 예수께서는 혼자 있을 시간이 거의 없을 만큼 늘 제자들과 가까이 계셨다. 제자들은 제 부모에게 관심을 쏟아달라고 요란하게 소리치는 애들처럼, 늘 스승의 발치에 머물렀다. 제자들에게는 스승과의 생활 그 자체가 수업이었다. 예수께서는 백 번의 수업보다 한 번의 살아 있는 설교가 더 가치 있다는 것을 알고 계셨다. 예수께서는 한편으로 대중사역에 심혈을 기울였고 다른 한편으로 열두 제자를 훈련하는 일에 몰두하셨다. 예수께서는 지상사역 3년 대부분을 제자들과 보내셨다. 당대 세상 사람 모두와 보낸 시간보다 제자들과 보낸 시간이 훨씬 더 많았다. 십자가 사건이 임박할 무렵, 예수께서는 제자들을 훈련하는 일을 더욱 소중히 여기셨다. 그래서 수난 주간에는 제자들과 한 시도 떨어져 지내지 않았다. 이처럼 예수께서는 제자들을 끝까지 훈련하고자 애쓰셨다.

당신이 자녀교육을 다른 사람의 손에 맡긴다면, 당신은 실로 많은 것을 잃게 될 것이다. 고등학교 과정까지 홈스쿨링을 실시할 때, 부모는 오래전부터 시작한 제자훈련 사역을 훌륭하게 마무리할 수 있다. 부모에게 이보다 더 귀한 소명은 없다. 이보다 더 값진 특권은 없다.

둘째, 아이의 재능과 능력에 맞게 동기를 부여하고, 그것을 적절하게 발달시킴으로써 맞춤 교육을 실시할 수 있기 때문이다.

당신 자녀의 취약점에 대해 알고 지속적으로 사랑의 관심을 베풀 만한 사람은 당신 말고 아무도 없다. 당신은 부모로서 아무것도 바라지 않으며 그저 자녀들에게 최대의 유익을 끼치기 원한다. 세상 사람들 가운데 당신만큼 당신 자녀에게 도움이 될 만한 사람은 없다. 왜냐하면 우선 그들의 동기와 당신의 동기가 다르기 때문이다. 당신은 십 대 자녀의 장점과 단점을 누구보다 정확히 알고 있다. 그들의 잠재 능력을 극대화시키기 위해 맞춤 교육을 실시할 적임자가 당신 말고 또 누가 있다는 말인가?

셋째, 조기 고등교육을 실시할 수 있기 때문이다.

당신은 자녀를 대학에 조기 입학시킬 수 있다. 모든 홈스쿨 자녀들이 다 그런 것은 아니지만 어떤 아이들은 남들보다 일찍 대학에 입학할 준비를 하기도 한다. 학교에 다니는 아이들 가운데서도 조기 입학을 준비하는 사례가 적지 않다. 어쩌면 당신 자녀가 대학 입학보다 취업을 더 원할지도 모른다. 십 대 자녀의 홈스쿨링은 이런 갖가지 가능성에 대비하여 준비된 자녀를 교육하는 당신의 능력을 용이하게 만들고 또한 능률적으로 만든다.

넷째, 가족 간의 유대관계 형성 과정을 지속할 수 있기 때문이다.

십 대들은 감수성이 예민하다. 이때야말로 가족 간의 관계를 굳혀 나가는 데 가장 귀중한 시간이라 할 수 있다. 홈스쿨링은 자녀에게 정서적 고결함을 형성할 뿐 아니라, 부모와 자녀의 소중한 관계를 형성하는 데 기여한다. 고등학교 과정까지 홈스쿨링으로 가르치게 되면 당신은 자녀들이 아주 어릴 때부터 시작했던 가족 간의 가치형성 과정을 지속할 수 있다.

다섯째, 고등학교 과정까지 홈스쿨링으로 가르칠 때에 십 대 자녀들이 무엇을 배우고, 무엇을 배우지 않았는지 당신이 직접 확인할 수 있기 때문이다.

학교에 다니는 고등학생들이 하루 평균 실제로 수업에 집중하는 시간은 2시간 13분에 지나지 않는다는 연구보고가 있다. 어떤 학교의 중학교 1학년 영어 수업 시간, 교사가 학생들에게 평서문을 의문문으로 전환하는 법에 대해 강의하고 있다.

"우선 'be 동사'가 나오는 문장은 'be 동사'의 위치를 주어 자리에 갖다 놓으면 됩니다. 주어와 'be 동사'의 위치를 바꾸고, 문장 끝에 물음표를 붙이면 되는 거예요. 알겠어요?"

모든 학생이 고개를 끄덕이며 너무 쉽다고 한마디씩 내뱉는다.

"너무 쉬워요, 시시해요!"

그러자 영어교사가 일침을 놓는다.

"그래요, 쉬운 거예요. 하지만 이번 시간 끝에 쪽지 시험을 볼 테니 잘 들으세요!"

영어교사는 그렇게 30여 분의 강의를 마친 후, 예문을 들어 쪽지 시험을 보았다. 시험 문제는 "This is a book"을 의문문으로 바꾸라는 거였다. 모든 아이들이 답안을 작성하여 제출했다. 그런데 한 아이의 답안이 "This si a book?"으로 되어 있는 게 아닌가? 무엇인가 바꾸라는 말을 듣긴 들었는데 무엇을 바꿀지 몰라 'is'를 'si'로 바꾼 것이다.

우스갯소리로 하는 말이 아니다. 이것은 우리의 교육 현실을 그대로 반영하고 있다. 우리의 공교육은 실로 참담한 지경에 이르렀다. 대부분의 경우, 학교에 다니는 아이들이 이렇게 제대로 배우지 못하고 있다. 이 책 3장에서 살펴본 바와 같이, 우리는 자녀가 학교에서 무엇을 배우는지, 무엇을 배우지 않는지 결코 확인할 수 없다. 그러나 홈스쿨을 하는 경우에는 당신 자녀가 무엇을 배우는지 정확히 확인할 수 있다. 애들이 무엇을 배우고, 무엇을 배우지 않는지, 애들의 장점은 무엇이고 단점은 무엇인지 당신이 직접 확인할 수 있다. 당신이 직접 아이들의 학업을 감독하고 있기 때문에 그들이 학업에 얼마나 열중하는지 점검할 수 있다. 더욱이 당신이 직접 선택한 교재로 직접 가르치기 때문에 아이들에게 확실한 지식을 전달할 수 있다.

여섯째, 자녀의 친구 관계에도 지속적으로 영향을 끼칠 수 있기 때문이다.

십 대들의 반항은 하나님이 바라시는 바가 아니다. 모범적인 기독교

가정에서도 십 대 자녀들이 반항할 수 있다. 더욱이 부모가 십 대 자녀들에 대한 통제력을 잃을 때, 그 정도와 빈도는 훨씬 더 심각해진다. 그러나 고등학교 과정까지 홈스쿨링으로 교육하면, 이처럼 중대한 영향력을 잃지 않으면서 소중한 시간을 지속시킬 수 있다.

일곱째, 또래집단의 압력으로부터 자녀들을 보호할 수 있기 때문이다.

고등학교 과정까지 홈스쿨링으로 교육하면, 자녀들을 재교육하지 않아도 된다. 학교에 다니는 아이들은 최소한 일주일에 40시간 이상 또래집단의 영향을 받는다. 친구들은 당신 자녀의 머리에 새로운 생각을 이식하고, 당신 자녀의 마음에 불온한 충동을 뿌려놓는다. 이것은 부모와 목회자가 주말이나 주일에 만회할 수 있는 영향력의 범위를 크게 넘어서는 것이다.

이 또래집단과의 관계에 기초한 사회화가 본질적으로 당신 자녀의 삶에 부정적인 영향을 끼친다는 게 문제이다. 마땅한 대안이 없다면 몰라도, 홈스쿨링이라는 훌륭한 대안이 있는데 자녀들을 계속 그런 관계에 방치할 이유가 무엇인가?

여덟째, 홈스쿨이 대학교육을 위한 최선의 준비이기 때문이다.

홈스쿨의 교육방식은 대학의 교육방식과 매우 유사하다. 전국 각지 수많은 대학들이 홈스쿨 학생들의 입학을 허락하고 있다. 특히 많은 대학들이 홈스쿨 학생들을 선호하며 그들의 입학을 장려한다. 그 이유가 무엇인가? 그들이 대학 생활에 훌륭하게 적응할 수 있을 뿐만 아니라 자립적인 학습관을 길러 두었기 때문이다.

아홉째, 자녀들의 장래 진로에 융통성을 기할 수 있기 때문이다.

홈스쿨 학생들은 학교 교육상 전형적으로 나타나는 획일화된 일정에 구속되지 않기 때문에 직업에 관한 것이든 학업에 관한 것이든 다양한 기회를 자유로이 탐사할 수 있다. 또한 가업으로 내려오는 일이 있다면, 자녀에게 도제 훈련을 시키듯 그것을 전수해 줄 수도 있다. 자녀에게 기술과 장사수단, 대인관계 유지하는 법을 전수할 수 있다는 것보다 부모에게 더 큰 기쁨은 없다. 부모가 자녀들을 뒤에서 밀어주는 데 홈스쿨보다 더 좋은 것은 없다. 장성한 자녀들이 제 아빠와 함께 출근하고, 제 아빠와 함께 퇴근한다면 그보다 더 큰 기쁨이 있으랴!

열째, 홈스쿨에서는 최고의 커리큘럼으로 자녀를 가르칠 수 있기 때문이다.

홈스쿨로 하나님을 배제한 인본주의 교육 방법론, 진화론, 가정과 부모에게 반하는 가치 등 형편없는 교육 방법론을 배제할 수 있다. 교사들은 학교가 지정한 교과서 내에서 학생들을 가르칠 수밖에 없다. 반면 홈스쿨 부모들은 기독교적이든 세속적이든 역사의 풍부한 문헌들의 보고寶庫로부터 자유로이 교과서를 선정할 수 있다. 더욱이 기독교를 믿는 부모는 훌륭한 교수 방법론을 지닌 교재와 기독교적 세계관을 뒷받침하는 교재를 선택할 수 있어서 더 이상 바랄 것이 없다.

열한째, 학교가 인본주의 사상을 장려하는 역사와 과학을 가르치기 때문이다.

학교 교과서는 인본주의 사상이 흠뻑 녹아 있다. 반면, 자유를 사랑하는 위대한 기독교인들의 이야기는 삭제하고 있다. 공교육이 인본주의의 터 아래, 기독교를 철두철미하게 배격하는 새로운 영웅을 만들어내고 있는 것이다. 공교육은 존 듀이를 진보적 교육의 아버지로 추앙하고 있다. 당신은 진보적 교육의 핵심이 무엇인지 알고 있는가? 잘 모르는가? 그렇다면 진보적 교육의 아버지라 불리는 사람의 말을 직접 들어보겠다.

"하나님도, 영혼도 없다. 우리에게는 전통적 종교를 떠받치던 버팀목이 더 이상 필요하지 않다. 교리와 신조는 이미 배제되었고, 그에 따라 불변의 진리란 것도 죽어 땅에 묻혔다. 도덕적 절대성, 고정된 자연법 같은 것은 없다."

아돌프 히틀러Adolf Hitler나 칼 마르크스Karl Marx에게서나 들어봄직한 말들이 아닌가? 존 듀이라는 사람이 내뱉은 이 한 마디가 지난 오십 년 동안, 세속 공교육의 심장에서 고동쳐왔다. 당신은, 당신 자녀가 이런 철학사상을 갖게 되기 바라는가?

열두째, 공교육이라는 제도적 방법론이 학습을 위해 고안된 게 아니라 '집단통제'를 위해 고안된 것이기 때문이다.

어떤 학생이 무언가를 배웠다면, 그것은 아마도 교실의 질서를 유지하기 위해 고안된 다른 우선순위의 부산물로 발생한 것이리라. 언젠가 갤럽에서 성인들을 대상으로 여론조사를 실시한 결과, 대다수 응답자들이 학교의 가장 심각한 문제가 규율 부재에 있다고 대답했다.[149] 직업군인을 남편으로 둔 부인들은 종종 남편이 군대의 명령계통과 엄한 규율을 가정에까지 들여와 온 가정을 마치 군대 편성하듯 한다고 불평한다. 마찬가지이다. 학교에 다니는 아이들은 이미 통제 수위를 넘어선 규율 부재, 규율 무시 현상을 가정에까지 들여오고 있다. 이런 식으로 나간다면, 우리 사회 곳곳에서 규율이 무너지고 질서가 문란해져 십 대뿐만 아니라 우리 모두의 삶이 혼돈에 빠질 것이다.

사실 많은 교사들이 규율 문제로 좌절하고 있다. 다음 이야기는 어떤 집에서 있었던 실화이다. 어느 날, 학교에 갈 시간이 지났는데도 아들이 옷을 입지 않아 엄마가 아들 방을 찾아가 그 이유를 물었다. 그러자 아들이 대답했다.

"그냥 가기 싫어요!"

"그런 말이 어디 있어? 이유가 뭐니?"

아들이 대답했다.

"이유는 딱 두 가지예요. 애들이 다 나를 미워하고, 선생님도 나를 미워하니까요."

엄마는 아들의 등을 찰싹 내리치며 말했다.

"그래도 넌 학교에 가야 해. 이유는 두 가지야. 하나는 네가 올해 마흔 아홉 살이기 때문이고, 다른 하나는 네가 그 학교 교장이기 때문이란다!"

신문에 보도된 자료에 따르면, 초등학교 1학년 가운데 80퍼센트가 학교생활에 만족한다고 대답하는데, 5학년이 되면 그 비율이 20퍼센트로 하락하고, 6학년이 되면 5퍼센트로 하락한다고 한다. 교사는 집단을 통제하기 위해 일 년 내내 지독한 잔소리와 욕설을 입에 달고 살아야 한다. 교사들을 탓하는 말이 아니다. 교사는 집단을 통제하기 위해 그렇게 할 수밖에 없다. 따라서 학교에 다니는 아이는 집단생활을 하기 때문에 잘하든 못하든, 교사의 잔소리와 심한 욕설을 참아야 한다. 당신은, 당신의 자녀를 이런 환경에 두고 싶은가?

열셋째, 학교가 영적인 면에서나 학문성 면에서 길을 잃었기 때문이다.

당신 가정의 순조로운 행보에 걸맞지 않은 혼란이 찾아오리라는 것을 각오하라. 당신이 마당에 꽃을 심었다. 몇 개월 동안, 물을 주며 정성껏 가꿨다. 그런데 꽃을 피우기 몇 주 전, 갑자기 꽃을 가꾸지 않고 무성한 잡초가 피어나도록 방치한다면? 아무리 생각해도 그건 현명하지 못한 처사이다. 마찬가지이다. 중학교 3학년 때까지 홈스쿨을 시행하고, 고등학교 입학과 함께 자녀를 학교에 보낸다면, 만족스럽던 가정생활과 도저히 어울리지 않을 갖가지 혼란과 불화에 직면하게 될 것이다. 이왕에 홈스쿨을 시작했다면, 자녀들을 끝까지 교육하라.

열넷째, 아이들이 이성 관계와 값비싼 옷에 집착하기 쉽고, 외모와 음악적 취향 등 모든 면에서 개성을 상실하고 또래집단을 따라가기 쉽기 때문이다.

현대의 공교육에는 위험 요소가 많다. 또래집단은 우리 아이에게 말과 행동, 옷 입는 방식 등 모든 면에서 압력을 가해온다. 당신 자녀는 그것을 거역할 수 없을 것이다. 거역이란 곧 왕따로 이어지고, 왕따란 당신 자녀에게 죽음과도 같은 고통을 의미하기 때문이다. 당신 자녀를 이런 환경에 방치하여 도덕적으로 수세에 몰리게 할 필요가 있을까? 물론 어떤 이들은 "우리가 아이들을 영원히 보호해 줄 순 없지 않으냐?"라고 질문할 것이다.

그렇다. 우리가 영원히 아이들의 바람막이가 되어줄 수는 없다. 그러나 아이들이 성숙하여 책임 있는 판단을 할 수 있을 때까지는 부모가 바람막이 역할을 수행해야 마땅하다. 십 대 자녀들이 정서적으로, 신체적으로 감당하지 못할 것들에 대해 우리는 건강하고 튼튼한 장벽을 세워

주어야 한다.

학교에 다니는 십 대 자녀들은 또래집단의 언어폭력과 때로는 교사들의 노골적이고 천박한 언어폭력에 시달린다. 요즘 고등학생들 사이에서 가장 창피하게 생각하는 호칭이 바로 '숫총각', '숫처녀'라고 한다. 당신의 십 대 자녀가 성 경험이 없다는 이유로 친구들에게 조롱을 받는다고 상상해보라. 사람은 누구나 다른 사람들과 잘 어울리기를 바란다. 그렇다면 당신은, 당신의 자녀가 기독교적 세계관과 완전히 대립되는 환경에 어울리기 위해 애쓰기를 바라는가? 당신은, 당신 자녀가 세속 가치관에 물든 친구들에게 '별종', '또라이', '돌연변이'라는 말을 들으며 살기 바라는가?

열다섯째, 부모와 자녀가 떨어져 지내는 시간이 많을수록 그것은 부모와 자녀 모두에게 부정적 영향을 끼치기 때문이다.

대체로, 중학교 2학년이나 3학년 때까지 홈스쿨로 교육받다 학교에 들어간 아이들은 쉽게 상처받는다. 왜냐하면 부모와 자녀 사이에 알 수 없는 괴리감이 발생하기 시작해서 마침내 몇 해 동안 공들여 쌓아온 부모 자식 간의 소중한 관계가 하루아침에 무너지기 때문이다.

열여섯째, 학교가 아이들을 연령별, 학년별로 격리시켜 교육시킴으로써 적절한 사회화를 저해하기 때문이다.

믿을 만한 연구를 통해 입증되었다시피, 학교에 다니는 아이들은 성숙도, 어휘력, 사회화, 학문성 등에서 홈스쿨을 하는 아이들에게 뒤져 있다. 사람들은 아이들이 적절하게 사회화되려면 또래집단과의 광범위한 사귐이 필요하다고 말한다. 하지만 그것은 잘못된 생각이다. 그것은 사실이 아니라 허상이다. 물론 집에서 배우는 아이들이 완벽하다는 의미는 아니다. 하지만 홈스쿨링은 자녀들이 그리스도를 닮아가는 과정에서 훌륭한 인성과 덕성을 최대한 발달시키도록 유익한 교육 환경을 제공한다. 앞에서도 말했지만, 학교에 다니는 아이들은 성숙도, 어휘력, 사회화, 학문성 등의 분야에서 집에서 배우는 아이들에게 뒤처진다.

존 테일러John Taylor 박사는 학생들의 자아상에 관한 일련의 연구를 통해, 집에서 교육받은 아이들이 학교에서 배운 애들보다 더 우수하게 사회화되었음을 입증했다. 그는 긍정적 사회화 정도를 측정하는 도구로서 신뢰성을 공인받고 있는 '피어스 해리스 어린이 자아상 척도'(Piers Harris Children's Self Concept Scale)에 근거하여, 4만5천 명의 홈스쿨 학생들의 자아상을 평가한 적이 있다. 그 결과, 홈스쿨 학생들의 절반 이상이 상위 9퍼센트 안에 든다는 것이 밝혀졌다. 이것은 학교에 다니는 아이들보다 평균 41퍼센트나 높은 수치였다.[150]

래리 샤이어즈Larry Shyers 박사는 한 연구에서 10세에서 12세에 학교에 다니는 애들과 홈스쿨로 교육받는 아이들의 행동발달과 사회성 발달 정도를 비교 측정했다. 평가 대상으로 선발된 아이들 가운데 학교에 다니는 아이들은 단 한 번도 홈스쿨링을 받아본 적이 없었으며, 홈스쿨링을 하고 있는 아이들은 단 한 번도 학교에 간 적이 없었다. 그는 이 연구에서 홈스쿨링으로 교육받은 아이들이 학교에 다니는 아이들보다 사회성 발달 면에서 결코 뒤지지 않는다는 사실을 발견했다. 더욱 중요한 사실은 그가 어린이의 행동을 평가하기 위한 직접 관찰 양식에 근거하여 아이들의 행동 문제를 평가한 결과, 학교에 다니는 아이들에게는 전형적으로 공격적이며 소란하고 경쟁적인 성향이 나타난 반면 홈스쿨링으로 교육받은 아이들에게서는 행동발달과 관계된 특기할 만한 문제가 나타나지 않았다는 결과를 얻었다는 것이다. 샤이어즈 박사는 학교에 다니는 아이들이 또래집단의 행동 양태를 모방하는 데 반해 홈스쿨 자녀들은 그들 부모의 행동을 본받기 때문에 이런 대조적인 결과가 나온 것이라고 결론지었다.[151]

내가 전국 각지의 홈스쿨 가정을 순회하며 개인적으로 체험한 바에 따르면, 홈스쿨은 학교처럼 자녀들을 연령별로 격리시키지 않기 때문에 자녀들이 나이와 학년을 초월해 모든 사람과 훌륭한 관계를 유지했다. 특히 내가 만났던 홈스쿨 자녀들은 그들의 부모나 조부모와도 돈독한 관계를 유지하고 있었다. 그들에게서 '세대 차이'는 찾아볼 수 없었다. 자녀를 사랑한다면, 그들을 이런 환경에서 교육시켜야 하지 않을까?

결론

만일 자녀가 초등학교에 다닐 때에 시작한 홈스쿨링을 지금 중학교에 다닐 때까지 지속하고 있다면, 당신은 정말 훌륭한 부모이다. 따라서 지금까지 잘해왔다면, 고등학교 과정까지 못할 이유가 하나도 없다. 현재의 연장선으로 보면 된다. 사실 십 대 자녀들은 초등학교 또래의 자녀들보다 이해력도 뛰어나고 독립적인 학습 능력도 우수하다. 만일 고등학교 과목을 가르칠 만한 자신이 없다면, 몇몇 과목을 따로 사설 교육기관에 위탁할 수도 있을 것이다. 핵심은 이것이다. 이왕에 좋은 일을 시작했으면 끝을 보라는 것이다! 가능하다면 고등학교 과정까지 홈스쿨링으로 교육하는 것이 매우 바람직하다.

11장   홈스쿨링 Q&A

홈스쿨링은 보답이 있고, 성과가 확실한 과업이지만 누구나 시행할 수 있는 가벼운 과업이 결코 아니다. 장담하건대 만일 헌신하고자 하는 단호한 의지가 없다면, 촛불이 사그라지듯, 당신은 홈스쿨링을 어이없이 중도에 끝내버리고 말 것이다.

이번 장에 나오는 질의와 응답은 이 책 전반에서 이미 상세히 다루어졌던 내용이다. 그 내용을 다시 질의응답식으로 엮어놓는 것은 홈스쿨링에 관한 정보와 격려가 필요한 부모들에게 간략한 참고자료를 제공하기 위해서다. 당신이 홈스쿨을 시행하고 있는 부모라면, 이것을 자료로 하여, 홈스쿨링에 대해 잘 모르는 부모들에게 그 진의를 간략히 설명해도 좋다. 이하의 내용은 홈스쿨링에 대한 가장 통상적인 질문들과 그에 대한 대답이다.

Q 1. 왜 홈스쿨링을 선택하는가?

A 그리스도를 믿는 부모들이 홈스쿨링을 선택하는 가장 공통된 이유는 홈스쿨링이 그들을 위한 하나님의 뜻이라는 확신 때문이다. 그들은 홈스쿨링이 성경의 교육 모델로 돌아가는 것이라고 생각한다. 그들은 자녀들의 영성靈性, 도덕성, 사회성, 학문성을 걱정한다. 왜냐하면 이런 부문에서 학교가 형편없는 성적을 거두고 있다는 것을 잘 알고 있기 때문이다.

A 훌륭한 교사가 되기 위해 반드시 교육대학이나 사범대학을 졸업해야 하는 것이 아니며, 교사 자격증이 있어야 하는 것도 아니다. 당신 자녀의 전인격적 성장을 바라는 진심 어린 마음, 그리고 몇 가지 안내 지침을 따르고자 하는 자발성만 갖추면 된다.

모든 것을 다 알아야 자녀를 가르칠 수 있는 것도 아니다. 당신이 자녀들과 함께 배우며, 행동의 본을 보이고, 열정을 보인다면 자녀들 또한 힘과 의욕을 얻어 부모 앞에서만 공부하는 척하는 형식적인 자세를 버릴 것이다. 하나님은 야고보서 1장 5절을 통해 지혜를 약속하셨으며 당신이 하나님의 인도하심만 따르면, 필요한 것을 공급해주시겠다고 확증하셨다.

"너희 중에 누구든지 지혜가 부족하거든 모든 사람에게 후히 주시고 꾸짖지 아니하시는 하나님께 구하라 그리하면 주시리라"(약 1:5).

읽고 쓸 줄 아는 부모, 홈스쿨링 과정에 헌신적으로 몰두할 수 있는 부모라면 누구나 홈스쿨의 교사로서 자격이 있다. 사실 대부분의 홈스쿨 부모들이 고등학교 졸업자로 자녀를 자기 힘으로 가르치겠다는 강한 욕구를 가지고 출발했다. 그들은 놀라운 성공을 거두었고, 그것이 공교육의 부러움을 사고 있다. 공교육의 결과를 감안해보면, 교대를 졸업했거나 혹 교사 자격증을 교사의 자격요건 혹은 교사의 임무를 수행하기 위한 자산으로 여길 마음이 눈곱만큼도 생기지 않는다. 반면 홈스쿨링의 우수한 학문성은 대중들에게 널리 전파할 만한 가치가 있다.

부모의 개인교수 방식은 자녀교육을 위한 성경적 모델이다. 어린이는 제 부모 앞에서 책임감 있게 행동해야 하며, 그 부모는 하나님 앞에서 책임감 있게 행동해야 한다. 공교육은 기껏해야 으뜸가는 교육 주체인 부모의 대체물에 지나지 않는다. 학교라는 교육제도가 확고히 정착되자 부모는 누가 자녀의 교육을 책임져야 하는지 망각한 것 같다. 자녀의 인성과 가치를 발달시킨다는 점에서 공립이든 사립이든 어떤 학교도 자애롭고 헌신적인 부모보다 그 임무를 더 잘 수행하리라 기대하기 어렵다. 소위 교사들이 '도덕적 중립성'을 지킨다고 하는 학교에서 과연 당신 자녀들이 어떤 가치를 배울 수 있을까?

교사 자격증이라는 꼬리표는 사실 무척이나 의심스러운 것이다. 교사란 부모의 대리인에 불과하다. 그런데 그들에게는 결격 사유가 있다. 그들이 모든 지식의 근거가 되는 성경의 진리를 가르칠 만한 선생으로서의 준비를 갖추지 못했기 때문이다. 잠언은 자녀들에게 이렇게 경고하고 있다.

"내 아들아 네 아비의 훈계를 들으며 네 어미의 법을 떠나지 말라 이는 네 머리의 아름다운 관이요 네 목의 금 사슬이니라"(잠 1:8, 9).

또 하나, 당신이 자녀들을 기독교 계통의 사립학교에 보낸다고 해서 신명기 6장과 에베소서 6장에 명시되어 있는바, 하나님께서 부모에게 주신 책임이 면제되는 것은 아니라는 점을 잊지 말아야 한다. 자녀에게 영적 진리를 가르치고 본을 보여야 한다는 점에서 기독교 계통의 사립학교가 부모의 책임마저 대신할 수 있는 것은 아니기 때문이다. 부모가 자녀교육 책임을 다른 곳에 위탁할 수 있을지는 모른다. 그러나 궁극적으로 자녀교육에 대해 하나님 앞에서 책임져야 하는 것은 부모이다.

A 일반 사람들은 자녀들이 또래집단과 폭넓게 잘 어울려야만 제대로 사회화되리라 생각하여 홈스쿨링의 최대 약점의 하나로 사회성 결여를 지적한다. 하지만 이것은 전적으로 잘못된 생각이다. 이런 위험한 발상 때문에 좋은 의도를 지닌 부모들이 위태로운 결론을 내리게 된다. 이것이 부모들에게 끼치는 심리적 영향은 대단한 것이어서, 대부분의 부모들이 홈스쿨링의 우수성을 마지못해 시인한다고 해도 자녀들의 사회성을 발달시키고 사교 기술을 증진시키기 위해서는 여전히 학교라는 환경이 필요하다는 결론을 내리도록 한다. 그러나 일련의 믿을 만한 연구들은 이런 식의 사회화 이론을 신뢰하지 않는다. 홈스쿨링은 자녀들을 집에 감금하는 것이 아니다. 홈스쿨 자녀들의 사회화 범위는 학교에 다니는 아이들보다 훨씬 더 광범위하지 결코 협소하지 않다. 더욱이 홈스쿨 자녀들의 사회화의 질은 매우 우수하다.

사회화에는 긍정적 사회화, 부정적 사회화 이렇게 두 종류가 있다. 긍정적 사회화는 책임감, 협동심, 친절, 사랑, 성실, 쌍방간의 신뢰를 형성한다. 긍정적 사회화는 다른 사람을 먼저 배려하는 바람직한 자아상을 확립한다. 반면 부정적 사회화는 아이들을 연령별로 격리시켜 가르치는 강압적인 제도의 결과로서 경쟁심, 불만, 이기심, 친구에 대한 의존성, 비난, 조롱 등의 성향을 형성한다. 부정적인 사회화는 부모의 가치는 전적으로 무시하면서 또래집단의 압력에 반사적으로 반응하는 또래집단 의존형의 아이를 만든다.

사랑이 넘치는 포근한 가정이 어린이의 사회성을 발달시키는 최고의 환경이라는 데는 의심의 여지가 없다. 홈스쿨 자녀들의 교제 범위는 학교에 다니는 아이들의 그것과 달라 또래집단에 한정되지 않는다. 그들은 모든 연령의 사람들과 자유로이 교제한다. 홈스쿨 자녀들이 자아상과 사회성을 평가하는 테스트에서 학교에 다니는 아이들보다 훨씬 더 높은 점수를 받은 이유가 바로 여기에 있지 않나 생각된다.

어린이는 남의 행동을 보고 본받음으로써 사회화 과정을 밟는다. 당신은, 당신 자녀들이 당신의 행동을 본받기 원하는가 아니면 또래집단이나 교사의 행동을 본받기 원하는가? 당신은, 당신 자녀들이 어떤 식으로 사회화되기를 바라는가? 긍정적인 사회화인가 아니면 부정적인 사회화인가?

Q 4. 대학에서 홈스쿨 자녀들을 받아줄까?

A 물론이다. 전국 모든 대학에서 홈스쿨 자녀들의 입학을 허락하고 있다. 현재 홈스쿨링으로 교육받은 자녀들이 국내 유수의 명문대학에 진학하고 있다.

Q 5. 우리 애가 과외활동이나 실습을 하지 못하는 것은 아닐까?

A 전혀 그렇지 않다. 오히려 홈스쿨 자녀들은 그것을 훨씬 더 즐길 수 있다. 대도시에 거주하는 경우, 홈스쿨을 시행하는 가정들이 공동으로 견학을 가는 사례가 종종 있다. 정의와 법률에 대해 배우기 위해 법원을 방문할 수도 있고, 역사를 배우기 위해 유적지를 방문할 수 있고, 미술, 연극, 발레 등 각종 문화 행사를 관람하며 문화를 배운다든가, 스포츠 경기를 관람하며 운동경기에 대해 배우면서 기분 전환할 수도 있다. 산업 단지를 견학하며 공산품의 생산 과정을 배울 수도 있고, 경찰서와 소

방서를 방문하여 공익을 위해 애쓰는 공무원들에 대해 배울 수 있고, 지역 도서관을 방문하여 장서를 열람하는 한편 도서관 활용법을 익힐 수 있고, 농촌이나 농장을 방문하여 곡식과 우유를 어떻게 얻는지 공부할 수 있고, 자연사 박물관을 방문하여 자연 생태계에 대해 배울 수 있고, 공항이나 철도역을 방문하여 운송 수단들에 대해 배울 수 있고, TV 방송국이나 신문사를 방문하여 뉴스 제작 과정을 견학할 수 있다.

이 외에 홈스쿨 부모와 자녀들이 시도할 수 있는 연구, 실습 유형은 얼마든지 많다. 더욱이 이런 활동이 대체로 가족 단위로 이루어지기 때문에 그것이 모든 가족에게 주는 기쁨과 보람은 남다르다.

Q 6. 아이가 몇 살 때 시작하는 것이 좋을까?

A 학교에 갈 수 있는 나이와 배울 수 있는 나이가 서로 같은 것은 아니라는 점을 기억하는 것이 중요하다. 대부분의 아이들은 태어날 때부터 학습에 지대한 흥미를 갖는다. 그러나 많은 부모가 학습에 대한 흥미와 학교 수업을 받을 만한 준비를 혼동하는 것 같다. 어린 자녀들은 학교라는 환경이 부여하는 방법론과 요구사항들을 정서적으로 처리할 만한 능력이 없다고 해도, 기본적인 개념과 사실을 학습할 수는 있다. 아동 발달 전문가들은 어린이가 최소한 10세가 되어야 정규 학문 교육을 받을 만한 준비가 된다고 입을 모은다. 당신은 자녀가 배울 준비를 갖추었을 때에 아무 때나 시작할 수 있다. 결국 태어날 때부터 시작할 수 있는 것이다.

하지만 너무 이른 나이에 너무 많은 것을 요구하는 것은 금물이다. 조기교육 풍조가 초래한 돌이킬 수 없는 실책 중 하나가 바로 이것이다.

서두르지 말고, 천천히 가라. 천 리 길도 한 걸음부터 가야 하지 않는가? 부모와 자녀가 서로 즐거워하는 분위기를 먼저 조성하라. 어린 자녀가 일상생활에서 호기심을 가지고 질문하는 것들을 가르치고 배우는 기회로 활용하라. 자녀들이 어릴 때는 특히 성품 발달에 초점을 맞추는 것이 가장 중요하다.

....

Q 7. 몇 학년 때까지 시행해야 하는가?

A 절대적인 규칙이나 기준 같은 것은 없다. 단 몇 해를 시행한다 해도, 전혀 하지 않는 것보다는 훨씬 낫다. 한 해 한 해 노력하며 힘닿는 데까지 시행해보라. 특히 자녀가 저학년일 경우, 단 한두 해 만이라도 홈스쿨링을 한다면 바로 학교에 들어간 아이들보다 모든 면에서 뛰어난 면모를 보일 것이다. 부모에 따라 초등학교 과정까지만 계획하는 사람, 중학교 과정까지만 계획하는 사람, 고등학교 과정을 목표로 하는 사람 등 천차만별이다. 물론 고등학교 과정까지 시행한다면 더 이상 바랄 게 없다. 그러나 반드시 그래야만 하는 것은 아니다. 교육적으로 바람직한 홈스쿨링을 끝까지 할 수 있도록 전력하기 바란다.

영적인 관점에서 본다면, 자녀가 세상의 빛과 소금의 역할을 충분히 감당할 정도로 성숙할 때까지 홈스쿨로 가르치겠다는 목표를 설정해야 한다. 무슨 말이냐 하면, 공교육에 본래 내재하는 또래집단 의존 성향을 단호히 거부할 수 있는 능력을 발달시켜야 한다는 것이다. 하나님의 길로 걷는 능력, 사회의 반대와 세속적인 유혹을 뿌리치고 성경의 확신 위에 굳게 서는 능력을 발달시켜야 한다는 것이다. 부모가 먼저 이런 능력을 보임으로써 자녀들의 경건한 역할 모델이 될 때, 자녀들 또한 이런 능력을 배양하게 될 것이다.

Q 8. 집에서 몇 명이나 가르칠 수 있을까?

A 당신 자녀를 모두 가르칠 수 있다. 어떤 가정에서는 열 명가량 되는 아이들을 동시에 가르치기도 한다. 그것도 아주 성공적으로 가르치고 있다. 능력의 원천이신 하나님을 의지하며, 책임감을 가지고, 학습 환경을 체계화시키며 아울러 단호한 의지를 가지고 자녀교육에 헌신적으로 투신한다면, 당신의 자녀 모두를 홈스쿨로 교육할 수 있다.

Q 9. 홈스쿨링에 모든 시간을 빼앗기는 게 아닌가?

A 물론 홈스쿨링은 부모의 시간을 요구한다. 그러나 당신이 생각하는 것만큼 그렇게 많은 시간을 요하지는 않는다. 홈스쿨링은 교실 수업보다 훨씬 더 효율성이 높다. 당신은 하루에 여섯 시간, 일곱 시간씩 수업할 필요가 없다. 학교에 다니는 학생들이 내리 6, 7교시나 되는 수업 시간 중, 교사의 강의에 순수하게 집중하는 시간이 단 두 시간밖에 되지 않으며 교사가 학생 개인에게 주목할 수 있는 시간은 하루 평균 7분 미만이라는 연구 보고도 있다.[152] 그러나 홈스쿨 부모와 자녀에게는 교사와 학생 간 일대일의 인격적 소통을 증대시키는 것이 결코 어려운 과업이 아니다. 홈스쿨은 교사와 학생이 일대일로 일관성 있게 학습할 수 있기 때문에 하루에 서너 시간의 수업만으로도 놀라운 학습 효과를 거둘 수 있다(물론 초등학교 저학년의 경우에는 한두 시간이면 족하다). 이 정도의 수업 분량만으로도 학교에 다니는 학생들의 학문성을 능가하고도 남는다.

그러나 부모가 홈스쿨링에 전폭적인 관심을 기울여야 한다는 점은 지적하고 싶다. 부모는 홈스쿨링을 위해 우선순위를 조정해야 한다. 당신 인생에서 가장 중요한 우선순위는 무엇인가? 직업? 가사? 취미생활? 돈? 개인적인 즐거움? 아니면 자녀? 홈스쿨링 부모들은 각각의 항목을 적절한 위치에 선명하게 배치해야 한다.

지금은 자녀들이 당신 품에 있지만, 머지않아 그들은 당신을 떠날 것이다. 자녀들과 함께하는 시간이 이제 얼마 남지 않았다. 그 시간은 매우 귀하다. 홈스쿨링에 관심을 갖고, 거기에 전념하는 부모라면 이 일이 정말 보람 있는 일이며 결과가 분명한 일이라는 사실을 발견하게 될 것이다.

Q 10. 우리 애들이 내 말을 잘 들을까?

A 과연 나를 교사로 인정할까? 만일 당신 자녀가 평소에 당신 말을 잘 듣고 부모로서 당신의 권위를 받아들인다면, 당신을 교사로서 받아들이는 데도 별다른 문제가 없을 것이다. 그러나 당신이 자녀들을 통제하기 힘들고, 자녀들 또한 당신을 존경하지 않는다 해도 크게 걱정하지 말라. 왜냐하면 홈스쿨링을 통해 그런 모습들을 교정할 수 있기 때문이다. 홈스쿨링은 자녀들을 올바른 길로 교정할 수 있는 환경을 조성한다. 앞서 우리는 교실 수업이 우리 자녀에게 끼치는 유해한 영향에 대해 살펴 보았고 그 결과 부모의 권위에 대해 무차별적으로 반항하는 아이들이 양산되고 있음을 살펴본 바 있다. 또래집단에 대한 의존성, 그로 인한 반(反)가정적 태도 등 학교 교육의 부작용들이 우리의 소중한 가치를 잠식하고 있다는 점도 지적했다. 당신은 홈스쿨링을 통해 본질적인 특징을 되

살릴 수 있고, 거기에 신선한 자양분을 공급할 수 있다.

....

Q 11. 친구와 친척들 앞에서 홈스쿨에 대한 내 입장을 변호해야 하는가?

A 경우에 따라 홈스쿨에 대한 당신의 입장에 대해 논리적으로 설명해야 할 때가 있다. 그런 경우가 발생한다면, 당신이 홈스쿨을 결정하기까지 유익한 도움을 주었던 몇 가지 자료와 서적들을 상대방에게 권할 수 있다. 본래부터 마음을 닫고 있던 사람들이 쉽게 마음을 여는 법은 없으며, 그들은 오히려 논쟁을 위한 논쟁을 좋아한다. 잠언에는 "미련한 자의 귀에 말하지 말지니 이는 그가 네 지혜로운 말을 업신여길 것임이니라"(잠 23:9)라고 했다. 설명이 필요하다고 판단되는 상대에게 이유와 근거를 상세히 설명하라. 그러나 안면이 있는 모든 사람에게 당신의 결정을 광고하거나 변론해야 하는 것은 아니다.

때로 당신은 홈스쿨을 시행하기로 결정한 것 때문에 도전도 받고, 비난도 받게 될 것이다. 그럴 때 그가 누구인가, 그와의 관계가 얼마나 중요한가를 판단하여 당신 입장을 설명할 수 있다. 먼 인척이나 친구들에게도 해당되는 말이다. 그러나 어느 정도 수위에서 당신 입장을 변론할 것인지 신중하게 판단하라. 어떤 경우든 말다툼이나 논쟁은 절대 금물이다. 당신이 하나님 앞에서 책임을 지는 것이지 그들 앞에서 책임지는 게 아니라는 점을 명심하라.

물론 부모들은 자기들이 왜 홈스쿨을 시행하는지 그 이유를 분명히 알아야 한다. 하지만 남들 앞에서 자기 입장을 변론하는 데 많은 시간과 정력을 낭비하는 것은 그다지 현명하지 못한 처사이다. 당신도 익히 아는 바이겠지만, 홈스쿨을 시행하지 않는 부모들의 변명은 실로 다양하다. 그들은 자기들의 입장을 더욱 확고히 하기 위해 이러한 변명을 당신에게 강조하며 갖은 애를 쓴다. 개중에는 타당성 있는 변명도 있지만 태반은 그렇지 못한 것들이다. 더욱이 당신 부모와 친한 친구들이 당신 입장을 이해하지 못하고 동조하거나 지지하는 일을 망설인다면 당신 마음은 더욱 아프다. 그러나 모든 사람이 당신을 이해하리라고 기대하지는 말라. 만약 모든 사람들이 홈스쿨링을 제대로 이해했다면, 오늘 같은 공교육의 참담한 실상은 초래되지 않았을 테니까.

Q 12. 어떤 교재가 좋을까?

A 홈스쿨 부모들이 선택할 수 있는 교재의 범위는 매우 넓다. 부모가 나름대로 교재를 편성할 수도 있고, 학교에서 사용하는 교재를 그대로 이용할 수도 있다. 어떤 부모는 한 출판사에서 모든 과목의 교재를 전부 구입하기도 한다. 어떤 부모는 수학에 강한 출판사, 과학에 강한 출판사 등 과목별로 출판사를 달리하며 교재 선택의 범위를 훨씬 넓게 잡는다. 풍부한 자료, 선배 홈스쿨 부모의 조언, 상식, 약간의 경험 등을 통해 당신에게 딱 맞는 교재와 커리큘럼을 선정할 수 있을 것이다. 특히 당신이 거주하는 지역에 결성된 '홈스쿨 부모들의 모임'을 통해 결정적인 도움을 받을 수 있다. 선배 홈스쿨 부모들의 체험에서 우러나온 실제적인 충고에 귀를 기울이라. 동시에 모든 가정에 두루 딱 맞는 커리큘럼이란 존재하지 않는다는 점도 잊지 말아야 한다. 어떤 가정에 딱 맞는 커리큘럼이 당신 가정에도 딱 맞으리란 보장은 없다. 커리큘럼은 언제든 수정과 변경이 가능하다. 그러니 커리큘럼 선정과정에 너무 속을 태울 필요는 없다. 커리큘럼보다는 적절한 동기와 의욕, 태도, 목표가 훨씬 더 중요

하다. 고가의 교구나 교재보다 사랑, 친절, 체계화, 일관성이 훨씬 더 중요하다. 학력 증진도 가치 있는 일이지만, 인성발달, 가치 형성, 영성 발달이 그보다 훨씬 더 결정적이다.

***

Q 13. 믿는 부모라면, 자녀를 학교에 보내 그리스도를 증거하는 증인으로서 제 몫을 다하도록 해야 하는 것 아닌가?

A 불행한 일이지만, 학교에서는 증인의 역할이 전도된다. 어린 자녀들이 또래집단의 영향력에 금세 압도되기 때문이다. 어린 자녀들이 정서적으로 매우 유약하여 인본주의 세계관에 금방 물들어버리기 때문이다. 어린 자녀들에게는 아직까지 또래집단과 교사들의 세속적 가치를 도덕적으로, 영적으로 막아낼 힘이 없다.

신선한 사과를 반쯤 썩은 사과들과 함께 바구니에 담아놓으면 신선한 사과마저 곧 썩어버린다. 건강이란 좀처럼 전염되지 않지만, 질병이란 전염성이 매우 강하다. 하얀 솜을 검은 잉크병에 넣으면 검은 잉크는 금세 솜에 스며든다. 부정적인 환경에 들어간 어린이가 그 순수성을 잃고 오염되는 것은 시간문제이다.

어린 자녀가 장차 성인이 되어, 자기 신앙에 대해 효율적으로 변호하며 증인으로서 제 몫을 감당하려면 굳건한 성경의 토대에서 훈련받아야 하는 시기가 필요하다. 만일 당신이 선교사라면, 사람을 잡아먹는 식인종이 사는 곳을 첫 번째 임지로 선택하겠는가? 그렇지 않을 것이다. 아마 당신은 그보다 조금은 덜 호전적인 부족들에게 가서 복음을 전하며 복음의 능력으로 식인 종족을 무너트릴 기회를 살필 것이다. 때로는 요셉처럼 악으로부터 도망칠 필요가 있다. 만일 롯이 사악한 소돔성에서 이사했다면, 사랑하는 아내를 잃지 않았을 것이다. 증인의 사명을 감당하게 한다는 미명 아래, 어린양들을 굶주린 사자 굴에 집어 던지지 말라.

....

Q 14. 가장 큰 장애는 무엇인가?

A 홈스쿨링에는 두 가지 큰 장애가 있다.

첫째, 확신의 결여이다. 홈스쿨링을 처음 시작할 때, 스스로 자녀를 가르친다고 생각하면 왠지 어색한 느낌이 든다. 더욱이 커리큘럼과 교재 선정, 일정표 작성, 학습 환경 준비, 수업 준비, 당신의 능력에 대한 의심 등 수많은 문제들이 갑자기 밀어닥친다. 이 모든 것들이 자칫 처음 확신을 흐려놓을 수 있다. 그러나 염려하지 말라. 그런 것들은 곧 지나간다. 조금만 인내하고 기다린다면, 당신의 확신은 확고히 피어오를 것이다.

둘째, 헌신의 결여이다. 홈스쿨링은 보답이 있고, 성과가 확실한 과업이지만 누구나 시행할 수 있는 가벼운 과업이 결코 아니다. 장담하건대 만일 헌신하고자 하는 단호한 의지가 없다면, 촛불이 사그라지듯, 당신은 홈스쿨링을 어이없이 중도에 끝내버리고 말 것이다. 그저 편할 것 같아서, 친구가 하니까 나도 해볼 요량이라면, 지금이라도 늦지 않았으니 심각하게 재고하기 바란다. 단호한 의지와 헌신만이 성공적인 홈스쿨링을 할 수 있는 유일한 방법이다.

Q 15. 홈스쿨을 하면 안 되는 상황도 있는가?

A 일반적으로 배우자 쌍방의 합의가 이루어지지 않았거나 혹 가정불화가 심한 가정이라면 홈스쿨을 할 수 없다. 만일 어떤 가정이 이혼소송, 알코올 중독, 전염성 질병, 정신질환, 기타 부모와 자녀에게 압박감을 주는 변칙적 상황에 처해 있다면, 그런 문제들이 해결될 때까지 홈스쿨 시행을 유보하는 것이 바람직하다.

Q 16. 어떻게 시작할까?

A 다른 행동을 취하기 전, 먼저 기도하라. 이 책을 처음부터 끝까지 통독하라. 선배 홈스쿨 부모들과 대화하라. 그다음, 계속 진행하고자 하는 마음이 생기면 커리큘럼을 선정하고 지역의 홈스쿨 관련 단체, 혹은 홈스쿨 부모들의 모임에 가입하라. 홈스쿨링은 부모의 헌신과 경건한 기도와 약간의 실험정신을 요구한다. 그러나 이 중대한 과업에 초점을 맞춘다면, 그것이 당신 가족 구성원 모두에게 말할 수 없는 귀한 축복이 될 것이다.

하나님께서 부모에게 준 교육의 권리와 책임

언젠가 존 스튜어트 밀John Stuart Mill의 자서전에서 "다섯 살 때, 아버지와 함께 들판을 거닐며 희랍어와 라틴어 시를 암송했다"라는 구절을 읽으면서, 학문에 대한 지독한 열등감을 느끼는 한편 경탄을 금하지 못했던 적이 있었다. 물론 훌륭한 아버지를 둔 덕도 있겠다. 하지만 나는 이 책을 번역하며 그게 다 홈스쿨링 덕분이었다는 사실을 알게 되었다.

소위 재택학습在宅學習이라고 불려지는 홈스쿨링(Home Schooling)은 국내 독자들에게 다소 생소한 개념일지 모른다. '자녀를 학교에 보내지 않고 과연 내 힘으로 가르칠 수 있을까? 자녀의 학문적 욕구를 충족시켜 줄 수 있을까? 대학에 보낼 수 있을까? 사회적으로 고립된 아이가 되면 어쩌나? 섣불리 시작했다가 공연히 자녀에게 나쁜 영향만 끼치고 중간에 그만두게 되는 것은 아닐까?' 이런 의문과 의혹에 대해 이 책은 통쾌한 해답을 제시하고 있다.

오늘의 공교육은 뿌리째 흔들리고 있다. 학교는 이제 건강한 지식과 건전한 인성을 닦을 수 있는 교육의 장場이기를 마다한 채 폭력, 왕따, 약물중독, 탈선, 비행의 아지트 역할을 하고 있다. 여기에 입시에 대한 압박감까지 가중되어 우리의 청소년들을 무너뜨린다. 과거 군사정권이 교육을 통제하던 시절, 학생들은 한편으로 억압적인 제도에 불만을 토로하고 다른 한편으로는 적절히 순응하며 나름대로 환경에 적응했고, '공부'를 화두 삼아 열심히 하곤 했다. 그런데 요즘 아이들은 무엇을 믿는지 학교에 목을 매지 않는다. 더불어 교사와 부모의 말을 귓등으로 들으며 포르노 사이트와 사이버 채팅, 유흥에 빠져들고 있다. 상대적으로 취약해진 억압과 통제의 벽 뒤에서 제 나름대로 하부문화를 형성하며 탈출구를 모색하고 있는 것인지도 모른다. 아이들 탓이 아니다. 부모와 학교 교육제도의 잘못 때문이다.

부모는 자녀교육을 학교에 일임해두고 '공부'만 강요한다. '가정교육', '인성교육', '부모와 자녀의 유대'라는 말은 다 잊었는지 그저 제 자식이 치열한 입시 경쟁에서 낙오되지 않기만을 바라며 어릴 때부터 아이들을 학원이며 과외, 각종 레슨이라는 사교육의 들판으로 내몬다.

학교는 학교 나름대로 인문계 실업계를 가리지 않고 실적 올리기에 바빠서 아이들을 몰아붙인다. 인성교육은 가정의 몫이지 학교의 몫이 아니라고 생각한다. 결국 학교와 부모 사이에서 아이들만 낙동강 오리알 신세가 된다. 인성교육 또한 그 중간에서 자취를 감추고 만다.

이런 현실에서 방향을 잃고 흔들리는 우리 아이들을 누가 책임질 것인가? 대답은 하나, 부모뿐이다. 윤리적으로 또 신앙적으로 부모가 제 자식을 책임져야 한다. 이 책의 저자 레이 볼만Ray Ballmann은 자녀들의 학문성과 인성이라는 두 마리 토끼를 다 잡을 수 있는 교수법으로 홈스쿨링을 제안한다. 미국에서 가장 먼저 시작된 홈스쿨링은 캐나다, 영국 등지에서도 활발하게 전개되고 있다. 특히 크리스천 부모들이 홈스쿨링 운동에 적극 가담하고 있다. 하나님께서 부모 된 이에게 자녀를 가르치라는 책임과 권리를 주셨음을 자각, 그 책임을 수행하고 권리를 행사하기 위해서다.

이 책은 미국이라는 특수한 사회 상황에서 홈스쿨을 고려하는 부모를 위해 집필되었기 때문에 더러는 우리에게 생소한 내용도 있다. 하지만 선진 사례를 참고하고 이를 타산지석他山之石으로 삼을 수 있다는 점에서 유익한 자료가 되리라고 확신한다.

- 배웅준

1장

1) Raymond and Dorothy Moore, Home-Style Teaching(Waco, Texas : Word Books, 1984., p. 201.

2) 레이몬드 무어 박사가 교육부 장관 비서관에게 보낸 서한, 1985년, 4월 18일자, p. 1.

3) "The CQ Researcher", published by Congressional Quarterly, Inc., Vol. 4, No. 33, Sept. 9, 1994, p. 788.

4) Urie Bronfenbrenner and Maureen A. Mahoney, Influences of Human Development(Hinsdale, IL. Dryden Press, 1975), pp. 497-499.

5) John Whitehead, et. al., Home Education and Constitutional Liberties(Westchester, IL : Crossway Books, 1984) p. 22.

2장

6) United States Supreme Court Reports : Lawyer's Edition : Second Series(Rochester : Lawyers Co-operative Publishing Co,. 1973), p. 35.

7) Mel and Norma Gabler, What Are They Teaching Our Children? (Wheaton, IL., Victor Books, 1985), p. 88.

8) Paul C. Vitz, Censorship : Evidence of Bias in Our Children's Textbooks(Ann Arbor, Mich. : Servant, 1986), n.p.

9) Stanley Coopersmith, The Antecedents of Self-Esteem(San Francisco : Freeman and Company, 1967), pp. 164-166.

10) Raymond and Dorothy Moore, Home Grown Kids(Waco, Texas : Word Books, 1981), p. 39.

11) Ibid.

12) "A Study of Schooling : Some Findings and Hypotheses," Phi Delta Kappan, March 1983.

13) Raymond and Dorothy Moore, Home Style Teaching(Waco, Texas :

Word Books, 1984), p. 156.

14) Raymond and Dorothy Moore, Home Grown Kids, pp. 32-33.

15) David Elkind, The Hurried Child(Reading, Mass, : Addison-Wesley Publishging Company, 1981), p. 157.

3장

16) Jonathan Kazol, Illiterate America(Garden City, N.Y.: Anchor Press/ Doubleday, 1985), pp 8-9.

17) Jonathan Kazol, Illiterate America, p. 16.

18) "학교에 대한 대중들의 인식도, 제16차 조사", Phi Delta Kappan, Sept. 1984, p. 24.

19) William Jasper, "Not My Kids", New American, May 19, 1986, p. 47.

20) Phyllis Schlafly, The Phyllis Schlafly Report, Vol. 26, No. 10, May 1993.

21) Ibid.

22) Jonathan Kazol, Illiterate America, p. 16.

23) "Young People Are Getting Dumber" Dallas Morning News, August 26, 1971.

24) 5 May 1983, 미국 의회 기록, S6060.

25) "Another Study Says Schools Are in Peril", Washington Post, July 21, 1983.

26) Sally Reed, NEA: Propaganda Front of the Radical Left(Alexandria, VA. : NCBE, 1984), p. 25.

27) Ibid.

28) "Dispatches," Hollywood, CA, July 29, 1994.

29) Mel and Norma Gabler, What Are They Teaching Our Children?(Wheaton, IL.,: Victor Books, 1985), p. 34.

30) Samuel L. Bluemenfeld, NEA: Trojan Horse in American Education(Boise, Idaho: Paradigm Company, 1984), p. 211.

31) "Johnny Can't Count-the Danger for the U.S.", U.S. News and World

Report, September 15, 1982, p. 46.

32) "A New Test Begins for America's Schools" U.S. News and World Report, September 9, 1985, p. 63.

33) Tim Bovee, "If Johnny Can't Learn, Maybe Teacher Didn't," Washington Times, 16 July 1991, AI.

34) "SAT Scores Decline," Teacher Magazine, November/December 1991, 21.

35) Paul Copperman, The Literary Hoax(New York: William Morrow and Company, 1978), p. 79.

36) The Wanderer, November, 18, 1993.

37) Mel and Norma Gabler, What Are They Teaching Our Children? p. 56.

38) American Information Newsletter, Vol. 3, No.2, Feb. 1993, p. 1.

39) Mel and Norma Gabler, What Are They Teaching Our Children? p. 53.

40) "Help! Teacher Can't Teach!" Time, June 16, 1980, p. 54.

41) "The Valedictorian" Newsweek, Sept. 6, 1976, p. 52.

42) Paul Copperman, The Literacy Hoax, pp. 103-105.

43) "Remedial R's Aid Many Freshmen," Washington Times, 7 Aug. 1991, A6.

44) Paul C. Vitz, et. al., "Religion and Traditional Values in Public School Textbooks: An Empirical Study," pp. 70-71.

45) "Secular Humanism in the Dock," Newsweek, Oct. 27, 1986, p. 96.

46) Ibid., p. 96.

47) Phyllis Schlafly, Child Abuse in the Classroom, p. 85.

48) Ibid. p. 312.

49) Mel and Norma Gabler, What Are They Teaching Our Children? p. 66.

50) Ibid.

51) Education Reformer, Alton, Illinois, March 1994.

52) Kim Painter, "Fewer Kids Save Sex for Adulthood," USA Today, March 5, 1991. p. 1-2.

53) Barrett Mosbacker, Teen Pregnancy and School-Based Health Clinics(Washington, D.C.: Family Research Council of America, Inc.), p. 1.

54) House Select Committee on Children, Youth and Families, Teen Pregnancy: What Is Being Done? A State-By-State Look, Dec. 1985. p. 378.

55) Family Planning Perspective, 12, No. 5, September/October 1980, p. 229.

56) Schools Without Drugs(Washington, D.C.: U.S. Department of Education, 1986), p. 5.

57) "Teen Drug Abuse Up, Study Says," Fort Worth Star-Telegram Dec. 13, 1994, p. 1.

58) School Without Drugs, p. 5.

59) Ibid. p. 8.

60) Verne Faust, Self-Esteem in the Classroom(San Diego, Calf.: Thomas Paine Press, 1980), p. 41.

61) Mel and Norma Gabler, What Are They Teaching Our Children?, p. 101.

62) Ibid., p. 86.

63) Ibid., p. 102.

64) Ibid., pp. 179-180.

65) Phyllis Schlafly, Child Abuse in the Classroom, pp. 368, 371.

66) "Home Schooling: Up From the Underground," Reason Magazine, April 1983, p. 26.

67) Urie Bronfenbrenner, Two Worlds of Childhood: U.S. and U.S.S.R.,(Simon & Schuster New York, 1970) pp. 97-101; Moore, Raymond, et. al., "When Education Becomes Abuse: A Different Look at the Mental Health of Children," Journal of School Health, Feb. 1986.

68) Janet Kizziar and Judy Hageforn, Search for Acceptance: The Adolescent and Self -Esteem(Chicago: Nelson-Hall, 1979), p. 2.

69) Dorothy C. Briggs, Your Child's Self-Esteem: The Key to Life(Garden City, N.Y.: Douleday, 1970), p. 20.

70) "Home Schooling: An Idea Whose Time Has Returned," Human Events.

71) "Restoring Order to the Public Schools," Phi Delta Kappan, March 1985, p. 490.

72) Mel and Norma Gabler, What Are They Teaching Our Children? pp. 21-22.

73) "Annual Study Shows 3 Million Crimes on School Campuses," National School Safety Center News Service, Pepperdine University, California, Oct. 1991.

74) "Restoring Order to the Public School,," Phi Delta Kappan, March 1985, p. 490.

75) David Elkind, The Hurried Child(Reading, Mass,: Addison-Wesley Publishing Co., 1981), p, 155.

76) Survey of NEA K-12 Teacher Members 1985(National Education Association, Professional and Organizational Development/Research Division: 1985), p. 18.

77) "Most Teachers in Poll Cite Low Pay, Consider Quitting," Fort Worth Star-Telegram, Nov. 12, 1986.

78) Emily Post, The New Emily Post's Etiquette(The Emily Post Institute, Inc., 1975), p. preface.

79) Phyllis Schlafly, Child Abuse in the Classroom, p. 113.

80) The Evangelical Methodist, volume 73, number 6, June, 1994, p. 7.

81) Midnight Messenger, Clackamas, OR, May/June 1994.

82) Samuel L, Blumenfeld, NEA: Trojan Horse In American Education.

83) "U.S. Teachers Held Hostage by the NEA.," Human Events, Sept. 7, 1985, p. 12.

84) "A Religion for a New Age", The Humanist, Jan/Feb. 1983.

85) Kim Painter, "Fewer Kids Save Sex for Adulthood," pp. 1-2.

86) "Remedial R's Aid Many Freshman," A6.

87) Journal of the American Family Association, March 1992, Tupelo, MS, 13.

4장

88) Raymond and Dorothy Moore, Home-Spun Schools(Waco, Texas : Word Books 1982), pp. 10-11.

89) "Handbook for Texas Homeschoolers", by Home-Oriented Private Education, 1994, p. 6.

90) "Why Parents Should Enroll Their Children in a Christian School," Christian School Comment, 14, No. 6.

91) Timothy Dwight, 예일 대학 총장, 1795~1817.

92) John Whitehead et. al., op cit., p. 17, 캐나다의 교육 행정가 J. R. McCurdy가 텍사스 홈스쿨 연합회에 발송한 편지, 1986년 7월 4일자. Moore, op. cit., p. 372 : 캐나다의 학업 상담가 J. W. Rogers가 텍사스 홈스쿨 연합회에 발송한 편지, 1986년 5월 30일자. Iowa Task Force Report, op. cit., p. 28 : "Compulsory Schooling and Nontraditional Education," E. C. S. Issuegram No. 12, p. 2(Education Commission of the States-August, 1985).

93) Whitehead et. al., op. cit., p. 17.

94) Whitehead, et. al., op. cit., p. 17.

95) Edward Gordon, "Home Tutoring Programs Gain Respectability", Phi Delta Kappan, Feb. 1983, pp. 398-399.

96) "1994 Rollups Basic Battery" Iowa Tests of Basic Skills, results obtained from the National Center for Home Education.

97) Dr. Bryan Ray, "A Nationwide Study of Home Education : Family Characteristics, Legal Matters, and Student Achievement."(Seattle, Wsah. : National Home Education Research Institute, 1990), p. 53-54.

98) "Home Schoolers Beat National Average on Achievement Tests," Home School Court Report, Vol. 7, No. 5, Sep./Oct. 1991, p. 18.

99) "Fed Up With Schools, More Parents Turn To Teaching at Home," The Wall Street Journal, May 10, 1994.

100) National Center For Home Education, Paeonian Springs, Virginia, 1990.

101) Dr. Brian Ray, "Marching to the Beat of Their Own Drum," A Study by the Home School Legal Defense Association, 1992, p. 7.

102) "The School At Home," Moody Monthly, March 1984, pp. 18-19.

103) Ibid. p. 19.

104) The CQ Researcher, published by Congressional Quarterly Inc., Vol. 4, No. 33, Sept. 9, 1994, p. 773.

105) Kirk McCord, Home Education : Is It Working, Booklet published by Home Oriented Private Education for Texas, 1994, p. 5.

106) The CQ Researcher, Vol. 4, No. 33, Sept. 9, 1994, p. 773.

107) "Handbook for Texas Homeschoolers," by Home Oriented Private Education, 1994, p. 6.

108) SusanSaiter, "Schooling in the Home : A Growing Alternative", New York Times, April 14, 1985.

109) The CQ Researcher, Vol. 4, No. 33, Sept. 9, 1994, p. 772.

110) "Home Schooling : Up From the Underground," Reason Magazine, pp. 23-24.

111) Webster's New Collegiate Dictionary(Springfield, Mass : G & C. Merriam Co., 1973), p. 748.

112) Dr. Linda Montgomery, "The Effect of Home Schooling on Leadership Skills of Home Schooled Students," Home School Researcher(5)1, 1989.

113) Harvard Education Letter, May-June 1993.

114) "Comparison of Social Adjustment Between Home and Traditionally Schooled Students," 1992년 샤이어즈가 플로리다 대학에 제출한 박사학위 논문.

115) Larry Shyers, "Comparison of Social Adjustment Between Home And Traditionally Schooled Students," 1992년 플로리다 대학에 제출한 대학원 졸업 논문 개요.

116) Thomas C. Smedley, M.S., "Socialization of Home Schooled Children : A Communication Approach," 래드포드 대학 석사학위 논문, Radford University, Virginia, May 1992.

117) "New Research on Sociability," The Parent Educator and Family Report, 4, No.3(May/June 1986), p. 1.

118) J. Gary Knowles and James A. Muchmore, "We've Grown Up and We'e OK : An Exploration of Adults Who were Home - Educated as Children," 1991년 4월 '전미교육연구협회' 연례 총회에서 발표된 논문. 저자들은 미시간 대학의 교육학 교수였다.

119) Urei Bronfenbrenner and Maureen A. Mahoney, Influences of Human Development(Hinsdale, IL : Dryden Press, 1975), p. 491.

120) Shirley C. Samuels, Enhancing Self-Concept in Early Childhood(New York : Human Science Press : 1977), p. 34.

121) "Research and Common Sense : Therapies for our Homes and School," Teachers College Record, Winter 1982, p. 366.

122) John Bowlby, Deprivation of Maternal Care(New York : Schocken Books, 1966), p. 15-29.

123) James Dobson, Hide and Seek, (Old Tappan, N.J. : Fleming Revell, 1974), p. 38.

124) Robert H. Schuller, Self-Esteem : The New Reformation(Waco, Texas, : Word Books, 1982), p. 17.

125) Verne Faust, Self-Esteem in the Classroom, p. 61.

126) Nathan Pritikin, The Pritikin Promise(New York : Pocket Books, 1983), p. 10.

127) First National Conference on Youth Fitness, 1984.

128) Raymond and Dorothy Moore, Home-Grown Kids(Waco, Texas :

Word Books, 1981), pp. 37-38.

129) Ibid., p. 23.

5장

130) United States Supreme Court Reports : Lawyer's Edition, Second Series(Rochester : Lawyer's Co-operative Publishing Co., 1973), p. 24.

131) "Marching to the Beat of a Different Drum", Home School Legal Defense Association, p. 5.

132) H. W. Byrne, A Christian Approach to Education(Grand Rapids : Zondervan Publishing House, 1961), pp. 97-99.

133) Charlie W. Shedd, Time For All Things(Nashville, TN. : Abingdon Press, 1972), pp. 13-94.

134) J. Richard Fugate, What The Bible Says About...Child Training(Garland, Texas : Aletheia Publishers, Inc., 1980), pp. 65-69.

135) Ibid., pp. 65-69.

136) Ibid.

137) Ibid.

138) Cathy Duffy, Christian Home Educators' Curriculum Manual Elementary Grades(Garden Grove : Home Run Enterprises, 1992), p. 8.

139) The CQ Researcher, published by Congressional Quarterly Inc., Vol. 4, No. 33, Sept. 9, 1994, p. 773.

140) "A Report of the Working Group on the Family," The Family Preserving America's Future, p. 41.

141) Ibid.

142) Bob Larson, Family Issues(Wheaton, IL. : Tyndale House,1986), p. 257.

143) Ibid.

144) James Dobson, The Impact of TV on Young Lives, pamphlet(Pomona, CA : Focus on the Family, 1983), p. 3.

6장

145) Robert Coleman, The Master Plan of Evangelism(Old Tappan, NJ. : Fleming H. Revell), pp. 33, 41, 43.

146) 1988년 오레곤의 포틀랜드에서 개최된 전국 홈스쿨링 부모 연례 모임에서 마이클 헤리스가 강연한 내용을 요약한 것임.

147) Ibid.

7장

148) Washington Post, July, 1990.

10장

149) "16th Annual Gallup Poll of the Public's Attitude Towards the Public School," Phi Delta Kappan, Sept. 1984, p. 25.

150) "New Research on Sociability," The Parent Educator and Family Report, 4, No. 3(May/June 1986), p. 1.

151) "Comparison of Social Adjustment Between Home and Traditionally Schooled Students," 플로리다 대학 박사학위 논문, 1992.

11장

152) "A Study of Schooling : Some Findings and Hypothesis," Phi Delta Kappan, March 1983, p. 467.